Anja Schwennsen

Miteinander!
Deutsch für Alltag und Beruf A1.2

Deutsch als Zweitsprache

LEHRERHANDBUCH

Hueber Verlag

Konzeptbeschreibung und Didaktik-Glossar: Hueber Verlag / Redaktion

Quellenverzeichnis
Produktionsfotos: Alexander Sascha Keller, München
Zeichnungen: Mascha Greune, München
Bildredaktion: Nina Metzger, Hueber Verlag, München

Verwendete Abkürzungen
AB = Arbeitsbuch
EA = Einzelarbeit
KB = Kursbuch
KL = Kursleitung
PA = Paararbeit
PL = Plenum
TN = Teilnehmende:r

Der Verlag weist ausdrücklich darauf hin, dass im Text enthaltene externe Links vom Verlag nur bis zum Zeitpunkt der Buchveröffentlichung eingesehen werden konnten. Auf spätere Veränderungen hat der Verlag keinerlei Einfluss. Eine Haftung des Verlags ist daher ausgeschlossen.

Das Werk und seine Teile sind urheberrechtlich geschützt. Jede Verwertung in anderen als den gesetzlich zugelassenen Fällen bedarf deshalb der vorherigen schriftlichen Einwilligung des Verlags.

Eingetragene Warenzeichen oder Marken sind Eigentum des jeweiligen Zeichen- bzw. Markeninhabers, auch dann, wenn diese nicht gekennzeichnet sind. Es ist jedoch zu beachten, dass weder das Vorhandensein noch das Fehlen derartiger Kennzeichnungen die Rechtslage hinsichtlich dieser gewerblichen Schutzrechte berührt.

3.	2.	1.		Die letzten Ziffern
2026	25 24	23 22		bezeichnen Zahl und Jahr des Druckes.

Alle Drucke dieser Auflage können, da unverändert, nebeneinander benutzt werden.
1. Auflage
© 2022 Hueber Verlag GmbH & Co. KG, München, Deutschland
Umschlaggestaltung: Sieveking · Agentur für Kommunikation, München
Layout und Satz: Sieveking · Agentur für Kommunikation, München
Verlagsredaktion: Lena Bengel, Franziska Nicklas, Erika Wegele-Nguyen, Hueber Verlag, München
Druck und Bindung: Friedrich Pustet GmbH & Co. KG, Regensburg
Printed in Germany
ISBN 978–3–19–031892–6

INHALT

Miteinander! Deutsch für Alltag und Beruf A1.2
Lehrerhandbuch

Konzeptbeschreibung 4
Zielgruppe · Lernziele · Konzeptionelle Leitlinien

Didaktik-Glossar 6
Didaktische Fachbegriffe · praxisnahe Erklärungen · Beispiele

Unterrichtspläne
Tipps und Hinweise für den Unterricht · Vorschläge für ergänzende Aktivitäten

Lektion *Start* 13
Lektion 09 15
Lektion 10 25
Lektion 11 36
Lektion 12 46
Lektion 13 55
Lektion 14 66
Lektion 15 77
Lektion 16 85

Methodenglossar 96
Methodische Fachbegriffe · praxisnahe Erklärungen für die Umsetzung im Unterricht

Tipps für den digitalgestützten Unterricht 104
Hinweise und praktische Tipps · hybrider Unterricht und Online-Unterricht · interaktive Version · Einsatzmöglichkeiten für Clips und Kurzfilme

Schnelltests 108
Tests rund um den zentralen Lernstoff für die Lektionen 9–16 · Lösungen zu den Tests

Kopiervorlagen 117
Ergänzendes Material für Kursbuchaktivitäten bzw. ergänzende Aktivitäten

Evaluierungsbögen für die Lernfortschrittstests im Arbeitsbuch 147
Grundlage für individuelle Feedbackgespräche

Miteinander! Deutsch für Alltag und Beruf A1.2
Konzeptbeschreibung

Konzeptbeschreibung

Miteinander! Deutsch für Alltag und Beruf
- ist ein handlungsorientiertes Lehrwerk für erwachsene Lernende,
- setzt die Anforderungen des erweiterten *Gemeinsamen Europäischen Referenzrahmens* (GER) um,
- deckt die Lernziele des *Rahmencurriculums für Integrationskurse* des *Bundesamts für Migration und Flüchtlinge* ab,
- bereitet auf gängige Sprachprüfungen der jeweiligen Niveaustufe vor – sowie gezielt auf den *Deutsch-Test für Zuwanderer* (DTZ) – und
- eignet sich besonders für Integrationskurse, auch mit mittlerer bis langsamer Progression, nach den Richtlinien des BAMF.

Das Lehrwerk ist erhältlich
- als Buch mit individuellem Zugangscode zur interaktiven Version des Buches oder
- per Code ausschließlich als interaktive Version.

Weitere Informationen finden Sie im Lehrwerkservice unter www.hueber.de/miteinander. Dort stehen im Bereich *Miteinander einsetzen* auch die Kopiervorlagen *Fokus Alltag und Beruf* zum Herunterladen bereit.

Informationen zur interaktiven Version finden Sie unter hueber.de/interaktiv bzw. unter hueber.de/einfach-digital.

Bestandteile

Das Lehrwerk *Miteinander! Deutsch für Alltag und Beruf* besteht aus einem Kurs- und einem Arbeitsbuchteil. Informationen zum Aufbau des Lehrwerks finden Sie auf den ersten Seiten des Kurs- und Arbeitsbuchs unter der Rubrik *Wegweiser*.
Informationen zu weiteren Produkten und Zusatzmaterialien sowie die Lösungen und Transkriptionen finden Sie im Lehrwerkservice.

Zusätzlich ist **Material für Kursleiterinnen und Kursleiter** erhältlich – in Form eines Lehrerhandbuchs (LHB) oder in Form eines Digitalen Unterrichtsplaners (DUP), der nach Erwerb eines Lizenzcodes als Ergänzungsmaterial in der interaktiven Version zur Verfügung steht.

Das Material für Kursleiterinnen und Kursleiter bietet neben einer Konzeptbeschreibung:

- ein **Didaktik-Glossar**
- **Unterrichtspläne** mit vielen praktischen Tipps zu den Lektionen
- ein **Methodenglossar** mit generellen Hinweisen für Unterrichtsaktivitäten
- **Tipps für den digitalgestützten Unterricht**
- **Schnelltests** zu den Lektionen
- **Kopiervorlagen** zu den Lektionen
- **Evaluierungsbögen** zu den Lernfortschrittstests

Miteinander! Deutsch für Alltag und Beruf A1.2
Konzeptbeschreibung

Konzeptionelle Leitlinien

Miteinander! Deutsch für Alltag und Beruf ist aus der Unterrichtspraxis heraus für die Unterrichtspraxis entstanden – der Lernstoff ist praxistauglich für den Kursunterricht aufbereitet. Die kontextuelle Einbettung in alltagsnahe Situationen sowie der kleinschrittige Aufbau und das gut strukturierte, umfangreiche Materialangebot sorgen für schnelle Erfolgserlebnisse und verlässlich funktionierende Unterrichts- und Lernsequenzen – gemeinsam, motiviert, erfolgreich!

Gemeinsam

Lernen ist ein individueller Prozess – aber Studien zum kooperativen Lernen zeigen, dass Lernen in Gruppen die Motivation erhöht und zu besseren Ergebnissen führt. Besonders Lernungewohnte profitieren von Vorbildern! Da das Ziel der Integration ein gutes Miteinander ist – im Kurs, im Alltag, im Beruf, in der Gesellschaft –, fördert das Lehrwerk das gemeinsame Lernen in der Gruppe: Partner- und Gruppenaktivitäten, kooperative Aufgaben sowie Möglichkeiten zur Binnendifferenzierung ermöglichen es, auf individuelle Bedürfnisse einzugehen und gleichzeitig eine Gruppenidentität zu schaffen. Einer für alle, alle für einen! – Mit *Miteinander!* lernen alle individuell, kommen aber als Gruppe zum Ziel.

Motiviert

Miteinander! motiviert beim Unterrichten. Die transparent aufgebauten und klar strukturierten Lektionen, flexibel einsetzbares Material sowie viele nützliche Praxistipps für Kursleiterinnen und Kursleiter machen individuelles Unterrichten mit wenig Aufwand möglich.

Auch für die Lernenden ist der Lernstoff sehr motivierend aufbereitet: Sie erleben vielschichtige, plurikulturelle Protagonistinnen und Protagonisten in praxisnahen Situationen – mittendrin im Leben. Diese Kontexte ermöglichen einen alltagsnahen, emotionalen Zugang für die Lernenden. So macht Lernen Spaß und wird durch den Praxisbezug als sinnvoll erlebt. Durch die behutsame und transparente Heranführung an kommunikative Aufgaben- und Übungsformen werden auch Lernende mit weniger Lernerfahrungen abgeholt.

Erfolgreich

Kleine Lernportionen ermöglichen es den Lernenden, schnell Lernerfolge zu erleben. Sie erfahren, wie sie Sprachkenntnisse, sprachliches Bewusstsein, aber auch Lernstrategien sukzessive aufbauen und so zu immer erfolgreicheren Lernenden werden. Angeregt durch die praxisnahe Einbettung der Protagonistinnen und Protagonisten in *Miteinander!* probieren die Lernenden das Gelernte in der Welt außerhalb des Unterrichts aus und erleben, wie sie authentische Kommunikationssituationen in Alltag und Beruf meistern – sie erfahren also, dass sie erfolgreich *sprachhandeln*. Diese Praxiserfahrungen stützen den Lernprozess und stellen eine gute Basis für Erfolg bei Sprachprüfungen wie dem DTZ dar.

Miteinander! Deutsch für Alltag und Beruf A1.2
Didaktik-Glossar

Aussprache / Phonetik

Je nach Ausgangslage ist die Aussprache des Deutschen eine mehr oder weniger große Hürde. Die Tatsache, dass Laute oft nicht „richtig" produziert werden, weil sie beim Hören gar nicht dekodiert werden können, macht auch ein Nachahmen manchmal sehr schwer. Die Herausforderungen sind für manche TN also groß – und sie sind außerdem sehr individuell! Dazu kommt, dass es für die Lernenden oft unangenehm ist, wenn durch Hinweise / Korrekturen der Eindruck entsteht, dass „die eigene Stimme nicht richtig" ist. Gehen Sie daher bei nötigen Korrekturen sehr umsichtig vor. Die Protagonisten und Protagonistinnen und ihre Erlebnisse in *Miteinander!* sowie die Höreindrücke durch die anderen Sprecher/innen bieten den Lernenden Identifikationsmöglichkeiten und eine große Bandbreite an Höreindrücken in authentischen Sprechsituationen, die emotional ansprechend sind und teilweise leicht dialektal eingefärbt sein können. Im Arbeitsbuch finden sich gezielte Ausspracheübungen, die sich auch im Kurs einsetzen lassen Aussprache, z. B. S. 157, 7a. Bei ausgewählten Aussprachephänomenen – gekennzeichnet durch das Piktogramm 👆 – werden die Lernenden zusätzlich durch einen Phonetiktutor unterstützt z. B. S. 167, 13a: ch. Weitere Hinweise zum Trainieren der Aussprache finden Sie in den Unterrichtsplänen und dem → ▣ **Methodenglossar**.

Berufssprache

Für viele Lernende ist eine gelungene Integration in den deutschen Arbeitsmarkt ein wichtiges Ziel, von dem auch die Lernmotivation entscheidend abhängt. Daher spielt der berufliche Kontext in *Miteinander!* schon sehr früh eine Rolle Lektion 12: Bürotätigkeiten, Behörden und Anträge. Berufssprachliche Aspekte fließen in den Lektionen immer wieder ein. Zudem bietet der Lehrwerkservice ab der Niveaustufe A1.2 zusätzliches, berufssprachliches Material Fokus Beruf: www.hueber.de/miteinander.

Bewegung im Unterricht

Für den Lernprozess ist Bewegung förderlich. Daher sollten Sie Ihre TN immer wieder dazu motivieren, aufzustehen und sich im Kursraum zu bewegen. In *Miteinander!* sind zahlreiche abwechslungsreiche Aufgaben mit Bewegung eingebaut Kursspaziergang, z. B. S. 11, 1 Standbild, S. 67, B5a Sie würden das auch gern lernen? Stehen Sie auf, S. 77, B3. Darüber hinaus bieten die Unterrichtspläne und das Methodenglossar weitere Anregungen. → ▣ **Energieaufbauübungen**

Binnendifferenzierung

Mithilfe von Binnendifferenzierung kann der Lernprozess individualisiert werden, indem auf den unterschiedlichen Kenntnisstand, unterschiedliche Interessen, Lerngewohnheiten und Lerngeschwindigkeiten der TN im Kurs eingegangen wird. *Miteinander!* ermöglicht Binnendifferenzierung z. B. durch Aktivitäten in unterschiedlichen Sozialformen (Partnerarbeit und Gruppenarbeit in unterschiedlichen Konstellationen) oder durch die Anregung, individuelle Erfahrungen und Kenntnisse in den Lernprozess einzubringen z. B. Lektion 9, S. 19, C4: Lebensstationen. Machen Sie Notizen zu Ihrem Leben. Außerdem bietet das Lehrwerk sowohl Möglichkeiten der Binnendifferenzierung nach Leistungsniveau, indem sowohl zusätzliche Aufgabenstellungen angeboten werden Schon-fertig-Aufgaben, z. B. Lektion 9, S. 13 bei 2b als auch Aufgaben mit mehr Hilfestellung Auswahlaufgaben, z. B. Lektion 11, S. 37 B5 mit dem Verweis auf S. 113. Zudem lassen sich die Erklär-Clips als zusätzliche Möglichkeit zur Binnendifferenzierung einsetzen. Siehe Stichwort *Erklär-Clips*.

Erklär-Clips

Erklär-Clips dienen der Visualisierung von Inhalten und bedienen somit wichtige Rezeptionskanäle im Lernprozess. Die Erklär-Clips in *Miteinander!* bieten ein Training von Grammatik, Redemitteln bzw. Wortschatz und sind am Piktogramm 👆 zu erkennen Clips zu Redemitteln, z. B. S. 29 bei C3b Clips zu Grammatik, z. B. S. 35 bei A5b Clips zu Wortschatz, z. B. S. 41 „Einrichtung und Möbel". Sie sind verbunden mit interaktiven Zusatzübungen und lassen sich auf unterschiedliche Weise einsetzen. → 🖥 **Tipps für Clips**

Miteinander! Deutsch für Alltag und Beruf A1.2
Didaktik-Glossar

Fehlerkorrektur

Im Sprachlernprozess werden Fehler gemacht – und das ist auch gut so! Denn: Auch das, was wir als „Fehler" ansehen, ist ein Zeichen für einen kognitiven Prozess. „Feiern Sie Fehler!" – Fehler sind kein Defizit („falsch" / „durchgefallen"), sondern eine Wegmarke auf dem „Lernpfad". Loben Sie die Lernenden für das, was sie erreicht haben. Das kann das Erreichen eines kommunikativen Handlungsziels sein (z. B. etwas bestellen), das richtige Verwenden von Redemitteln, ein grammatisch korrekter Satz etc. Und loben Sie auch Lernende, die auf dem Lernpfad vielleicht noch nicht so weit sind, sich aber erkennbar anstrengen voranzukommen. Machen Sie den Lernenden deutlich, welche Strategien ein TN vielleicht (unbewusst) angewendet hat. Betrachten Sie eine „falsche Antwort" als Gelegenheit zum Weiterlernen, geben Sie einen Hinweis, wie sich die Person weiterentwickeln kann, um ein (selbst gestecktes) höheres Ziel zu erreichen.

Fertigkeiten

Traditionell werden in der Sprachdidaktik vier Fertigkeiten unterschieden:

	rezeptiv	produktiv
mündlich	Hören	Sprechen
schriftlich	Lesen	Schreiben

In Bezug auf Filme / Clips spricht man von Hör-/Sehverstehen. Im Internet wird bei der Präsentation von Lesetexten oft eine Vorlesefunktion angeboten, sodass auch paralleles Hör-/Leseverstehen häufiger geworden ist – also nicht mehr nur bei Vorträgen mit Präsentationsmaterialien. Die Alltagsrealität sorgt generell oft für ein schnelles Aufeinanderfolgen – oder die Kombination – von Fertigkeiten. In *Miteinander!* werden die Fertigkeiten manchmal getrennt, manchmal integriert trainiert. Auf diese Weise erwerben die Lernenden umfassende Kompetenzen und Strategien. Das rezeptive Erfassen von Informationen kann auf unterschiedlichen Ebenen erfolgen: globales Verstehen z. B. Thema erfassen, S. 33, 1, selektives Verstehen z. B. gezielt Informationen erfassen, S. 33, 2 und detailliertes Verstehen z. B. eine Detailangabe erfassen, S. 38, C1. Mit dem Erscheinen des Begleitbandes zum *Gemeinsamen Europäischen Referenzrahmen* ist der Begriff *Kommunikationsmodus* in den Vordergrund gerückt. Siehe Stichwort *Kommunikationsmodi*.

Filme

Filme ermöglichen eine kommunikative / situative Einbettung von Sprache und bedienen somit wichtige Rezeptionskanäle im Lernprozess. In *Miteinander!* gibt es zwei Arten von Filmen. Zum einen zeigen Lernende in kleinen Filmsequenzen, wie sie eine Aufgabe bewältigen – und dienen den TN so als Beispiele für „erreichbare Sprachmodelle" im Sinne des *Referenzrahmens* Beispielfilme, z. B. S. 67 bei B5c. Zugleich ist dies eine Anregung für die Lernenden, sich bei der Bearbeitung der Aufgabe ebenfalls zu filmen und so ihren Lernfortschritt zu dokumentieren. Zum anderen schließt jede Lektion am Ende der Doppelseite C mit einem kurzen Film ab, in dem eine der Personen aus der Lektion auftritt und in dem so wichtige Aspekte der Lektion noch einmal aufgegriffen werden Extra-Film z. B. S. 69 rechts unten.

Gesprochene Sprache

Lernende sollten schon frühzeitig mit den Besonderheiten der gesprochenen Sprache vertraut gemacht werden. In *Miteinander!* geschieht dies von Anfang an. Verkürzungen, z. B. S. 12: Wie geht's? Elliptische Sätze, z. B. S. 18, C1b: Und dann? Interjektionen, z. B. S. 87, B4b: Oje!

Miteinander! Deutsch für Alltag und Beruf A1.2
Didaktik-Glossar

Grammatikvermittlung

Grammatik ist kein Selbstzweck – Strukturen sollten aus einer kommunikativen Anwendung heraus vermittelt werden. In *Miteinander!* bieten Dialoge oder Texte eine authentische, kommunikative Situierung, aus der heraus grammatische Strukturen selbst erarbeitet und dann angewendet werden (selbstentdeckendes / selbsterkennendes Lernen) S. 37, B3: Bewusstmachung des Verbes *gefallen* und der Personalpronomen im Dativ aus dem kommunikativen Kontext der B-Seiten. Oder Strukturen werden als Basis für eine Sprachhandlung präsentiert. S. 16, B2: Bist du schon einmal …?

Kommunikationsmodi

Der erweiterte *Gemeinsame Europäische Referenzrahmen* (2017) unterscheidet vier Kommunikationsmodi.

Rezeption	Produktion	Interaktion	Mediation
Hören	Sprechen monologisch	Sprechen dialogisch	Texte
Lesen	Schreiben monologisch	Schreiben dialogisch	Konzepte
Hör-Sehen			Mediation

In *Miteinander!* stehen Aktivitäten zum Trainieren aller Teilbereiche der vier Kommunikationsmodi zur Verfügung. Abwechslungsreiche Aufgaben im Lektionsverlauf decken die „klassischen" Fertigkeiten sowie den Modus *Mediation* ab (siehe Stichwort *Mediation*), zu den *Extra-Filmen* (Doppelseite C) stehen Kopiervorlagen zum rezeptiven Hör-Seh-Verstehen bereit.

Kontextualisierung / Situierung

Sprache existiert nicht in einem leeren Raum, sondern in kommunikativen Situationen – und sollte auch in solchen eingeführt und gelernt werden. Die Geschichten, die in *Miteinander!* erzählt werden, zeigen eine große Bandbreite sprachlicher Handlungsmuster und bieten einen kommunikativen Kontext, der wiederum Ausgangspunkt für anregende Sprech- und Schreibanlässe sein kann. Den TN wird so von Anfang an die Zielsetzung des sprachlichen Handelns nähergebracht, was das Verstehen und die Gedächtnisleistung fördert.

Lehr-Lernsequenz: Klassisch und *Flipped classroom*

Eine Lehr-Lernsequenz besteht aus verschiedenen Teilschritten, die aufeinander aufbauend zu einem Lernziel führen. Dabei sind je nach Zielgruppe unterschiedliche Kombinationen sinnvoll. Eine klassische Abfolge ist das Präsentieren eines Phänomens, gefolgt von einer gezielten Bewusstmachung, einem eher gebundenen Üben und einer (freieren) Anwendung. So wird in *Miteinander!* beispielsweise das Lernziel „nach dem Weg fragen und einen Weg beschreiben" als Abfolge von kleinen Schritten aufgebaut, die auf das Lernziel hinführen S. 28, C1 = Präsentation und Aktivierung; C2 = haptisch gestützte Übung, C3a = Präsentation des kommunikativen Kontextes und Übung, dazu im AB S. 133, 16, gebundene Übung, C3b = freiere, kommunikative Anwendung. Aber auch andere Arten von Lehr-Lernsequenzen sollten angeboten und ausprobiert werden. So lässt sich die klassische Abfolge beispielsweise umdrehen (= *flipped classroom*): Die Lernenden erarbeiten sich zunächst einen Aspekt des Lernstoffs selbst (vorbereitendes Selbststudium). Im Unterricht werden Fragen besprochen und es findet dann das interaktive, kommunikative Anwenden des Gelernten statt. *Miteinander!* ermöglicht z. B. mithilfe von Erklär-Clips, auch diese Form des Unterrichts anzubieten. → **Tipps für Clips**

Miteinander! Deutsch für Alltag und Beruf A1.2
Didaktik-Glossar

Lerner-/Lernerinnenautonomie

Lernen ist ein individueller Prozess, daher ist es wichtig, dass die Lernenden sich bewusst werden, wie / womit / wann etc. sie gut lernen. Auf dieser Basis können – und sollen – die Lernenden auch Verantwortung für ihr eigenes Lernen übernehmen. Zentral bei der „Aktivierung des inneren Lerners" ist die Gestaltung des Lernprozesses im Unterricht. *Miteinander!* unterstützt dies auf vielfältige Weise: durch die enorme Vielfalt an Aufgaben- und Übungstypen, den Wechsel von Sozialformen, die Möglichkeiten zur Selbstkontrolle und durch unterschiedliche Zugänge zum Lernstoff induktiv, z. B. Grammatik S. 37, B3, oder deduktiv, z. B. Grammatik S. 36, B2. Mithilfe der Auswahlaufgaben (siehe Stichwort *Binnendifferenzierung*), Lernstationen z. B. Stationenlernen, S. 22 und der Hinweise zum Lernen Lerntipps, z. B. S. 123, 12 werden die Lernenden Schritt für Schritt an die Selbststeuerung ihres Lernprozesses herangeführt. Beobachten Sie die Lernenden und unterstützen Sie sie dabei, die für sie individuell geeigneten Lernformen zu entdecken.

Mediation

Mediation im Sinne des Begleitbandes zum *Gemeinsamen Europäischen Referenzrahmen* lässt sich ganz allgemein als „den Abstand verringern / überwinden" beschreiben. Mediation ist in *Miteinander!* von Anfang an eingebaut. So geben die TN z. B. Informationen mündlich bzw. schriftlich weiter S. 17, Lektion 9, B4c S. 83, Lektion 16, 3, sorgen für Zusammenarbeit in der Gruppe S. 35, Lektion 11, A6, fordern andere zu Beiträgen auf S. 75, Lektion 15, A2d oder geben steckbriefartig Informationen über andere weiter S. 12, Willkommen, 3a.

Motivation

Motivation lässt sich als Zustand beschreiben – als Zustand, der vom Individuum als innere Freiheit erlebt wird und so Handlungsspielräume und Entwicklungsmöglichkeiten eröffnet und Ziele erreichen lässt. In der Forschung werden viele Faktoren beschrieben, die die Motivation eines Menschen beeinflussen. Beispiele sind *Sinnhaftigkeit* („Ich erlebe einen persönlichen / höheren Sinn in dem, was ich tue / wie ich mich verhalte."), *Selbstwirksamkeit* („Das, was ich tue, bewirkt eine Veränderung / Entwicklung."), *Anerkennung als Individuum* („Ich werde als eigenständige, individuelle Person wahrgenommen.") und *soziale Anerkennung* („Andere akzeptieren mich als Person, als Teil einer Gruppe."). Fördern Sie daher im Unterricht durch Ihre Haltung diese Prinzipien: Nehmen Sie jede/n Lernende/n als Individuum wahr und interessieren Sie sich für sie / ihn. Betonen Sie die Gemeinschaft der Lernenden und zeigen Sie, dass jede/r ein Teil dieser Gruppe ist und einen wichtigen Beitrag für die Gruppe insgesamt leistet. Machen Sie die Lernziele / Übungsziele transparent und „feiern Sie Erfolge", indem Sie den einzelnen Lernenden immer wieder aufzeigen, welche Fortschritte sie gemacht haben und welche Entwicklungsschritte sie gegangen sind. Zeigen Sie Anerkennung, wenn die Lernenden ihre Kompetenzen weiterentwickelt haben. Und zeigen Sie die „große Perspektive" auf: Deutschkenntnisse eröffnen den Lernenden vielfältige Möglichkeiten der Alltagsbewältigung, der Teilhabe, der persönlichen Weiterentwicklung und nicht zuletzt auch neue berufliche und damit sozioökonomische Perspektiven.

In *Miteinander!* finden sich viele Protagonistinnen und Protagonisten mit „Migrationshintergrund" als motivierende Identifikationsfiguren Übersicht S. 6–8. Über ansprechende Situationsfotos werden Interesse und Neugier geweckt. Die Lernenden werden als Individuen wahrgenommen Personalisierung, z. B. S. 17, B4b; S. 23, 2c, gleichzeitig wird durch kooperative Aufgaben immer wieder das Gruppengefühl gestärkt Kooperation, z. B. S. 32, Station 3; S. 35, A6. Die Kleinschrittigkeit der Aufgaben ermöglicht allen Lernenden, den Lernstoff Schritt für Schritt zu meistern und so sichtbare Erfolge zu erzielen Kleinschrittigkeit mit dokumentiertem Resultat, z. B. S. 89, C2. Für eine zusätzliche, motivierende Dokumentation der individuellen Weiterentwicklung kann auch das Portfolio verwendet werden (www.hueber.de/miteinander), siehe Stichwort *Portfolio*.

Miteinander! Deutsch für Alltag und Beruf A1.2
Didaktik-Glossar

Online-Interaktion

Der *Gemeinsame Europäische Referenzrahmen* sieht auch die Integration von Online-Interaktion in den Sprachunterricht vor. In *Miteinander!* werden moderne Textsorten präsentiert Blogs, z. B. S. 88 Internetseiten, z. B. S. 26, S. 78 Chat-Kommunikation, z. B. S. 15 sowie auch Anregungen zur Nutzung des Smartphones im Unterricht gegeben Smartphone-Aufgaben, z. B. S. 17. Machen Sie bei Gelegenheit auch auf die Möglichkeit aufmerksam, das Smartphone zum Diktieren von Sätzen auf Deutsch zu nutzen etc.

Plurilinguale und plurikulturelle Kompetenz

Der Begriff *plurilinguale und plurikulturelle Kompetenz* im Sinne des *Gemeinsamen Europäischen Referenzrahmens* bezeichnet keinen festen Ist-Zustand, sondern ein flexibles, sich im Laufe des Lebens immer weiterentwickelndes Repertoire – eine im Individuum vorhandene „Sammlung von Ressourcen". Dies bezieht sich zum einen auf die eigenen Sprachkenntnisse (Erstsprache(n), Zweit-/Fremdsprache(n)), zum anderen aber auch auf die Entwicklung eines Bewusstseins von Varietäten wie regionalen Dialekten, Stilunterschieden (z. B. formellere ↔ informellere Sprache) oder Berufs-/Fachsprachen. Im gleichen Maße verfügt ein Individuum aber auch über (pluri-)kulturelle Kenntnisse in situationsgerechtem Handeln – z. B.: *Bringe ich bei einer privaten Einladung einer Kollegin ein Mitbringsel mit? Wie teuer darf/sollte das Mitbringsel sein? Was eignet sich (nicht) als Mitbringsel? Gilt das so auch bei einer privaten Einladung bei meinem Nachbarn oder gibt es da einen Unterschied?*

Machen Sie die Lernenden daher im Laufe des Lernprozesses immer wieder darauf aufmerksam, dass sie dieses Wissen, diese Ressourcen bereits in sich haben. Gerade beim Sprachenlernen stößt man auf andersartige Grammatikstrukturen, Ausdrucksweisen und nicht zuletzt Verhaltensweisen. Dies regt eine Bewusstmachung über Gegebenheiten und Kommunikationsweisen in der (den) eigenen Sprache(n), aber auch den individuellen, familiären und gruppenspezifischen Verhaltensweisen an. Entscheidend ist dabei, das „Neue" als „weitere Variante" des bereits Bekannten anzusehen und als „zusätzliche Option" in das eigene Repertoire aufzunehmen.

Die Protagonistinnen und Protagonisten in *Miteinander!* sind so angelegt, dass sie nicht nur als „oberflächliche" Figuren, sondern als vielschichtige Menschen wahrgenommen werden. Sie tauchen im Lehrwerk immer wieder auf und entwickeln sich weiter. Durch Hör- und Lesetexte sowie durch Aufgaben werden auch die Lernenden ermutigt, als vielschichtige Individuen aufzutreten Differenzierte persönliche Angaben, z. B. S. 19, S. 27, S. 75, das eigene kulturelle Wissen in den Kurs einzubringen z. B. Gastgeschenke, S. 83, sich der eigenen Gewohnheiten bewusst zu werden und andere kennenzulernen z. B. Meine Hitlisten, S. 99 und auch eigene Pläne und Weiterentwicklungsmöglichkeiten zu thematisieren z. B. Ich würde gern einen Breakdance-Kurs machen, S. 79.

Portfolio

Im Sprachunterricht bezeichnet *Portfolio* oft eine Sammlung von selbst erstellten oder gesammelten Materialien, die zeigen, mit was sich die Lernenden beschäftigt und was sie geleistet haben. Das Portfolio ist also eine Dokumentation des Lernprozesses. Jede Arbeitsbuchlektion in *Miteinander!* wird mit einer Portfolio-Aufgabe abgeschlossen, in der die Lernenden zu einer kleinen schriftlichen Produktion angeregt werden, die – zusammen mit anderen Materialien und Dokumenten – Eingang in das eigene Portfolio finden kann Portfolio, z. B. S. 126, 23. Eine Vorlage für das Portfolio finden Sie im Lehrwerkservice unter: www.hueber.de/miteinander.

Miteinander! Deutsch für Alltag und Beruf A1.2
Didaktik-Glossar

Prüfungstraining

Das Fernziel der meisten Lernenden ist der *Deutschtest für Zuwanderer* (DTZ). Manche Lernende werden aber vielleicht auch eine „Zwischenprüfung" ablegen wollen. Daher ist in *Miteinander!* ein breit angelegtes Prüfungstraining integriert. Von A1 bis B1 werden alle Prüfungsteile der Prüfungen *Start Deutsch 1 und 2, telc – Deutsch für Zuwanderer A1, Goethe-Zertifikat A2* und *Deutschtest für Zuwanderer* (DTZ) behandelt Miteinander! A1.2 ab S.192. Die Prüfungsteile sind didaktisiert Training, z. B. S.192 und können anschließend im (ggf. leicht angepassten) Prüfungsformat ausprobiert werden In der Prüfung, z. B. S.192. Außerdem bekommen die Lernenden Strategien an die Hand, die bei der Prüfungsvorbereitung und in der Prüfung helfen. Die einzelnen Teilprüfungen befinden sich im Anhang des Lehrwerks. Es gibt keine festgelegte Reihenfolge für die Bearbeitung, und die Prüfungsteile sind auch nicht an eine Lektion gekoppelt. Je nach Kenntnisstand und Interesse kann eine individuelle Auswahl getroffen werden.

Redemittel und Kommunikation

Das wichtigste Lernziel beim Sprachenlernen ist die Fähigkeit, *sprachlich handeln* zu können. Basis dafür ist die kommunikative Kompetenz. Aus diesem Grund gibt es in der Sprachdidaktik die Kategorie *Redemittel*. Bei diesen Sprachbausteinen kann die Grammatik durchaus über dem aktuellen Kenntnisstand der Lernenden liegen. Es geht an dieser Stelle nicht darum zu thematisieren, warum es z. B. *Gute Nacht!*, aber *Guten Abend!* heißt, sondern diese Wendungen einfach als solche zu lernen. Die Redemittel können schon „ganz vorgefertigt" sein oder aber den „Kern" aufzeigen, der dann individuell angepasst wird Kommunikation, z. B. S. 30, S. 60. *Miteinander!* sorgt im Übungsablauf immer wieder für Kommunikationsanlässe. Das Arbeitsbuch bietet zusätzlich ein Audiotraining für das eigenständige Üben der Kommunikationsfähigkeit Audiotraining, z. B. S.124.

Sozialformen

Für den Lernprozess ist es förderlich, den Unterricht auch im Hinblick auf die Sozialformen abwechslungsreich zu gestalten. Wechseln Sie daher Phasen des Lernens im Plenum mit Phasen des Lernens in größeren / kleineren Gruppen, zu zweit und alleine ab. Die Lernsequenzen in *Miteinander!* sind so aufgebaut, dass unterschiedliche Sozialformen integriert werden. Zusätzliche Hinweise finden Sie in den Unterrichtsplänen und im → ◙ Methodenglossar.

Stationenlernen

Mit dem Aufbau von Stationen im Kursraum kann nicht nur der Unterricht aufgelockert, sondern auch Binnendifferenzierung ermöglicht und Lernerautonomie gefördert werden. Im Kursraum werden verschiedene Orte definiert, die einzelne Stationen darstellen. An jeder Station gibt es ein Thema bzw. eine Aufgabe – die Lernenden gehen in Gruppen oder einzeln zu den Stationen. Dort können sie z. B. Aufgaben lösen, selbst Aufgaben erstellen etc. und sich gegenseitig unterstützen und selbst korrigieren. Die Stationen können z. B. Lernstationen, Trainingsstationen oder Wiederholungsstationen sein Stationenlernen, z. B. S. 22, Wiederholungsseite.

Testen

Manche Lernende möchten eine formalisierte Auskunft über ihren Kenntnisstand, auch manche KL oder Institutionen befürworten regelmäßiges Testen. Solange ein Test als Anlass für das Thematisieren von Lernstrategien und Entwicklungsmöglichkeiten verstanden wird, ist dagegen nichts einzuwenden. Von zentraler Bedeutung ist nur, dass Testen nicht als Selbstzweck gesehen wird, und dass die Lernenden nicht „für den Test" lernen, sondern Lernen als Bestandteil der persönlichen Weiterentwicklung und das Erreichen von Zielen begreifen. *Miteinander!* bietet nach jeweils zwei Lektionen einen Lernfortschrittstest Lernfortschrittstest, z. B. S.134, zu dem in den Materialien für Kursleitende (LHB bzw. DUP) noch jeweils ein Evaluationsbogen vorhanden ist. Außerdem stehen dort noch Schnelltests zur Verfügung. Wenn Sie den Lernenden die Lösungen zur Verfügung stellen, können sich die Lernenden selbst überprüfen (siehe Stichwort *Lerner-/Lernerinnenautonomie*).

Miteinander! Deutsch für Alltag und Beruf A1.2
Didaktik-Glossar

Textsorten

Die Lernenden sollten von Anfang an mit einer Vielzahl an mündlichen und schriftlichen Textsorten vertraut gemacht werden. Einige davon müssen sie nur rezeptiv erkennen, andere selbst produzieren können. *Miteinander!* beinhaltet eine große Bandbreite sowohl mündlicher S. 13: informelles Gespräch S. 45: telefonische Auskunft S. 103, B4: Rollenspiel, Dialog im Geschäft als auch schriftlicher Textsorten S. 15: Chat S. 49: Formular S. 59: Zeitungsartikel S. 88: Blog.

Vorwissen

Jede/r Lernende kommt mit Vorwissen und Vorkenntnissen in den Kurs – Vorwissen in sprachlicher Hinsicht (Sprachkenntnisse in der Erstsprache, Sprachlernerfahrungen etc.), aber auch in kultureller Hinsicht (z. B. gruppenspezifische Handlungsmuster) – siehe Stichwort *Plurilinguale und plurikulturelle Kompetenz*. Zusätzlich machen die Lernenden im Sprachlernprozess *Deutsch als Zweitsprache* außerhalb des Unterrichts Erfahrungen, die das Vorwissen anreichern. Aktivieren Sie im Kurs immer wieder das Vorwissen der einzelnen Lernenden sowie der Gruppe als Gesamtheit. Dafür eignen sich z. B. Mindmaps oder der Einsatz von Bildern z. B. S. 52, 3.

Wiederholen

Lernen bedeutet das (Neu-)Verknüpfen von Synapsen. Damit das passiert, ist es wichtig, den Lernstoff mehrmals zu wiederholen und durch Abwechslung unterschiedliche Anknüpfungsmöglichkeiten (Querverbindungen) zu bieten. Die Lernsequenzen in *Miteinander!* sind kleinschrittig und abwechslungsreich aufgebaut, sodass verschiedene Verknüpfungen ermöglicht werden. Zudem bietet das Arbeitsbuch viele wiederholende und festigende Übungen. Auf den Wiederholungsseiten am Ende jeder Kursbuchlektion können die Lernenden wichtigen Lernstoff gemeinsam wiederholen Miteinander wiederholen, z. B. S. 32, auch mithilfe von Liedern z. B. S. 32, Station 1. Zeigen Sie den Lernenden auch Möglichkeiten auf wie z. B. (elektronische) Vokabelkärtchen, Memotechniken etc. → ▨ **Methodenglossar** Die Progression über die Bände von *Miteinander!* ist zyklisch angelegt – manche sprachlichen Handlungsmuster wie *Einkaufen* oder *über Vorlieben sprechen* kehren in einer höheren Niveaustufe wieder. So wird Sprachwissen wiederholt und der Niveaustufe angemessen angereichert.

Wortschatzarbeit

In der Bedeutung manchmal unterschätzt wird die Wortschatzarbeit. Dabei kommt man mit Unstimmigkeiten in der Grammatik in der Kommunikation noch eher zurecht, als wenn einem „die Worte fehlen" … Räumen Sie daher der Einführung und dem Verstehen wie auch dem Training von neuen Wörtern im Unterricht ausreichend Raum und Zeit ein. Zeigen Sie den Lernenden, wie das Verstehen von Wortschatz in *Miteinander!* durch Abbildungen unterstützt wird Illustrationen neben Texten, z. B. S. 33 Situationsfotos, z. B. S. 57 Überblick über Wortfelder, z. B. S. 31 oder S. 210 und wie wichtig auch die Übungen zur Kategorie „Wörter" im Arbeitsbuch sind Kategorie *Wörter* im AB, z. B. S. 120. Zeigen Sie die Möglichkeit auf, im Lernwortschatz Übersetzungen (bzw. später im Lernprozess: eigene Definitionen auf Deutsch) zu ergänzen Lernwortschatz ab S. 205.

Willkommen!
Unterrichtspläne

Miteinander! Deutsch für Alltag und Beruf A1.2
Lektion *Start*

Kommunikation Die TN wiederholen das Erfragen und Weitergeben von persönlichen Angaben.
Wortfelder Wiederholung von Begrüßung und persönlichen Angaben
Grammatik Wiederholung der W-Fragen

AUFGABE	HINWEISE
1	1. Stellen Sie sich dem Kurs vor und verwenden Sie dabei alle drei Varianten aus den Sprechblasen. Machen Sie nach jeder Kurzvorstellung eine kurze Pause und sagen Sie „oder", bevor Sie erneut ansetzen. Verwenden Sie die drei Varianten sowohl mit Ihrem Vornamen als auch mit Ihrem Vor- und Nachnamen. 2. Schreiben Sie die drei Varianten auch ans Whiteboard und ergänzen Sie einige Redemittel, falls die TN weitere Ideen haben, was man bei einer Vorstellung sagen kann. 3. Sagen Sie: „In die Mitte bitte!" und unterstützen Sie Ihre Bitte mit einer entsprechenden Geste, indem Sie zum Beispiel die Handflächen nach oben drehen, eine anhebende Bewegung machen und auf die Mitte im Kursraum zeigen. 4. Die TN machen einen Kursspaziergang, bei dem sie sich einander kurz vorstellen. → **Kursspaziergang** **Tipp:** Spielen Sie während des Kursspaziergangs Hintergrundmusik, um Dynamik zu erzeugen.
2	→ **Einstiegsfotos** **Digitalgestützter Unterricht:** Zeigen Sie die Fotos in der interaktiven Version und verdecken Sie die Texte mit dem Werkzeug *Abdecken*. Fragen Sie bei den TN nach, wer die Personen auf den Fotos sind und was sie noch über sie wissen. TN, die bereits mit dem *KB Miteinander! A1.1* gearbeitet haben, können hier TN, die neu dazugekommen sind, an ihrem Wissen teilhaben lassen. (Mediation) 1. Lesen Sie die Arbeitsanweisung vor und schreiben Sie *Familie, Freunde, Beruf, Hobbys* ans Whiteboard. Fragen Sie bei *Familie*: „Wie markiere ich Informationen zur Familie?" Unterstreichen Sie das Wort *Familie* in einer anderen Farbe. Wiederholen Sie die Frage bei jedem Begriff und zeichnen Sie die Linien wie im KB darunter. Sagen Sie anschließend noch einmal: „Hören Sie und lesen Sie mit. Markieren Sie dabei." 2. Spielen Sie die Audiodateien vor. Die TN lesen währenddessen und markieren. Spielen Sie die Audiodateien mindestens ein weiteres Mal vor. **Ergänzung:** Kopieren Sie die Kopiervorlage → **START: Steckbriefe** so, dass für jede/n TN alle Steckbriefe zur Verfügung stehen. Jede/r TN wählt zunächst eine Protagonistin / einen Protagonisten aus und erhält die jeweilige Steckbrief-Vorlage. Zeigen Sie den TN anhand von Ahmets Steckbrief, dass nicht für alle Protagonisten alle Felder ausgefüllt werden müssen. Die TN füllen den Steckbrief in EA aus. Anschließend finden die TN sich in Paaren zusammen und diktieren sich gegenseitig die Informationen zu „ihrer" Protagonistin / „ihrem" Protagonisten. *Binnendifferenzierung: Legen Sie die übrigen Steckbriefe in Stapeln aus. Wer mit der Partnerarbeit fertig ist, nimmt sich einen weiteren Steckbrief, ergänzt ihn und sucht sich eine neue Partnerin / einen neuen Partner. Geben Sie ein Zeitlimit vor. Am Ende muss nicht jede/r TN alle Steckbriefe vollständig ausgefüllt haben.* Anschließend werden die Steckbriefe nach Protagonisten sortiert aufgehängt und in einem → **Galerierundgang** präsentiert: Wählen Sie für den ersten Rundgang acht Expertinnen und Experten, die jeweils zu ihrer Lieblingsprotagonistin / ihrem Lieblingsprotagonisten Auskunft geben. Die übrigen TN gehen umher und stellen den Expertinnen und Experten Fragen zu den Protagonistinnen / Protagonisten. In lernungewohnten Gruppen sollten Sie mögliche Fragen noch einmal gemeinsam erarbeiten und am Whiteboard festhalten. Machen Sie mindestens einen weiteren Rundgang, bei dem die Expertinnen und Experten der ersten Runde durch andere ausgewechselt werden. **Tipp:** Stellen Sie kleine Ansteckkärtchen mit dem Aufdruck „Expertin" und „Experte" her und laminieren Sie diese. Sie können sie dann später bei Präsentationen dieser Art wiederverwenden.

Willkommen!
Unterrichtspläne

Miteinander! Deutsch für Alltag und Beruf A1.2
Lektion *Start*

3	a	**Ergänzung:** Bereiten Sie das Partnerinterview mit der Kopiervorlage → **START: Diktat** vor. Diktieren Sie zunächst den Text über Alessia und geben Sie den TN danach die Möglichkeit zur Selbstkontrolle mit dem Korrekturblatt. Anschließend schreiben die TN einen Text über sich selbst. Schreiben Sie zur Unterstützung die Themen aus 3a ans Whiteboard: *Herkunftsland, Alter, Familie, Sprachen, Beruf, Hobbys, Freunde.* 1. Lassen Sie die Arbeitsanweisung und die Themen vorlesen und schreiben Sie die sieben Themen ans Whiteboard. Lassen Sie unter jedem Thema eine Zeile frei. 2. Bitten Sie zwei TN, den Beispieldialog vorzulesen. Wiederholen Sie dann noch einmal die Arbeitsanweisung und verweisen Sie bei dem Wort *Notizen* auf den Notizzettel im KB. → **Orientierung** 3. Lesen Sie die Frage „Woher kommst du, Alessia?" noch einmal vor und fragen Sie, zu welchem der sieben Themen diese Frage gehört. Erarbeiten Sie anschließend gemeinsam mit den TN eine Frage pro Thema und schreiben Sie sie unter das jeweilige Thema ans Whiteboard. 4. Wiederholen Sie die Arbeitsanweisung und verweisen Sie auf den Foto-Auftrag. Machen Sie dabei deutlich, dass nur dann Fotos gemacht werden, wenn es für die TN okay ist. Schreiben Sie hierfür die Frage *Ist ein Foto okay?* als Redemittel für das Partner-Interview ans Whiteboard. 5. Teilen Sie den Kurs in Paare ein. → **Paarbildung** 6. Die TN interviewen sich gegenseitig, machen Notizen und ggf. ein Foto.
	b	1. Lesen Sie die Arbeitsanweisung vor und bitten Sie eine / einen TN, die Sprechblase im KB zu lesen und anschließend 1–2 Sätze zur / zum eigenen Interviewpartner/in zu improvisieren. 2. „In die Mitte bitte!" Bitten Sie die TN, aufzustehen und mit ihren Handys in die Mitte des Kursraums zu kommen. Tun Sie das Gleiche und zeigen Sie auf dem Handy ein Foto von einer Freundin oder ggf. das Foto einer / eines TN und machen Sie den Anfang. Stellen Sie die Person auf dem Handyfoto vor, indem Sie sich einer / einem TN direkt zuwenden. Dadurch wird klar, dass es bei der folgenden Übung darum geht, die Partnerin / den Partner mehrmals einer jeweils anderen Person vorzustellen. Falls es TN gibt, die keine Fotos gemacht haben, sagen Sie, dass sie ihre Partnerin / ihren Partner auch ohne Foto präsentieren können, indem sie kurz im Kursraum auf sie oder ihn zeigen und sagen: „Das ist …" → **Kursspaziergang** Schreiben Sie zur Unterstützung die Redemittel *Das ist …, Sie / Er kommt aus …* ans Whiteboard. **Tipp:** Wenn Sie im Verlauf des Kursspaziergangs schöne Formulierungen von den TN hören, greifen Sie diese lobend auf und schreiben Sie sie ebenfalls ans Whiteboard. Das motiviert auch die anderen und unterstützt lernungewohnte TN.

Wie war dein Tag? / Ahmet
Unterrichtspläne

Miteinander! Deutsch für Alltag und Beruf A1.2
Lektion 09

Einstiegsseite

Kommunikation Die TN können Small Talk führen und sagen, wo sie gestern waren / was sie hatten.
Wortfeld stehende Ausdrücke mit *sein* und *haben*
Grammatik Präteritum von *sein* und *haben*

AUFGABE		HINWEISE
1		→ 🖥 **Einstiegsfotos** 1. Sehen Sie sich mit dem Kurs das Einstiegsfoto an und lassen Sie die TN eine kleine Bildbeschreibung machen. Stellen Sie ein paar einfache Fragen wie: „Wer ist auf dem Foto? Was sehen Sie auf dem Foto?" Notieren Sie einige der Antworten am Whiteboard. **Variante:** Verteilen Sie Zettel und bitten Sie die TN, 1–3 Fragen zu dem Bild zu formulieren. Schreiben Sie als Hilfestellung die Frageworte *Wer, Was, Wo* ans Whiteboard und wiederholen Sie bei Bedarf die Satzstellung bei W-Fragen. Sammeln Sie die Fragen ein und verteilen Sie sie neu. Die TN schreiben Antworten zu den ihnen zugeteilten Fragen. Präsentation im PL. 2. Lassen Sie die Arbeitsanweisung vorlesen und geben Sie anschließend eine Minute Zeit, damit die TN sich die Sätze 1–5 durchlesen können. Verweisen Sie auch auf die Bilderklärungen für *Flughafen* und *Technikmarkt*. → 🖥 **Orientierung** 3. Spielen Sie die Audiodatei zweimal vor. 4. Lösungskontrolle in PA, dann im PL. *Lösung:* **2** *neu.* **3** *1000 Euro.* **4** *teuer.* **5** *Flughafen.*
2	a	1. Lesen Sie die Arbeitsanweisung vor und bitten Sie zwei TN, den Beispieldialog vorzulesen. Fragen Sie: „Was sind die Verben?" Markieren Sie die Verben in der interaktiven Version mit dem Werkzeug *Textmarker* oder schreiben Sie den Dialog ans Whiteboard und markieren Sie die Verben hier. → 🖥 **Orientierung** 2. Die TN ergänzen die Tabelle in PA. 3. Lösungskontrolle im PL. *Lösung:* **ich** hatte, war; **du** hattest **Digitalgestützter Unterricht:** Zeigen Sie zur Systematisierung der Konjugation der Verben *haben* und *sein* im Präteritum den Grammatik-Clip. → 🖥 **Tipps für Clips** **Ergänzung Phonetik-Einheit:** Üben Sie die Konjugation der Hilfsverben im Präteritum auch durch chorisches Sprechen. → ▪ **Aussprachetraining** Legen Sie besonderen Wert auf die Aussprache des *A*. Es sollte nicht als *Ä* gesprochen werden, weil das Wort dadurch seine Bedeutung verändert. Aus Präteritum wird bei falscher Aussprache Konjunktiv II. Der Unterschied zwischen *A* und *Ä* liegt an der Stellung des Kiefers. Bei *A* ist der Mund weniger weit geöffnet als beim *Ä*. Das kann den TN relativ leicht bewusst gemacht werden. Lassen Sie die TN dafür aufstehen und machen Sie zunächst einige Lockerungsübungen für den Mund. Z. B. durch Zu- und Aufklappen, durch Einatmen und schnaubendes Ausatmen, wobei die Lippen wie bei einem Pferd vibrieren. Anschließend leiten Sie die TN dazu an, ihr Gesicht auszustreichen. Legen Sie dafür Ihre Hände auf die Wangen und ziehen Sie sie mit gespreizten Fingern mehrmals von den Schläfen aus Richtung Mund. Lassen Sie den Mund locker. Bitten Sie anschließend die TN, ihre Hände an die Kieferknochen zu legen und sprechen Sie gemeinsam *A* und *Ä*. Ermuntern Sie die TN dabei, den Unterschied in der Stellung des Kiefers zu spüren.

Wie war dein Tag? / Ahmet

Miteinander! Deutsch für Alltag und Beruf A1.2

Unterrichtspläne

Lektion 09

	b	1. Lassen Sie die Arbeitsanweisung und die Variationsmöglichkeiten vorlesen. Verweisen Sie auch auf die Bilderklärungen für *zufrieden sein* und *müde sein*. → 🖥 **Orientierung** 2. Sagen Sie noch einmal: „viele Termine haben" und bitten Sie zwei TN, den Beispieldialog vorzulesen und einen weiteren Dialog mit *frei haben* zu improvisieren. Lassen Sie anschließend die TN entscheiden, ob Sie die Auswahlaufgabe auf S. 108 bearbeiten oder auf S. 13 bleiben wollen. Da einige TN das Prinzip der Optionen vielleicht noch nicht kennen, wenn Sie noch nicht mit *Miteinander!* gearbeitet haben, ist es sinnvoll, hier noch einmal kurz zu erklären, dass die Auswahlaufgaben etwas leichter sind. **Tipp:** Nutzen Sie parallel die interaktive Version des KB auf S. 108, um zu zeigen, dass die Dialoge der Auswahlaufgabe ausgeschrieben und nach *haben* und *sein* sortiert sind. 3. Die TN bearbeiten die Aufgabe in PA. Gehen Sie herum und geben Sie Hilfestellung. *Binnendifferenzierung: Machen Sie lerngewohnte TN auf* Schon fertig? *aufmerksam. Greifen Sie Ideen dieser TN auf und schreiben Sie sie ans Whiteboard, um auch andere TN zu motivieren, ein wenig zu improvisieren.* 4. Präsentation im PL. Lassen Sie zu jeder Variante je ein Paar einen Dialog vortragen. Achten Sie darauf, dass Sie sowohl TN präsentieren lassen, die auf S. 13 gearbeitet haben als auch diejenigen, die auf S. 108 gearbeitet haben. **Tipp:** Ermutigen Sie die TN nach dem Lesen des Dialogs, den Dialog noch einmal frei zu sprechen, indem Sie sie bitten, das Buch zu schließen. Wenn den TN das sehr schwerfällt, können Sie eine zweite Trainingsrunde anregen, mit dem Ziel, 1-2 Dialoge ohne Buch sprechen zu können.

A: Meine Frau und ich haben viel gearbeitet.

Kommunikation Die TN können über Vergangenes berichten.
Wortfelder Beruf, Familie, Wetter, Verkehr, Stadt auf Small-Talk-Niveau
Grammatik Perfektbildung mit *haben*, Wiederholung Satzklammer, W-Fragen und Ja-/Nein-Fragen

AUFGABE		HINWEISE
A1	a	→ 🖥 **Einstiegsfotos** 1. Betrachten Sie gemeinsam mit den TN das Einstiegsfoto und lassen Sie sich eine kurze Bildbeschreibung geben. Fragen Sie: „Wer sind die Personen? Wo sind sie? Was machen sie?" 2. Lassen Sie die Arbeitsanweisung vorlesen und fragen Sie anschließend zur Verstehenssicherung: „Was sind Themen?" Zeigen Sie im KB auf die Themen und sagen Sie: „Das sind Themen." Lassen Sie anschließend die Themen ebenfalls vorlesen und sammeln Sie gemeinsam mit den TN weitere mögliche Themen am Whiteboard. → 🖥 **Orientierung** 3. Die TN erzählen sich in Murmelgruppen, worüber sie im Taxi sprechen. → ♟ **Gruppenbildung** 4. Präsentation im PL: Lassen Sie sich stichprobenartig aus den Gruppen berichten und schreiben Sie einige Beispiele ans Whiteboard.
	b	1. Lassen Sie die Arbeitsanweisung vorlesen und zeigen Sie im KB, wo die TN die Antworten ankreuzen sollen. → 🖥 **Orientierung** 2. Lösungskontrolle in PA, dann im PL. → 🖥 **Lösungskontrolle** *Lösung: Familie, Stadt, Arbeit, Ausbildung*
A2	a	1. Lesen Sie die Arbeitsanweisung vor und erklären Sie noch einmal, dass die Nummern der Fragen in die Kästchen zu den Antworten geschrieben werden sollen. → 🖥 **Orientierung** 2. Die TN bearbeiten die Aufgabe in EA. 3. Spielen Sie die Audiodatei vor. Die TN vergleichen ihre Ergebnisse. Spielen Sie die Audiodatei bei Bedarf ein weiteres Mal vor. 4. Lösungskontrolle im PL: Lassen Sie die Fragen und Antworten von zwei TN mit verteilten Rollen vortragen und notieren Sie parallel die Lösungen. → 🖥 **Lösungskontrolle** *Lösung: **1** Und jetzt fliegen Sie wieder nach Hause? **2** Waren Sie beruflich hier? **3** Was haben Sie gemacht?*

Wie war dein Tag? / Ahmet
Unterrichtspläne

Miteinander! Deutsch für Alltag und Beruf A1.2
Lektion 09

	b	1. Lassen Sie die Arbeitsanweisung vorlesen und geben Sie den TN eine Minute Zeit, die Optionen zu lesen. Verweisen Sie auch auf die Bilderklärung für *sparen*.
		Ergänzung interkulturelles Lernen: Nicht in allen Ländern ist das Schwein ein Glücksbringer oder wird mit *Geld / sparen* assoziiert. In manchen Kulturen gilt es als unreines Tier. Das müssen Sie hier nicht explizit thematisieren, aber es bietet sich an zu fragen, wo die TN ihr Geld aufbewahren, wenn es nicht auf der Bank liegt. Ob sie noch so etwas wie einen Sparstrumpf oder Gefäß etc. haben.
		2. Spielen Sie die Audiodatei vor. Die TN bearbeiten die Aufgabe.
		3. Lösungskontrolle in PA, dann im PL. Lassen Sie eine/n TN die Lösung präsentieren und schreiben Sie die Sätze ans Whiteboard. Fragen Sie: „Was sind die Verben?" und umkreisen Sie diese auf Zuruf der TN. Markieren Sie die Satzklammer wie im Grammatikkasten.
		Lösung: Wir haben nicht viel gekauft. Wir haben das Geld gespart.
		Digitalgestützter Unterricht: Zeigen Sie den Grammatik-Clip zur Systematisierung der Satzklammer im Perfekt.
		4. Gehen Sie mit den TN die Tabelle mit den Partizip II-Formen durch und weisen Sie darauf hin, dass einige Verben wie *kaufen, sparen, arbeiten* stärker gebeugt werden als andere Verben wie *sehen, sprechen, treffen*. Machen Sie auf den Vokalwechsel bei *sprechen* und *treffen* aufmerksam.
		Tipp: An diesem Punkt fragen die TN oft nach Verblisten, mit denen sie die Partizip II-Formen lernen können. Auf dem Niveau A1 sind diese alphabetisch sortierten Listen jedoch nur bedingt sinnvoll, da sie den bisher gelernten Wortschatz der TN übersteigen. Regen Sie stattdessen an, dass jede/r sich ein Verb-Heft oder einen Schnellhefter anlegt, in den die neu gelernten Verben mit Partizip II-Form geschrieben werden. Regen Sie auch an, eine dritte Spalte für die Präteritum-Form frei zu lassen, sodass diese später ergänzt werden kann. Es ist hilfreich, wenn Sie einige Wochen lang das Weiterführen der Liste als Hausaufgabe aufgeben und sich die Listen zeigen lassen.
A3		1. Lesen Sie die Arbeitsanweisung vor und zeigen Sie bei *Nachrichten in Achmets Familien-Gruppe* auf den Chat und bei *Zettel A* und *Zettel B* auf den jeweiligen Zettel. → 🖥 **Orientierung**
		2. Bearbeiten Sie gemeinsam im PL die Frage 1 von Zettel A und B, indem Sie den Kurs in Gruppe A und B einteilen. Geben Sie anschließend einer / einem TN aus Gruppe A den Auftrag, die Frage 1 von Zettel B zu lesen. Eine / Ein TN aus Gruppe B antwortet und umgekehrt. Lassen Sie jetzt die TN entscheiden, ob sie die Auswahlaufgabe auf S. 109 bearbeiten oder auf S. 15 bleiben wollen.
		3. Die TN bearbeiten die Aufgabe in PA. Gehen Sie herum und geben Sie Hilfestellung.
		4. Lösungskontrolle im PL: Lassen Sie wie in 2. beschrieben je ein Paar präsentieren. Achten Sie darauf, dass sowohl TN, die die Auswahlaufgabe gemacht haben, als auch TN, die auf S. 15 gearbeitet haben, zum Zug kommen. Schreiben Sie die Antwortsätze am Whiteboard mit und markieren Sie noch einmal die Satzklammer.
		Variante: Zur Präsentation stellen sich die TN in zwei Gruppen (A und B) gegenüber auf. TN der Gruppe B lesen die Fragen von Zettel A, TN der Gruppe A geben die Antwort zu der Frage von Zettel A und lesen die nächste Frage von Zettel B. Für die richtigen Antworten können Sie Punkte verteilen, um den Wettbewerbs-Charakter zu verstärken. Geben Sie den TN die Möglichkeit, sich untereinander kurz abzustimmen, bevor sie die Antwort geben. Der Satzbau muss richtig sein, sonst gibt es keinen Punkt.
A4	a	**Material:** Würfel und Spielfiguren
		1. Lesen Sie die Arbeitsanweisung vor und leiten Sie die TN an, auf die Seiten 96/97 im KB zu gehen. → 🖥 **Orientierung**
		2. Lassen Sie auf S. 96 die Arbeitsanweisung und die Musterlösung vorlesen.
		Ergänzung Phonetik: Lesen Sie noch einmal alle zur Auswahl stehenden Partizip II-Formen vor und lassen Sie die TN nachsprechen. Üben Sie anschließend auch den Wortakzent durch Klatschen. Unbetonte Silben werden dabei leise auf dem Handballen geklatscht und betonte Silben mit der vollen Handfläche. Ein Wort wie *gefrühstückt* würde auf dem Handballen, dann auf der Handfläche und dann wieder auf dem Handballen geklatscht werden. → ◼ **Aussprachetraining**

Wie war dein Tag? / Ahmet
Unterrichtspläne

Miteinander! Deutsch für Alltag und Beruf A1.2
Lektion 09

		3. Die TN bearbeiten die Aufgabe in EA. Gehen Sie herum und geben Sie Hilfestellung. 4. Lösungskontrolle in PA, dann im PL. *Variante:* Um die Lösungskontrolle spontaner zu gestalten, können Sie eine/n TN die Vorgaben in nicht festgelegter Reihenfolge vorlesen lassen und die anderen TN rufen das passende Partizip II rein. Wer zuerst das richtige Partizip II gerufen hat, liest die nächste Vorgabe vor. Schreiben Sie die richtigen Lösungen am Whiteboard oder in der interaktiven Version mit. Alternativ können Sie in dieser Form auch nach der Lösungskontrolle noch einmal in PA üben lassen. Dabei hat dann nur diejenige / derjenige TN das Buch aufgeschlagen, die/ der die Vorgaben vorliest. Die Partizip II-Formen werden von der Partnerin / dem Partner auswendig genannt. → **Lösungskontrolle** *Lösung Aktionsseite, S. 96:* **2** *gefrühstückt* **3** *getrunken* **4** *geschlafen* **5** *gesungen* **6** *gemalt* **7** *gelesen* **8** *genäht* **9** *geschrieben*
	b	1. Lesen Sie die Arbeitsanweisung vor und spielen Sie im PL ein Beispiel mit drei geübteren TN vor, indem Sie den Kurs um einen Tisch in der Mitte des Kursraums versammeln. Teilen Sie den Kurs anschließend in Dreiergruppen ein und verteilen Sie die Würfel und Spielfiguren. → **Gruppenbildung** 2. Die TN spielen in ihren Gruppen. Gehen Sie herum und geben Sie Hilfestellung. *Binnendifferenzierung:* Regen Sie Gruppen, die bereits einen Durchlauf gespielt haben, dazu an, die Spielrollen (ABC) zu tauschen und noch einmal von vorne zu beginnen.
A5		1. Lesen Sie die Arbeitsanweisung vor. Lassen Sie anschließend das Beispiel und die Reaktionen in Sprechblasen von drei TN vorlesen. Schreiben Sie nun selbst drei Informationen (im Perfekt) über sich ans Whiteboard, von denen eine nicht stimmt, und lassen Sie die TN wie im Beispiel raten. Achten Sie dabei darauf, dass die TN das Redemittel *Ich glaube …* verwenden. 2. Die TN schreiben die drei Sätze in EA. Gehen Sie herum und geben Sie Hilfestellung. *Binnendifferenzierung:* Geübtere TN schreiben mehr als drei Sätze. Geben Sie ein Zeitlimit. 3. Präsentation im PL: Eine / Ein TN präsentiert ihre / seine Sätze im PL, die anderen raten, welcher Satz nicht stimmt. Diejenige / Derjenige, die / der geraten hat, darf ihre / seine Sätze im Anschluss vorlesen. **Tipp:** Achten Sie hier trotz des Spielcharakters auf den richtigen Satzbau und schreiben Sie ggf. am Whiteboard eine korrekte Version des Satzes der / des TN mit. *Variante:* In geübteren Kursen, wo die Satzklammer schon gut umgesetzt wird, können Sie den Kurs für die Präsentation der Sätze in Gruppen von 4–5 TN einteilen.

B: Ich bin Taxi gefahren.

Kommunikation Die TN können Längen angeben.
Wortfelder Freizeitaktivitäten, Verben der Bewegung
Grammatik Perfektbildung mit *sein*

AUFGABE		HINWEISE
B1	a	→ **Einstiegsfotos** **Tipp:** Lassen Sie die TN eine kleine Bildbeschreibung machen, bevor Sie zur Aufgabe übergehen. Stellen Sie hier die Frage: „Was sehen Sie auf dem Bild?" Damit gewöhnen Sie die TN an die Bildbeschreibung im zweiten Teil der mündlichen DTZ-Prüfung. 1. Lassen Sie die Arbeitsanweisung und die Sprechblasen vorlesen. Klären Sie die Bedeutung von *mit wem?*, indem Sie einige Fragen ans Whiteboard schreiben und die TN bitten, selbst einige Fragen zu entwickeln. Zum Beispiel: *Mit wem sind Sie im Deutschkurs? Mit wem isst du zu Mittag?* 2. Lassen Sie die TN anschließend in PA Vermutungen über *die Frau bei Ahmet* äußern und holen Sie die Situation anschließend ins Plenum. Notieren Sie einige Vermutungen am Whiteboard.

Wie war dein Tag? / Ahmet
Unterrichtspläne

Miteinander! Deutsch für Alltag und Beruf A1.2
Lektion 09

	b	1. Lassen Sie die Arbeitsanweisung vorlesen und geben Sie den TN eine halbe Minute Zeit, um die Aussagen zu lesen. 2. Spielen Sie die Audiodatei vor. Die TN bearbeiten die Aufgabe. 3. Lösungskontrolle in PA, dann im PL. *Lösung:* **1** Ahmet trifft Pauline am Abend. **2** Pauline isst bei Ahmet und Pinar.
	c	1. Lassen Sie die Arbeitsanweisung vorlesen und geben Sie den TN eine Minute Zeit, um die Aussagen zu lesen. 2. Spielen Sie die Audiodatei erneut vor. Die TN bearbeiten die Aufgabe. 3. Lösungskontrolle in PA, dann im PL. *Lösung:* **2** c, d, e **3** f **4** a 4. Verweisen Sie auf den Grammatikkasten. → 🖳 **Orientierung** Sagen Sie: „fahren, gehen, fliegen sind Bewegungen" und zeichnen Sie zwei Punkte mit einem Bewegungspfeil ans Whiteboard. Wiederholen Sie dann jedes einzelne Verb in seiner Grundform und machen Sie mit dem Arm oder der Hand eine Bewegung, mit der Sie verdeutlichen, dass die Verben Art und Weisen angeben, in denen man von einem Punkt zum nächsten kommt. Alternativ können Sie auch die TN bitten, die Verben pantomimisch darzustellen. **Digitalgestützter Unterricht:** Spielen Sie zur Festigung des Wortschatzes die Zusatzübung zu den Bewegungsverben (KB S. 21) aus der interaktiven Version heraus.
B2		1. Lassen Sie die Arbeitsanweisung und das Beispiel vorlesen. Schreiben Sie die Redemittel in den Sprechblasen ans Whiteboard und fragen Sie die TN, wie eine positive Antwort lauten könnte. Ergänzen Sie weitere Sprechblasen auf Zuruf der TN. **Digitalgestützter Unterricht:** Zeigen Sie den Grammatikkasten und den dazugehörigen Clip, um den TN zu verdeutlichen, dass sie nun drei weitere Bewegungsverben mit den entsprechenden Partizip II-Formen lernen. → 🖳 **Tipps für Clips** **Tipp:** Üben Sie auch diese drei neuen Partizip II-Formen noch einmal phonetisch wie in A4 durch Nachsprechen und Klatschen des Wortakzents. → ♟ **Aussprachetraining** 2. Verweisen Sie auf die Optionen im Schüttelkasten und sagen Sie noch einmal: „Schreiben Sie drei Fragen." 3. Die TN bearbeiten die Aufgabe zunächst in EA. Gehen Sie herum und geben Sie Hilfestellung. *Binnendifferenzierung: Ermutigen Sie TN, die sehr schnell fertig sind, Fragen zu formulieren, zu denen es keine Vorgabe gibt. Verweisen Sie hierfür auf die drei Auslassungspunkte.* 4. Teilen Sie den Kurs im Anschluss an die Schreibphase in Gruppen ein. → ♟ **Gruppenbildung** 5. Die TN fragen einander und reagieren unter Verwendung der Redemittel am Whiteboard. Gehen Sie herum und geben Sie Hilfestellung. Schreiben Sie interessante Reaktionen der TN zwischendurch ans Whiteboard. Das motiviert die TN, auch bei den Reaktionen etwas kreativer zu werden. **Variante:** Nutzen Sie in weniger lerngewohnten Kursen die Kopiervorlage → 📄 **L09: Aktivitätenbingo Perfekt**. Kopieren Sie das Bingo-Spiel für jede/n TN einmal. Die TN gehen im Kurs herum und fragen sich gegenseitig: „Bist du schon einmal …?" Kann die Gesprächspartnerin / der Gesprächspartner die Frage mit „Ja, ich bin schon einmal …" beantworten, schreiben die TN den Namen der Gesprächspartnerin / des Gesprächspartners in das entsprechende Bingofeld. Erklären Sie den TN, dass das Spiel beendet ist, sobald sie vier Namen in einer Reihe haben (senkrecht / waagerecht oder diagonal). Fragen Sie im Anschluss an die Übung noch einmal im Plenum: „Wer ist schon einmal ohne Geld einkaufen gegangen?" und ermuntern Sie die TN noch einmal, im vollständigen Satz zu antworten. Beispielsweise: *Pinar ist schon einmal ohne Geld einkaufen gegangen.* (Mediation) **Ergänzung:** Machen Sie anschließend oder am nächsten Tag ein Wiederholungstraining für die Partizip II-Formen. Werfen Sie einen Ball zu einer / einem TN und sagen Sie die Grundform des Verbs z. B. „kochen". Die / Der TN fängt den Ball und sagt „gekocht". Anschließend wirft die / der TN den Ball weiter und nennt ein weiteres Verb von S. 16 in seiner Grundform.

Wie war dein Tag? / Ahmet
Unterrichtspläne

Miteinander! Deutsch für Alltag und Beruf A1.2
Lektion 09

B3	a	**Material:** Din-A4-Blätter 1. Gehen Sie gemeinsam mit den TN auf die S. 104 und lassen Sie dort die Arbeitsanweisung vorlesen. Klären Sie das Wort *Ketten-Geschichte*. Lassen Sie das Wort *Geschichte* nachschlagen und erklären Sie *Kette*, indem Sie zum Beispiel die Glieder einer Kette ans Whiteboard zeichnen und dann die Analogie ziehen von den Kettengliedern zu den TN. 2. Fragen Sie: „Was sollen wir machen?" und machen Sie eine ratlose Geste. Zeigen Sie auf die Erklärungen der Schritte und das Beispiel der Ketten-Geschichte. Vergrößern Sie diese in der interaktiven Version des KB. Lassen Sie anschließend die Beschreibungen der Schritte vorlesen. → **Orientierung** Geben Sie Zeit für Nachfragen und klären Sie unbekannte Wörter. Lesen Sie anschließend die Beschreibung des ersten Schrittes noch einmal vor und machen Sie vor, was dort steht. Geben Sie dann das Blatt mit Ihrem Satz an eine / einen TN weiter. Lesen Sie dann Schritt zwei vor und lassen Sie die / den TN danach handeln. Achten Sie darauf, dass die / der TN für alle sichtbar das Blatt mit Ihrem Satz nach hinten faltet, sobald sie / er geschrieben hat. Sagen Sie ggf. noch einmal: „Falten Sie den Zettel." und machen Sie es vor. Verfahren Sie mit Schritt drei ebenso. 3. Die TN schreiben die Ketten-Geschichten. Gehen Sie herum und geben Sie Hilfestellung. **Tipp:** Geben Sie ein Zeitlimit vor und verteilen Sie zwischendurch Zettel um, die sich bei lernungewohnten TN stauen. Machen Sie deutlich, dass das Umverteilen kein Problem ist, da ohnehin immer nur auf den vorherigen Satz reagiert werden soll.
	b	Präsentation in Gruppen, dann im PL: Die TN lesen einander die Geschichten in Gruppen von 5–6 TN vor. → **Gruppenbildung** Gehen Sie herum und bitten Sie jede Gruppe, eine Geschichte auszuwählen, die ihnen besonders gefällt. Lassen Sie im Anschluss an die Gruppenarbeitsphase je eine Geschichte aus jeder Gruppe im PL vorlesen.
B4	a	1. Lassen Sie die Arbeitsanweisung und die lektüreleitenden Fragen 1 und 2 vorlesen. Sehen Sie sich gemeinsam mit den TN das Foto an und fragen Sie: „Was sehen Sie? Wo könnte das sein?" Damit führen Sie die TN zum Thema *Restaurantbesuch* hin und erleichtern das Leseverständnis. → **Einstiegsfotos** **Tipp:** Sagen Sie den TN, dass sie den Text zweimal lesen sollen, bevor sie anfangen, Wörter nachzuschlagen. Geben Sie ein Zeitlimit für die Lesezeit. 2. Die TN lesen den Text und sprechen anschließend mit ihrer Partnerin / ihrem Partner. Gehen Sie herum und achten Sie darauf, dass alle nicht nur lesen, sondern auch sprechen. 3. Präsentation im PL. Lassen Sie die TN in ganzen Sätzen auf die Fragen 1 und 2 antworten und fragen Sie auch, wo im Text die jeweilige Information steht. **Digitalgestützter Unterricht:** Markieren Sie während der Präsentation die von den TN genannten Textstellen in der interaktiven Version des KB mit dem Werkzeug *Textmarker*. → **Lektürebegleitendes Visualisieren** *Lösung:* **1** *Sie waren in einem Restaurant. Sie haben ein „Dinner im Dunkeln" gegessen.* **2** *Das heißt, du siehst dein Essen nicht. Am Ende hat der Kellner gesagt: Sie haben gerade Kürbiseis gegessen. Das war ein bisschen / wirklich komisch.* > **Ergänzung:** Nutzen Sie die Kopiervorlage → **L09: Diktat**, um die Ausdrucksmittel vor der folgenden Schreibaufgabe besser einzuüben. Die Frage am Ende des Diktats bereitet die Übung B4b vor. Lesen Sie den Text einmal vollständig vor und diktieren Sie dann in Abschnitten. Teilen Sie nach dem Diktat den Text zur Selbstkontrolle aus.
	b	1. Lassen Sie die Arbeitsanweisung vorlesen und erläutern Sie anschließend *eigene*, indem Sie sagen: „Schreiben Sie Ihre Geschichte / Schreibe deine Geschichte auf dem Handy." Lassen Sie anschließend auch die Optionen aus dem Schüttelkasten und die Redemittel vorlesen. Verweisen Sie auf die Auslassungspunkte und sagen Sie: „Schreiben Sie Ihre Ideen." Zeigen Sie auch die Darstellung auf S. 108, wo freie Linien für die Ideen der TN vorgegeben sind. → **Orientierung** Sammeln Sie einige Ideen der TN am Whiteboard.

Wie war dein Tag? / Ahmet
Unterrichtspläne

Miteinander! Deutsch für Alltag und Beruf A1.2
Lektion 09

	Digitalgestützter Unterricht: Spielen Sie zur Aktivierung des Wortschatzes für die folgende Schreibaufgabe die Zusatzübungen zu Stimmungen und Orten aus der interaktiven Version des KB (S. 21). 2. Lassen Sie die TN auswählen, ob sie die Auswahlaufgabe auf S. 108 bearbeiten oder auf S. 17 bleiben wollen. Teilen Sie anschließend innerhalb der jeweiligen Lerngruppen Paare ein, die untereinander die Telefonnummer tauschen. Alternativ können die TN auch auf Papier schreiben und die Geschichten ihrer Partnerin / ihrem Partner aushändigen, ohne ein Smartphone zu verwenden. → ♟ **Paarbildung** 3. Die TN bearbeiten die Aufgabe. Gehen Sie herum und geben Sie Hilfestellung. Ermuntern Sie die TN, die Redemittel zu verwenden, indem Sie schöne Beispiele von TN ans Whiteboard schreiben. Fragen Sie am Ende der Schreibphase noch einmal nach, ob jetzt jede / jeder eine Nachricht erhalten hat. Geben Sie ggf. noch einmal etwas mehr Zeit. In dieser Phase können TN, die bereits fertig sind, ihre Texte noch einmal korrigieren und erneut an ihre Partnerin / Partner versenden. **Tipp:** Geben Sie für die Schreibphase ein Zeitlimit vor, damit am Ende alle eine kurze oder längere Nachricht erhalten haben. Machen Sie deutlich, dass nicht alle Texte gleich lang sein müssen.
c	1. Lassen Sie die Arbeitsanweisung vorlesen und sagen Sie den TN, dass sie nun fünf Minuten Übungszeit haben, um den Inhalt ihrer Nachricht zu lesen und zu memorisieren. Erinnern Sie die TN daran, dass sie alles in der dritten Person Singular erzählen müssen. Lesen Sie dafür die Sprechblase vor und betonen Sie *Layla* und *sie*. Lassen Sie sich von den TN ein Beispiel aus dem Kurs geben. Zum Beispiel: *Ali → er* und schreiben Sie den Beispielsatz ans Whiteboard. **Digitalgestützter Unterricht:** Zeigen Sie den Beispielfilm, damit die TN eine Idee davon bekommen, in welcher Weise sie die Nachrichten präsentieren können. → 🖥 **Tipps für Clips** 2. „In die Mitte bitte!" Die TN versammeln sich mit ihren Handys oder den Geschichten auf Papier in der Mitte des Kursraums und präsentieren die Nachrichten, die sie erhalten haben, in einem Klassenspaziergang den anderen. → ♟ **Kursspaziergang**

C: AHMET Spezial

Kommunikation Die TN können über Lebensstationen und Migrationserfahrungen sprechen. Sie können Jahreszahlen angeben und Interesse / Erstaunen signalisieren. Sie können ausdrücken, dass sie über etwas nicht sprechen möchten.
Wortfeld Lebensstationen
Grammatik Adjektive *letzt-, nächst-*

AUFGABE		HINWEISE
C1	a	→ 🖥 **Einstiegsfotos** 1. Lassen Sie sich von den TN das Bild beschreiben, um sie in die Situation einzuführen. Fragen Sie: „Was sehen Sie?" „Wer ist auf dem Foto?" „Was machen die Personen?" 2. Lassen Sie die Arbeitsanweisung vorlesen und geben Sie den TN eine halbe Minute Zeit, um die Optionen zu lesen. 3. Spielen Sie die Audiodatei zweimal vor. Die TN bearbeiten die Aufgabe. 4. Lösungskontrolle in PA durch halblautes Vorlesen, anschließend im PL. Verweisen Sie hier auch auf die Erklärungen rechts zu *1983* und *Abitur*. → 🖥 **Lösungskontrolle** *Lösung: 2 Vater 3 1984 4 Abitur 5 Tonis* **Ergänzung:** Schreiben Sie noch einige weitere Jahreszahlen ans Whiteboard, um mit den TN zu üben. Fragen Sie: „Wann sind Sie / Ihre Eltern geboren?" o. ä. Die TN schreiben die Jahreszahl auf und versuchen, sie ihrer Partnerin / ihrem Partner zu nennen.

	b	1. Lassen Sie die Arbeitsanweisung und die Optionen aus dem Schüttelkasten vorlesen. 2. Spielen Sie die Audiodatei erneut vor. Die TN kreuzen an. 3. Lösungskontrolle in PA, dann im PL. → **Lösungskontrolle** *Lösung: Oje!, Das ist aber traurig., Und dann?, Wirklich?, Das ist ja toll!, Das ist ja komisch.* **Ergänzung:** Machen Sie ein Sprechtraining für die Reaktionen, bevor Sie C1c bearbeiten lassen. Sprechen Sie die Reaktionen vor und lassen Sie die TN nachsprechen. Fragen Sie die TN, wo der Wortakzent liegt. Lassen Sie die TN den Wortakzent durch lautes und leises Klatschen der Wortsilben anzeigen. → **Aussprachetraining**
	c	1. Lassen Sie die Arbeitsanweisung und die Vorgaben vorlesen. Bitten Sie anschließend zwei TN, auch die Sprechblasen vorzulesen und ein weiteres Beispiel zu improvisieren. Ermutigen Sie die TN, die Reaktionen stark betont, vielleicht sogar ein wenig übertrieben zu sprechen. 2. Verweisen Sie auf den Grammatikkasten und lassen Sie den Beispielsatz „Ich habe nächste Woche wenig Arbeit." mehrmals im Chor sprechen, indem Sie die Zeitangaben aus dem Grammatikkasten einsetzen. Achtung! Bei *letzten/es/e* muss *haben* im Präteritum genutzt werden. → **Aussprachetraining** **Digitalgestützter Unterricht:** Zeigen Sie den Grammatik-Clip aus der interaktiven Version, um den Unterschied zwischen *letzt...* und *nächst...* zu verdeutlichen und den TN einige Beispielsätze zu präsentieren. 3. Die TN bearbeiten die Aufgabe in PA. Gehen Sie herum und geben Sie Hilfestellung. **Tipp:** Schreiben Sie sich beim Herumgehen einige klassische Fehler / Probleme auf, die Sie im Anschluss im PL noch einmal am Whiteboard besprechen können, ohne die TN zu nennen, die den Fehler gemacht haben. 4. Präsentation im PL: Lassen Sie einige TN freiwillig vorspielen. **Variante:** Spielen Sie die Minidialoge noch einmal mit einem Ball. Eine / ein TN sagt einen Satz und wirft den Ball. Wer den Ball fängt, reagiert usw.
C2		1. Lassen Sie die Arbeitsanweisung vorlesen und geben Sie eine halbe Minute Zeit, die Aussagen zu lesen. Klären Sie noch einmal die Bedeutung von *sortieren*, indem Sie z. B. am Whiteboard A, B, C, D wild durcheinander schreiben und dann noch einmal ordentlich neben- oder untereinander. 2. Spielen Sie die Audiodatei zwei- bis dreimal vor. Die TN bearbeiten die Aufgabe. 3. Lösungskontrolle im PL. → **Lösungskontrolle** *Lösung: 2, 1, 4, 3*
C3		**Material:** Ball 1. Lassen Sie die Arbeitsanweisung vorlesen. Für manche TN ist es schwierig, die Bedeutung von *schon* im Satzzusammenhang zu erfassen, schreiben Sie darum die Frage *Was wissen Sie schon?* ans Whiteboard. Überlegen Sie sich einige Informationen, die Sie selbst schon über die TN im Kurs wissen und sagen Sie zum Beispiel: „Alma wohnt in Hamburg. / Piotr ist verheiratet. Das habe ich schon gewusst." Geben Sie 2–3 Beispiele dieser Art und wiederholen Sie anschließend die Arbeitsanweisung. 2. Die TN bearbeiten die Aufgabe zunächst in EA, dann in PA. Gehen Sie herum und geben Sie Hilfestellung. 3. Präsentation / Übung im PL: Schreiben Sie *Das habe ich nicht gewusst!* und *Das habe ich gewusst!* ans Whiteboard. Lassen Sie die TN aufstehen. Eine / Ein TN wirft einen Ball und nennt eine Information über Ahmet. Wer den Ball gefangen hat, reagiert mit einem der beiden Ausrufe am Whiteboard. *Lösung: 1983 Papa gestorben, 1984 Abitur gemacht, 1984 im November mit Mama und Elif nach Neuberg gekommen, 1984 von November bis August 1985 bei Onkel Şerif und Tante Güzel gewohnt, 1985 bis 1987 als Bauhilfsarbeiter gearbeitet, 1992 Taxiprüfung gemacht und seitdem als Taxifahrer gearbeitet, 1994 Pinar getroffen, 1995 geheiratet, Emin geboren, Selda geboren*

Wie war dein Tag? / Ahmet
Unterrichtspläne

Miteinander! Deutsch für Alltag und Beruf A1.2
Lektion 09

C4	**Material:** Zettel und Kärtchen
	1. Lesen Sie die Arbeitsanweisung Stück für Stück vor und machen Sie vor, was in der Anweisung beschrieben ist, indem Sie sich einen Zettel nehmen, auf den Sie Jahreszahlen schreiben, und auf Kärtchen einige zu den Jahreszahlen passende Ereignisse notieren.
	2. Lesen Sie gemeinsam mit den TN die Ereignisse und die Jahreszahlen auf dem Beispielzettel, indem Sie die TN nachsprechen lassen. → ◼ **Aussprachetraining** Lassen Sie anschließend den Beispieldialog von zwei TN vorlesen.
	3. Übertragen Sie die Jahreszahlen auf Ihrem Zettel und die Ereignisse auf den Kärtchen ans Whiteboard und lassen Sie die TN Fragen stellen wie im Beispieldialog. Wiederholen Sie am Ende die Arbeitsanweisung und verteilen Sie Zettel und Kärtchen.
	Tipp: Bereiten Sie das Whiteboard und die Kärtchen vor dem Unterricht vor, damit Sie Zeit sparen und die Aufmerksamkeit der TN behalten. Die Jahreszahlen können Sie während Sie erklären schreiben und auch noch einmal deutlich mitsprechen, damit die TN sich an die Aussprache von Jahreszahlen gewöhnen.
	4. Die TN bearbeiten die Aufgabe. Gehen Sie herum und geben Sie Hilfestellung.
	5. Präsentation im PL: Fragen Sie zum Abschluss noch einmal: „Was war interessant?" und lassen Sie die TN von ihren Gesprächen und den Lebensstationen ihrer Partnerinnen und Partner erzählen. (Mediation)
	
	    Variante: Bilden Sie aus den Paaren 4er-Gruppen, in denen die TN dem jeweils anderen Paar von den Lebensstationen ihrer Partnerin / ihres Partners berichten. (Mediation)
	
	Extra-Film: In dem Film räumt Ahmed seine Wohnung auf und findet Dinge, die ihn an die Vergangenheit erinnern. Der Film eignet sich, um die sprachlichen Mittel für das Erzählen aus der Vergangenheit zu erweitern und zu vertiefen. Ein Gespräch über die Vergangenheit der TN lässt sich gut an den Film anschließen. → 🗐 **L09: Extra-Film**
	
	    Vor dem Hörverstehen
	    1. Verteilen Sie das Arbeitsblatt *Extra-Film*. Lesen Sie die Arbeitsanweisung zu **Aufgabe 1** vor und zeigen Sie das Standbild aus 00:08. Achten Sie darauf, dass Sie noch nicht die Tonspur abspielen. Die TN kreuzen an und äußern anschließend ihre Vermutungen.
	
	    Hör- / Sehverstehen
	    2. Zeigen Sie den Film vollständig und fragen Sie noch einmal: „Was macht Ahmet?"
	    Lösung: Ahmet räumt auf und denkt an früher.
	    3. Lassen Sie die Arbeitsanweisung zu **Aufgabe 2** vorlesen. Geben Sie den TN eine Minute Zeit, um die Optionen durchzulesen. Zeigen Sie den Film anschließend noch einmal. Die TN bearbeiten die Aufgabe.
	    4. Lösungskontrolle: Die TN vergleichen ihre Lösungen in PA. Zeigen Sie anschließend den Film nochmals zur Kontrolle und besprechen Sie die Lösungen dann im PL.
	    Lösung: b ~~44~~ / 45 c grüne / ~~blaue~~ d ~~Pinar~~ / Ahmet; 2 oder 3 e ~~Schachtel~~ / Sanduhr; ~~1994~~ / 1984 f Emin / ~~Selda~~; ~~Vogel~~ / Ring
	    5. Lesen Sie die Arbeitsanweisung zu **Aufgabe 3** vor und sammeln Sie gemeinsam mit den TN weitere Ereignisse am Whiteboard, über die man in der Vergangenheit sprechen kann wie z. B. Geburt, Geburtstag, Hochzeit etc. Sagen Sie: „Erzählen Sie von sich."
	    6. Die TN sprechen zu zweit über Ereignisse in ihrer Vergangenheit. Anschließend gehen sie mit einem weiteren Paar zusammen und erzählen diesem von den Ereignissen in der Vergangenheit ihrer Partnerin / ihres Partners. (Mediation)

Wie war dein Tag? / Ahmet
Unterrichtspläne

Miteinander! Deutsch für Alltag und Beruf A1.2
Lektion 09

Miteinander wiederholen

STATION	HINWEISE
	Stationenlernen: Die TN werden durch das Stationenlernen an das selbstgesteuerte Lernen herangeführt. Sie erstellen selbstständig Material und gestalten ihre Übungszeit. Dabei wechseln die TN selbstständig von einer Übungsphase in die nächste. → ▣ **Stationenlernen** **Tipp:** Geben Sie ein Zeitlimit für das Stationenlernen insgesamt. 1. Bereiten Sie den Kursraum für das Stationenlernen vor, indem Sie die TN bitten, ihre Materialien wegzuräumen und die Tische so zusammenzustellen, dass insgesamt drei Lerninseln entstehen und ein freier Raum für den Stuhlkreis bleibt. Legen Sie die Arbeitsaufträge und die Materialien an den Lernstationen aus. **Tipp:** Richten Sie die Lernstationen – soweit möglich – mit dem entsprechenden Material im Vorfeld ein. So können Sie die Vorgehensweise an den Stationen gleich „vor Ort" zeigen. 2. Erklären Sie zunächst im Plenum, was die Aufgaben an den einzelnen Stationen sind. Dies ist hier im Text bei den einzelnen Stationen aufgeführt. **Tipp:** Erstellen Sie aus den Beschreibungen der Stationen im KB vergrößerte Stationenkarten, die Sie an den Stationen auslegen können. Laminieren Sie die Materialien, um sie wiederverwenden zu können. 3. Die Stationen sind für unterschiedliche Sozialformen gestaltet. Einige lassen sich in Einzelarbeit bearbeiten, andere erfordern das Zusammenspiel einer Gruppe. Die Stationen sollten, wenn unter ihnen ein Spiel vorgesehen ist, das eine gemeinsame Spieldauer erfordert, in Gruppen durchlaufen werden. Vorschläge zur Gruppenbildung finden Sie im Methodenglossar. → ▣ **Gruppenbildung**
1	1. Lesen Sie die Arbeitsanweisung vor und machen Sie deutlich, dass die Geschichten *zu zweit* geschrieben werden sollen, indem Sie bei *zu zweit* zum Beispiel mit den Fingern eine Zwei zeigen und anschließend auf zwei nebeneinander sitzende TN. 2. Lassen Sie jeden Beispielsatz vorlesen und erarbeiten Sie gemeinsam mit den TN anstelle der Auslassungspunkte weitere Alternativen, die Sie am Whiteboard festhalten. 3. Betonen Sie am Ende noch einmal, dass die Geschichten in der Vergangenheitsform geschrieben werden sollen, indem Sie im Beispiel auf *waren* und *war* hinweisen. Fügen Sie gemeinsam mit den TN einen weiteren Satz hinzu und markieren Sie wiederum die Vergangenheitsform am Whiteboard oder innerhalb der interaktiven Version mit dem Werkzeug *Textmarker*. → 🖥 **Orientierung**
2	**Material:** Kärtchen 1. Lesen Sie die Arbeitsanweisung vor und bitten Sie drei freiwillige TN, die Beispielsätze vorzulesen. Bitten Sie eine / einen weitere/n TN, die Aktivitäten vorzulesen. Verteilen Sie anschließend an drei TN je drei Kärtchen und sagen Sie: „Eine Karte, eine Aktivität. Schreiben Sie die Aktivität, nicht die Sätze." Schreiben Sie zur Unterstützung die drei Beispiele aus dem KB *zusammen frühstücken, Texte lesen, Deutsch sprechen* ans Whiteboard. → 🖥 **Orientierung** 2. Sammeln Sie die Kärtchen der TN ein, mischen Sie sie und lassen Sie jede / jeden eine Karte ziehen. Bitten Sie dann die TN ausgehend von den Aktivitäten auf ihren Kärtchen, die Sätze wie im Beispiel zu improvisieren. Geben Sie Hilfestellung und notieren Sie diese weiteren Beispiele am Whiteboard.
3	**Material:** Würfel 1. Lesen Sie die Arbeitsanweisung vor. Bitten Sie anschließend zwei TN, den Beispieldialog vorzulesen. 2. Verweisen Sie auf die Bedeutung der Augenzahl der Würfel. → 🖥 **Orientierung** Würfeln Sie, zeigen Sie die Augenzahl und sagen Sie den Satz, der der Augenzahl zugeordnet ist. Warten Sie, bis eine / ein TN einen passenden Satz sagt und reagieren Sie dann noch einmal entsprechend Ihrer Vorgabe. Halten Sie nun einen Würfel hoch und fragen Sie, wer es probieren möchte. Geben Sie den Würfel einer / einem freiwilligen TN und lassen Sie die TN erneut im PL probieren. Lassen Sie so lange TN würfeln, bis Sie sicher sind, dass alle verstanden haben, wie das Spiel funktioniert.

Was ist denn WIN? / Zofia
Unterrichtspläne

Miteinander! Deutsch für Alltag und Beruf A1.2
Lektion 10

Einstiegsseite

Kommunikation Die TN können eine Infobroschüre verstehen und auswerten. Sie können sich darüber austauschen.
Wortfeld Freizeitaktivitäten
Grammatik –

AUFGABE		HINWEISE
1		→ 💻 **Einstiegsfotos** 1. Die TN sehen das Foto an. Schreiben Sie die Fragen *Was macht Zofia?* und *Was ist WIN?* ans Whiteboard. Lesen Sie dann die Arbeitsanweisung vor. Klären Sie auch noch einmal das Verb *überfliegen*, indem Sie zum Beispiel sagen: „Lesen Sie den Text schnell." 2. Die TN lesen den Text und bearbeiten die Aufgabe. → 💻 **Orientierung** 3. Spielen Sie die Audiodatei vor. Die TN kontrollieren ihre Antworten in EA und nach dem Hören in PA. Ergebnissicherung anschließend noch einmal im PL. → 💻 **Lösungskontrolle** *Lösung: 1 macht ein Werbefoto für eine App. 2 Willkommen in Neuberg.*
2	a	1. Lassen Sie die Arbeitsanweisung vorlesen. Zeigen Sie den TN noch einmal, wo sie umkreisen sollen. → 💻 **Orientierung** 2. Die TN bearbeiten die Aufgabe. 3. Lösungskontrolle in PA, dann im PL. *Lösung: 1 Touristen. 2 nichts.*
	b	1. Lassen Sie die Arbeitsanweisung vorlesen und geben Sie den TN ein Zeitlimit, um die Informationen zu markieren. Zeigen Sie den TN noch einmal, wo sie markieren sollen. 2. Die TN bearbeiten die Aufgabe in EA. Gehen Sie herum und geben Sie lernungewohnten TN Hilfestellung. *Lösung: Was gibt es alles in Neuberg? Wo ist was? Wie kommt man einfach und schnell dorthin? WIN hat tolle Tipps und Informationen für Sie.*
	c	1. Lassen Sie die Arbeitsanweisung und die Fragen vorlesen. Lassen Sie den Begriff *Wohnort* noch einmal erklären. Anschließend lesen zwei freiwillige TN den Beispieldialog vor. Schreiben Sie *Ich finde … gut.* ans Whiteboard und sammeln Sie gemeinsam mit den TN weitere Adjektive für die Meinungsäußerung wie *toll, super, praktisch, …* Sammeln Sie auch einige Redemittel für die Aufmerksamkeitslenkung wie zum Beispiel *Ich denke … Guck mal hier …* **Digitalgestützter Unterricht:** Spielen Sie den Beispielfilm vor. Fragen Sie: „Wie findet die Frau / der Mann die App?" *Lösung: Die Frau findet die App super. Der Mann findet die App praktisch für Touristen.* 2. Teilen Sie den Kurs in Kleingruppen ein. → 🎲 **Gruppenbildung** 3. Die TN bearbeiten die Aufgabe in GA. Gehen Sie herum und geben Sie Hilfestellung.

A: Gibt es hier in der Nähe ein Café?

Kommunikation Die TN können nach dem Weg fragen und den (Fuß-)Weg beschreiben.
Wortfelder Richtungsangaben, Orte in der Stadt, Verkehrsmittel in der Stadt
Grammatik lokale Präposition: *zu* + Dativ, modale Präposition: *mit* + Dativ, *es gibt* + Akkusativ

AUFGABE	HINWEISE
A1	→ 💻 **Einstiegsfotos** 1. Lassen Sie die Arbeitsanweisung vorlesen. Deuten Sie anschließend auf dem Plakat auf den Pfeil nach links (7) und fragen Sie: „Was sagt man?" Antwort: „nach links". Lassen Sie nun auch die Optionen vorlesen und deuten Sie bei der Musterlösung *die S-Bahn* noch einmal auf die *1* auf dem Plakat. 2. Die TN bearbeiten die Aufgabe in EA. Gehen Sie herum und geben Sie Hilfestellung. 3. Lösungskontrolle in PA, dann im PL. → 💻 **Lösungskontrolle** *Lösung: 8 (geradeaus), 9 (nach rechts), 4 (der Bus), 5 (zu Fuß), 6 (das Rad), 3 (die Straßenbahn), 2 (die U-Bahn)*

		Ergänzung: Üben Sie mit den TN ein Körpermemo ein, indem Sie zu jedem Verkehrsmittel und jeder Richtungsangabe eine Geste erfinden lassen. Wichtig ist, dass die Ideen für die Gesten von den TN kommen. Üben Sie gemeinsam mit den TN die Gesten mehrmals im PL und sprechen Sie die dazugehörigen Ausdrücke im Chor. → **Aussprachetraining: Chorisches Sprechen** Anschließend können die TN noch einmal in Paaren üben, indem die/der eine die Geste macht und die Partnerin / der Partner den entsprechenden Ausdruck sagt. Anschließend werden die Rollen getauscht.
A2	a	1. Lassen Sie zwei TN die Sprechblasen vorlesen und fragen Sie: „Was ist WIN?" Mögliche Antworten: „So etwas wie Alexa oder Google." Lassen Sie nun die Arbeitsanweisung vorlesen. 2. Spielen Sie die Audiodatei ein- bis zweimal vor. Die TN bearbeiten die Aufgabe. 3. Lösungskontrolle in PA, dann im PL. *Lösung: 2* 4. Schreiben Sie den Satzanfang *Wie komme ich von hier zum …?* ans Whiteboard. Sprechen Sie ihn anschließend dreimal gemeinsam mit den TN, indem Sie ihn mit den Antworten 1–3 variieren. Verweisen Sie auch auf die Bilderklärungen für *Park, Museum* und *Haltestelle.* → **Orientierung** 5. Verweisen Sie auf den Grammatikkasten → **Orientierung** und zeigen Sie mit einer Geste, dass die Präposition *zu* eine Bewegung hin zu einem Ort / Gebäude markiert, und erklären Sie, dass man sie da verwendet, wo man *Wohin?* fragen kann. Sollten die TN hier selbst Fragen entwickeln wie: „Warum sagt man *nach* Berlin?", erklären Sie, dass die Präposition *nach* eine Bewegung hin zu einer Stadt oder einem Land markiert. **Tipp:** Thematisieren Sie hier die Bildung des definiten Artikels im Dativ noch nicht, sondern behandeln Sie *zum/zur* wie Chunks, d.h. ohne systematische grammatikalische Erklärung. Die systematische Erklärung folgt dann in A2c. **Digitalgestützter Unterricht:** Zeigen Sie den Grammatik-Clip aus der interaktiven Version, um den TN die Verwendung von *zu* + Dativ anhand von Beispielsätzen in allen drei Genusformen zu zeigen und zunächst nur als Chunks aufnehmen zu lassen. → **Tipps für Clips**
	b	1. Lesen Sie die Arbeitsanweisung vor und sichern Sie noch einmal das Verständnis von *sortieren*, indem Sie die Musterlösung vorlesen und sagen: „*Geradeaus* ist die eins. Was ist die zwei?" Zucken Sie mit den Schultern und sagen Sie noch einmal: „Hören Sie und sortieren Sie." 2. Spielen Sie die Audiodatei noch einmal vor. Die TN bearbeiten die Aufgabe. 3. Lösungskontrolle in PA, dann im PL. → **Lösungskontrolle** *Lösung: 1, 4, 5, 3, 2* 4. Zeichnen Sie eine Straße mit drei Kreuzungen ans Whiteboard und sagen Sie beispielsweise: „Die zweite Straße links." Geben Sie dann einen Whiteboardmarker an eine/einen freiwillige/n TN zum Einzeichnen. Wiederholen Sie Ihren Satz und lassen Sie ihn daneben schreiben.

		5. Sagen Sie dann: „Die dritte Straße rechts." und lassen Sie dies mit einer anderen Farbe ebenfalls eintragen. Geben Sie weitere Beispiele, wenn Sie den Eindruck haben, dass die TN noch mehr brauchen. Verweisen Sie auf die Darstellung mit den Schreibweisen der Ordnungszahlen rechts → **Orientierung** und üben Sie gemeinsam mit den TN die Aussprache der Ordnungszahlen.
	c	1. Lassen Sie die Arbeitsanweisung vorlesen. 2. Die TN bearbeiten die Aufgabe. 3. Lösungskontrolle in PA, dann im PL. **Tipp:** Ermutigen Sie die TN, bei der Lösungskontrolle die Sätze halblaut zu lesen, da es hier auch schon um die Vorbereitung von Redemitteln geht. *Lösung: 4, 2, 1, 3, 5* 4. Verweisen Sie auf den Grammatikkasten → **Orientierung** und erklären Sie, dass die Präposition *mit* immer beim Nehmen eines Verkehrsmittels verwendet wird. Zeigen Sie nun die Veränderung des Artikelworts vom Nominativ zum Dativ anhand eines Tafelbilds. Bitten Sie die TN, hierzu (ggf. mithilfe eines Wörterbuchs) weitere Verkehrsmittel in den drei Genusformen zu nennen, und entwickeln Sie ein Tafelbild analog zum Grammatikkasten. Zum Beispiel: > der Zug → mit dem Zug > das Taxi → mit dem Taxi > die Straßenbahn → mit der Straßenbahn **Digitalgestützter Unterricht:** Zeigen Sie den Grammatik-Clip aus der interaktiven Version, um den TN die Verwendung von *mit + Dativ* in Bezug auf die Verwendung von Verkehrsmitteln zu verdeutlichen. Der Clip gibt Beispielsätze in allen drei Genusformen und einen mit der Ausnahme *zu Fuß* und markiert in einer abschließenden Übersicht die Veränderung des Artikelworts vom Nominativ zum Dativ. → **Tipps für Clips**
A3	a	**Material:** gelbe und blaue Kärtchen 1. Lassen Sie die Arbeitsanweisung und die Orte vorlesen. Sagen Sie nach dem Vorlesen noch einmal: „Das sind Orte." Und verweisen Sie auch auf die drei Punkte zum Zeichen, dass die TN auch gern eigene Orte schreiben dürfen. Fragen Sie dann: „Was sind Verkehrsmittel?" und sammeln Sie einige mit den TN am Whiteboard. 2. Verweisen Sie dann auf die zwei Beispielkarten → **Orientierung** und halten Sie zwei reale Beispielkarten bereit, um noch einmal zu zeigen, dass je gelbe Karte nur ein Ort und je blaue Karte nur ein Verkehrsmittel geschrieben werden soll. Teilen Sie den Kurs in Paare ein und verteilen Sie die Kärtchen an die Paare. → **Paarbildung** 3. Die TN schreiben die Kärtchen.
	b	1. Lesen Sie die Arbeitsanweisung vor. Lassen Sie ein Paar das Beispiel vorlesen und improvisieren Sie anschließend einen weiteren Dialog mit einer/einem TN unter Verwendung der erstellten Kärtchen. 2. Die TN bearbeiten die Aufgabe. Gehen Sie herum und geben Sie Hilfestellung und notieren Sie, was Sie im PL nach der Partnerarbeit besprechen wollen. > *Binnendifferenzierung: Machen Sie TN, die bereits ihren Stapel mehrfach durchgearbeitet haben, auf die Rubrik Schon fertig? aufmerksam. Geben Sie den TN die Möglichkeit, ihre Wegbeschreibung aufzuschreiben und Ihnen zur Korrektur mitzugeben. Geben Sie auch lernungewohnten TN die Möglichkeit, noch einen Text über ihren Weg zum Deutschkurs als HA zu schreiben.* **Tipp:** Geben Sie ein Zeitlimit, damit alle TN, auch diejenigen, die *Schon fertig?* bearbeitet haben, gleichzeitig zurück ins Plenum kommen. 3. Besprechen Sie ggf. Fehler, die Ihnen beim Herumgehen aufgefallen sind, noch einmal im PL.

		Variante: Nutzen Sie die Kopiervorlage → 📄 **L10: Mit dem Bus zum Museum**, um Zeit zu sparen und sicherzugehen, dass der Lektionswortschatz in dieser Übung angewendet und vertieft wird. Die Ortskärtchen und Verkehrsmittelkärtchen sind mit dem Artikelwort versehen, sodass die TN leichter üben können. **Vertiefung:** Lassen Sie im PL noch einmal Fragen vorlesen und von jemandem, die/der nicht die Übungspartner/in war, beantworten. Wer die Frage beantwortet hat, stellt die nächste Frage. Sie können diese Übung durch zufälliges Antworten oder in Form einer Kettenübung umsetzen. In heterogenen Lerngruppen empfiehlt sich die Kettenübung, damit jede/r drankommt. → ♟ **Kettenübung**
A4	a	1. Lassen Sie die Arbeitsanweisung vorlesen und verweisen Sie auf den Stadtplan, sodass den TN klar wird, dass sie während des Hörens auf den Plan schauen sollen. → 💬 **Orientierung** 2. Spielen Sie die Audiodatei zweimal vor. Die TN bearbeiten die Aufgabe. 3. Lösungskontrolle im PL. → 💬 **Lösungskontrolle** *Lösung: Café Venezia*
	b	1. Lesen Sie die Arbeitsanweisung vor und zeigen Sie auf die Frau, die links unten auf dem Stadtplan eingezeichnet ist. Diese Stelle ist der Ausgangspunkt der Wegbeschreibung, die die TN gleich hören werden. Verweisen Sie ggf. auch noch einmal auf das Ziel „Café Venezia". Lassen Sie dann die TN entscheiden, ob sie auf S. 25 bleiben oder die Auswahlaufgabe auf S. 110 bearbeiten wollen. Erklären Sie hierfür, dass auf S. 25 nur gehört wird und auf S. 110 gelesen und gehört wird. 2. Spielen Sie die Audiodatei zweimal vor. Die TN bearbeiten die Aufgabe. 3. Lösungskontrolle in PA, dann im PL: Sollten Sie nicht die Möglichkeit haben, den Stadtplan in der interaktiven Version des KB vergrößert zu zeigen, fertigen Sie eine Folie an. Lassen Sie eine / einen TN, die/der auf S. 110 gearbeitet hat, die Wegbeschreibung noch einmal langsam vorlesen, während Sie den Weg einzeichnen. → 💬 **Lösungskontrolle** *Lösung S. 25 und 110:* 
A5		1. Lassen Sie die Arbeitsanweisung vorlesen und zeigen Sie auf die Tabelle. Zeichnen Sie die Tabelle ans Whiteboard, wenn Sie nicht die Möglichkeit haben, sie in der interaktiven Version zu zeigen. → 💬 **Orientierung** Lassen Sie anschließend auch die Redemittel vorlesen und klären Sie ggf. Wörter bzw. zeigen Sie im Buch noch einmal, in welchem Kontext die TN die Redemittel gelernt haben. 2. Lassen Sie das Beispiel in der Tabelle vorlesen und fragen Sie beim nächsten Redemittel, wohin dieses gehört. 3. Die TN bearbeiten die Aufgabe. Gehen Sie herum und geben Sie Hilfestellung. 4. Lösungskontrolle: Lassen Sie lerngewohntere TN die Lösungen am Whiteboard oder in die interaktive Version eintragen. → 💬 **Lösungskontrolle** *Lösung:* **nach dem Weg fragen:** *Wie komme ich denn von hier zum/zur …?, Kann ich zu Fuß gehen?* **den Weg beschreiben:** *Sie gehen (zuerst) …, dann die erste / zweite / dritte Straße nach rechts / links., Ja, das ist nicht weit. / Nein, das ist zu weit., Ja, es gibt … / Nein, leider nicht.* **Den Weg nicht kennen:** *Tut mir leid, ich bin nicht von hier.*

Was ist denn WIN? / Zofia
Unterrichtspläne

Miteinander! Deutsch für Alltag und Beruf A1.2
Lektion 10

A6	a	1. Bitten Sie die TN, sich in Paaren zusammenzufinden und auf die Aktionsseiten 93 (Partner/in A) und 102 (Partner/in B) zu gehen. Lassen Sie die Arbeitsanweisung und auch die Musterlösung und die weiteren Optionen vorlesen. 2. Die TN bearbeiten die Aufgabe erst in EA und vergleichen dann in PA. Gehen Sie herum und geben Sie Hilfestellung. 3. Lösungskontrolle im PL. → 🖥 **Lösungskontrolle** *Lösung: D das Hotel F die Polizei A die Post B das Schwimmbad E die Zahnarztpraxis* **Digitalgestützter Unterricht:** Nutzen Sie zur Aktivierung des Wortschatzes für die folgende Aufgabe die interaktiven Wortschatzkärtchen zu den Orten auf der Übersichtsseite für den Lernwortschatz (KB S. 31).
	b	1. Lassen Sie die Arbeitsanweisung vorlesen und geben Sie den TN zwei Minuten Zeit, die Aufgabe zu bearbeiten. Wiederholen Sie ggf., dass die TN vier Ziele wählen sollen. 2. Die TN bearbeiten die Aufgabe in EA. 3. Fragen Sie im PL noch einmal exemplarisch eine/einen TN nach seinen vier Zielen.
	c	1. Lesen Sie die Arbeitsanweisung vor und lassen Sie anschließend den Beispieldialog und die Redemittel von einem Paar vorlesen. **Tipp:** Geben Sie den TN noch einmal zwei Minuten Zeit, um sich gegenseitig die Redemittel halblaut vorzulesen. 2. Wählen Sie selbst ein Ziel und fragen Sie die Klasse nach dem Weg. Zeichnen Sie den Weg ein, während die TN Ihnen den Weg zurufen. Wiederholen Sie die Formulierungen der TN jeweils und loben Sie ggf. die Verwendung der Redemittel. Bitten Sie ggf. um die Wiederholung einer Beschreibung unter Verweis auf die Redemittel. Zeichnen Sie erst dann die nächste Etappe Ihres Weges, wenn die Klasse eine brauchbare Formulierung hervorgebracht hat. **Digitalgestützter Unterricht:** Öffnen Sie die interaktive Version des KB und nutzen Sie das Werkzeug *Stift* für das Einzeichnen des Weges. 3. Die TN bearbeiten die Aufgabe in PA. Gehen Sie herum und hören Sie zu. Machen Sie sich ggf. Notizen, wenn Sie Fehler hören. 4. Besprechung neuer/alternativer Formulierungen und Korrekturen im PL.

B: Was hat gut funktioniert?

Kommunikation Die TN können einen Kommentar zu einem Thema abgeben. Sie können einen Wochenplan aufstellen und darüber berichten.
Wortfelder trennbare Verben und Verben auf *-ieren*
Grammatik Perfekt bei trennbaren Verben und bei Verben mit *–ieren*

AUFGABE	HINWEISE
B1	→ 🖥 **Orientierung** **Ergänzung:** Schreiben Sie als Einstieg in die Textarbeit die Überschrift *Wir möchten WIN noch besser machen!* ans Whiteboard und fragen Sie: „Was heißt das?" Vielleicht können TN bereits *besser* auf *gut* zurückführen. Ohne hier vollständig den Komparativ zu erklären, können Sie die Steigerungsformen von *gut* ans Whiteboard schreiben, um die Überschrift zu semantisieren. Sagen Sie: „WIN ist gut. Das WIN-Team möchte WIN noch besser machen." 1. Lassen Sie die Arbeitsanweisung vorlesen. 2. Die TN bearbeiten die Aufgabe in EA. 3. Lösungskontrolle in PA, dann im PL. → 🖥 **Lösungskontrolle** *Lösung: 1 Informationen von den Besuchern bekommen. 2 antworten.*

Was ist denn WIN? / Zofia — **Miteinander! Deutsch für Alltag und Beruf A1.2**
Unterrichtspläne — Lektion 10

B2	a	1. Lesen Sie die Arbeitsanweisung vor und erklären Sie *Kommentare*, indem Sie auf einen Text zeigen und sagen: „Das ist ein Kommentar." „Es gibt drei Kommentare, von Felicitas, Olga und Henrik." → 🖥 **Orientierung** Verweisen Sie auch auf die Darstellung rechts unten zu *geschlossen / zu* und *geöffnet / auf*. Anschließend entscheiden die TN, ob sie auf den Seiten 26 / 27 bleiben oder die Auswahlaufgabe auf S. 111 bearbeiten wollen. 2. Die TN bearbeiten die Aufgabe. Gehen Sie herum und geben Sie Hilfestellung. Notieren Sie Wortschatzfragen am Whiteboard. 3. Lösungskontrolle in PA durch halblautes Vorlesen, dann im PL. → 🖥 **Lösungskontrolle** *Lösung Auswahlaufgabe, S. 111:* **1** *Stadtmuseum* **2** *superschön, tipps* **3** *Koch, zu* 4. Besprechen Sie die Wortschatzfragen, die die TN während des Lesens hatten.
	b	1. Lassen Sie die Arbeitsanweisung vorlesen. Lassen Sie auch die Musterlösung vorlesen. → 🖥 **Orientierung** 2. Die TN bearbeiten die Aufgabe. Sammeln Sie erneut Wortschatzfragen am Whiteboard. 3. Lösungskontrolle durch halblautes Vorlesen in PA, dann im PL. → 🖥 **Lösungskontrolle** *Lösung:* **1e 2a, d, f 3b** 4. Klären Sie weitere Wortschatzfragen.
	c	1. Lassen Sie die Arbeitsanweisung und die Musterlösung vorlesen. Lassen Sie eine/einen TN den entsprechenden Satz aus b vorlesen (*ist früh aufgestanden*) und notieren Sie ihn am Whiteboard, sofern Sie nicht in der interaktiven Version des KB arbeiten. Gehen Sie ebenso mit dem zweiten Beispiel zu *fotografieren* vor. **Digitalgestützter Unterricht:** Markieren Sie *aufgestanden* in b. Gehen Sie ebenso mit dem zweiten Beispiel zu *fotografieren* vor. 2. Die TN bearbeiten die Aufgabe. Weniger geübte TN markieren vorab die entsprechenden Formen in b. 3. Lösungskontrolle in PA, dann im PL. → 🖥 **Lösungskontrolle** *Lösung: angerufen, angesehen, angefangen, studiert* > **Ergänzung:** Üben Sie die trennbaren Verben und deren Partizip II-Formen noch einmal durch Klatschen und Brummen im PL. Danach können Sie die TN in PA noch einmal Klatschen oder Brummen lassen, wobei die Partnerin / der Partner erraten muss, ob das gesuchte Verb auf *-en* oder auf *-ieren* endet. → ⬛ **Aussprachetraining**
B3		1. Gehen Sie gemeinsam mit den TN auf die S. 96 im KB und lassen Sie die Arbeitsanweisung vorlesen. Schreiben Sie *Wer hat gestern …* und *Wer ist gestern …* ans Whiteboard und bitten Sie die TN, die Fragen mithilfe der Bingotabelle mündlich zu vervollständigen. Lassen Sie die TN sagen, welche der Verben auf der Bingotabelle in der Vergangenheitsform mit *haben* und welche mit *sein* stehen. 2. Lassen Sie den Beispieldialog vorlesen. Bitten Sie anschließend die TN, die bereits am Whiteboard stehenden Sätze in die Du-Form umzuwandeln und jeweils einen Namen aus dem Kurs einzufügen wie im Beispiel. Erklären Sie nun die Bedeutung der Bingofelder anhand der Bilder am Rand: Zeichnen Sie am Whiteboard ein Raster wie im Buch, wenn Sie das Bingo-Spiel nicht in der interaktiven Version zeigen können, und zeigen Sie, dass vier Namen in einer Reihe *senkrecht*, *waagerecht* und *diagonal* bedeuten kann. Sagen Sie noch einmal: „Wer hat zuerst vier Namen in einer Reihe? Die Person hebt die Hand." Unterstützen Sie hier, indem Sie selbst die Hand heben und „gewonnen!" rufen. **Digitalgestützter Unterricht:** Zeigen Sie das Bingo-Spiel in der interaktiven Version und fragen Sie beispielhaft einige TN, bis Sie vier in einer Reihe haben. Rufen Sie dann: „Bingo!" Zeigen Sie an den eingezeichneten Varianten, dass senkrecht, waagerecht und diagonal möglich sind. → 🖥 **Orientierung** 3. „In die Mitte bitte!" Die TN gehen mit ihren Kursbüchern im Kursraum umher und befragen sich. Wer vier in einer Reihe hat, ruft: „Bingo!" → ⬛ **Kursspaziergang** **Digitalgestützter Unterricht:** Im Online-Unterricht können die TN sich durch Privatnachrichten über den Chat befragen. Vereinbaren Sie, dass man aufspringen und „Bingo!" rufen muss, sobald man vier in einer Reihe hat. → ⬛ **Energieaufbauübungen** **Tipp:** Geben Sie eine Zeit vor. Wer am Ende die meisten *Vierer* hat, hat gewonnen.

B4	a	1. Zeigen Sie auf den Plan und sagen Sie: „Das ist Lisas Plan." Lassen Sie die Arbeitsanweisung vorlesen und geben Sie den TN zwei Minuten Zeit, den Plan zu lesen. → 🖥 **Orientierung** Fragen Sie anschließend noch einmal zur Kontrolle: „Was hat Lisa gemacht, was hat sie nicht gemacht?" Achten Sie darauf, dass die TN einen vollständigen Beispielsatz im Perfekt bilden. Z. B.: *Lisa hat Mama nicht angerufen.* Zeichnen Sie ggf. am Whiteboard noch einmal ein rotes Kreuz für *nicht gemacht* und einen grünen Haken für *gemacht*. Lassen Sie auch die zweite Musterlösung ausformulieren. Als Antworten sind hier zwei Varianten möglich. Lassen Sie beides gelten, sofern es genannt wird, und schreiben Sie beide Sätze ans Whiteboard. *Mögliche Antworten zur zweiten Musterlösung: Perfekt: Lisa ist zum Zahnarzt gegangen. / Präteritum: Lisa war bei Dr. Heinlein.* 2. Spielen Sie die Audiodatei zweimal vor. Die TN bearbeiten die Aufgabe. 3. Lösungskontrolle in PA, dann im PL. Achten Sie bei der Präsentation im PL darauf, dass die TN vollständige Sätze im Perfekt bilden.→ 🖥 **Lösungskontrolle** *Lösung: Was hat sie letzte Woche gemacht? Montag / Mittwoch: früh aufstehen → joggen, Rezept „Kartoffelsuppe" ausprobieren Was hat sie letzte Woche nicht gemacht? Englisch-Vokabeln lernen, Wohnung aufräumen, Wasser und Saft einkaufen* **Ergänzung:** Geben Sie den TN die Aufgabe, die bei der Lösungskontrolle gesprochenen Sätze noch einmal zu verschriftlichen. TN, die schnell fertig sind, schreiben die Sätze zur gemeinsamen Kontrolle ans Whiteboard.
	b	1. Lassen Sie die Arbeitsanweisung vorlesen und verweisen Sie auf die Beispielzettel im KB. Improvisieren Sie bei Verständnisschwierigkeiten einen eigenen Zettel am Whiteboard. 2. Die TN bearbeiten die Aufgabe. Gehen Sie herum und geben Sie Hilfestellung.
	c	**Ergänzung:** Nutzen Sie zur Vorbereitung der folgenden Sprechübung die Kopiervorlage. → 📄 **L10: Diktat** Lesen Sie *Peters Woche* einmal vollständig vor und diktieren Sie dann in Abschnitten. Geben Sie den TN den Text anschließend zur Selbstkontrolle. Anschließend erinnern Sie die TN an ihren Plan aus B4b und lassen sie schriftlich auf die Frage *Und Sie? Was haben Sie gemacht?* antworten. Diesen Text können die TN als Grundlage für ihre Sprachnachricht in B4c nutzen. Ermuntern Sie die TN, trotzdem frei zu sprechen. Sammeln Sie die Texte am Ende der Stunde ein. 1. Lesen Sie die Arbeitsanweisung vor. Teilen Sie die Gruppe ggf. danach ein, wer ein Handy dabei hat / mit dem Handy arbeiten möchte und wer nicht. Diejenigen, die mit Handy arbeiten wollen, schicken eine Sprachnachricht, die anderen sprechen so miteinander. Bilden Sie innerhalb dieser Gruppen Paare. → ♟ **Paarbildung** 2. Die TN bearbeiten die Aufgabe. Gehen Sie herum und geben Sie Hilfestellung. Sammeln Sie auch Wortschatzfragen am Whiteboard. **Ergänzung:** Regen Sie einen Klassenspaziergang an, bei dem die TN einander erzählen, was ihre Partnerin / ihr Partner gestern gemacht hat. (Mediation)

C: ZOFIA Spezial

Kommunikation Die TN können einen Weg im öffentlichen Nahverkehr beschreiben.
Wortfeld Fortbewegung im öffentlichen Nahverkehr
Grammatik –

AUFGABE	HINWEISE
C1	→ 🖥 **Einstiegsfotos** 1. Verweisen Sie auf den ÖVN-Plan und fragen Sie: „Was ist das für ein Plan?" Mögliche Antwort: „Der Plan zeigt, wie Busse und Bahnen in Neuberg fahren". Schreiben Sie *öffentliche Verkehrsmittel* ans Whiteboard und fragen Sie, welche öffentlichen Verkehrsmittel in Ihrer Stadt fahren. Notieren Sie diese. 2. Lassen Sie die Arbeitsanweisung vorlesen. Zeigen Sie noch einmal auf den Text und die Fragen und sagen Sie: „Schreiben Sie die Nummer der Frage an die richtige Stelle im Text." → 🖥 **Orientierung**

		3. Die TN bearbeiten die Aufgabe. Gehen Sie herum und geben Sie Hilfestellung. Notieren Sie Wortschatzfragen am Whiteboard und klären Sie diese vor der Lösungskontrolle in PA. 4. Lösungskontrolle in PA, dann im PL. Lassen Sie sich während der Präsentation der Antworten auch die jeweilige Textstelle nennen. **Digitalgestützter Unterricht:** Lassen Sie sich während der Präsentation der Antworten auch die jeweilige Textstelle nennen und markieren Sie diese in der interaktiven Version. → **Lektürebegleitendes Visualisieren** *Lösung:* **1** *ÖVN sind die öffentlichen Verkehrsmittel in Neuberg.* **2** *Zofia findet sie super.* **3** *Mit Straßenbahn, Bus und U-Bahn.* **Digitalgestützter Unterricht:** Nutzen Sie zur Festigung des Wortfelds *Verkehrsmittel* die Zusatzübungen aus der interaktiven Version des KB (S. 31).
C2		1. Lassen Sie die Arbeitsanweisung und das Beispiel in der Sprechblase vorlesen. → **Orientierung** 2. Die TN nennen Orte vom Neuberger Netzplan, die sie noch nicht kennen. Notieren Sie diese am Whiteboard mit Artikel. **Ergänzung:** Fragen Sie die TN auch: „Welche Orte kennen Sie schon?" Und verweisen Sie auf die Übung A2 im KB. Auf diese Weise können Sie die Orte wiederholen, die bereits in der Lektion vorkamen. Fragen Sie: „Kennen wir den Westpark wirklich nicht?" **Digitalgestützter Unterricht:** Vergrößern Sie den Netzplan in der interaktiven Version und umkreisen Sie die von den TN genannten Orte mit dem Werkzeug *Textmarker* und schreiben Sie den Artikel mit dem Werkzeug *Text einfügen* dazu.
C3	a	1. Lesen Sie die Arbeitsanweisung vor und verweisen Sie noch einmal auf den Netzplan auf S. 28. → **Orientierung** Sagen Sie: „Wir hören zweimal. Hören und lesen Sie zuerst. Zeichnen Sie den Weg beim zweiten Hören." 2. Spielen Sie die Audiodatei zweimal vor. Die TN bearbeiten die Aufgabe. 3. Lösungskontrolle im PL. → **Lösungskontrolle** *Lösung S. 28:* 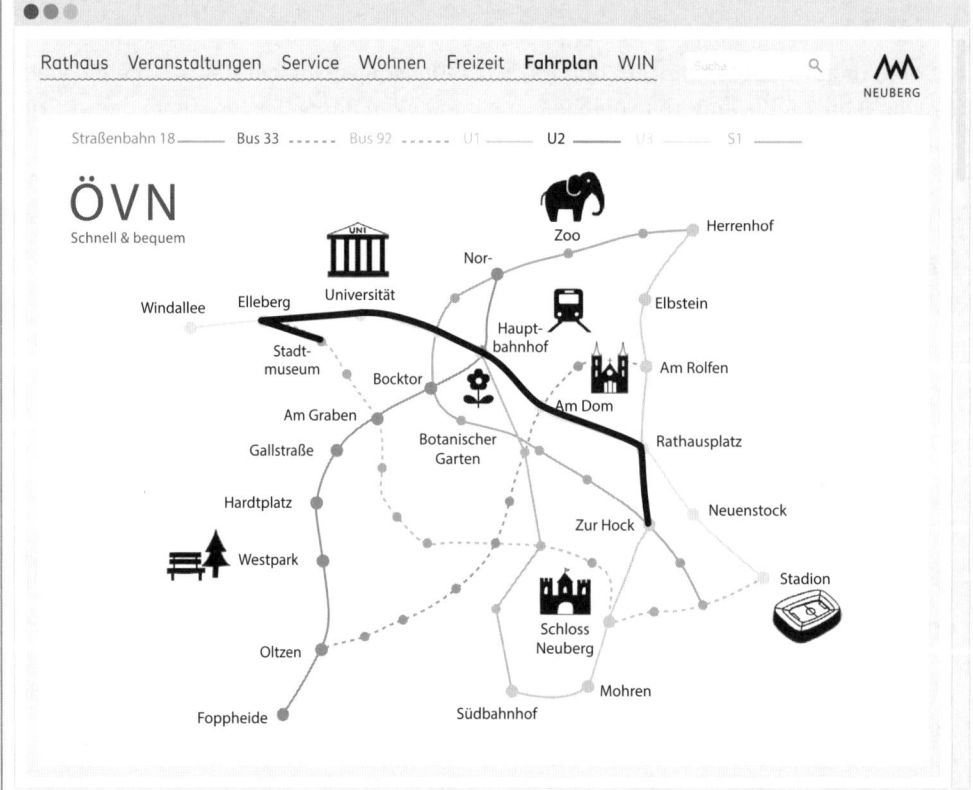

	4. Aktivierung des Sprachmaterials zur Vorbereitung auf C3b: Verweisen Sie auf die Bilderklärungen zu den Verben *einsteigen*, *umsteigen* und *aussteigen*. Üben Sie diese mit einem kleinen Aussprachetraining. Zum Beispiel durch Klatschen des Wortakzents oder durch einen längeren Satz, der eines der Verben beinhaltet und den Sie aufbauend sprechen lassen. → **Aussprachetraining** Spielen Sie anschließend die Audiodatei erneut vor und bitten Sie die TN, halblaut mitzulesen. **Digitalgestützter Unterricht:** Nutzen Sie zur Festigung des Wortfelds *Verkehrsmittel benutzen* die Zusatzübungen aus der interaktiven Version des KB (S. 31).
b	→ **Orientierung** 1. Lesen Sie die Arbeitsanweisung vor und verweisen Sie noch einmal auf den Netzplan auf S. 28. Erklären Sie kurz die Aufgaben von Partner/in A und B, indem Sie Situation 1 auf den Aufgabenkärtchen vorlesen. Sagen Sie dann: „Sie haben vier Situationen. Immer eine / einer fragt nach dem Weg und eine/r erklärt den Weg. Dann tauschen Sie." 2. Lassen Sie die Redemittel für die Wegerklärung vorlesen und üben Sie diese anhand von vollständigen Beispielsätzen durch aufbauendes Sprechen. → **Aussprachetraining** **Digitalgestützter Unterricht:** Spielen Sie den Kommunikations-Clip vor, um die Verwendung der Redemittel für die Wegbeschreibung an einem Beispiel zu zeigen. → **Tipps für Clips** 3. Erklären Sie den TN, dass auf S. 110 zwei Gespräche aufgeschrieben und dann geübt werden. Auf S. 29 wird direkt gesprochen. Die TN entscheiden, ob Sie auf S. 29 bleiben oder die Auswahlaufgabe auf S. 110 bearbeiten wollen. **Tipp:** Geben Sie auch den lerngewohnten TN die Möglichkeit, ein Gespräch aufzuschreiben und sammeln Sie diese am Ende der Übung von beiden Gruppen ein. 4. Die TN bearbeiten die Aufgabe. Gehen Sie herum und geben Sie Hilfestellung. Notieren Sie auch Fehler für die spätere Korrektur im PL. 5. Präsentation im PL: Jedes Paar wählt eine Situation und spielt diese im PL vor. Korrigieren Sie erst, wenn das jeweilige Paar mit der Präsentation fertig ist. Machen Sie sich zu diesem Zweck Notizen. **Tipp:** Um die Aufmerksamkeit der TN zu steigern, können Sie vereinbaren, dass die TN klopfen, sobald sie in den präsentierten Dialogen eines der Redemittel hören.
C4	1. Zeigen Sie auf die Zeichnung und die Sprechblase und sagen Sie: „Das ist eine Durchsage." Lassen Sie die Sprechblase vorlesen. **Tipp:** Animieren Sie die/den Vorlesende/n, die Sprechblase zu spielen, d. h. ein wenig stärker zu betonen wie bei einer Ansage und die Hände wie einen Trichter vor den Mund zu legen. Es geht darum, dass die TN in die Situation einer Bahnhofsansage eingeführt werden. Lassen Sie dann die Arbeitsanweisung vorlesen. Geben Sie den TN anschließend eine halbe Minute Zeit, um die drei Sätze zu lesen. 2. Spielen Sie die Audiodatei zweimal vor. Die TN bearbeiten die Aufgabe. 3. Lösungskontrolle in PA, dann im PL. *Lösung:* **1** 10 Minuten **2** am Hauptbahnhof **3** U2 **Extra-Film:** In dem Film fragt ein Mann Zofia zuerst nach dem Weg zum *M&M* (einem Musikclub), dann nach dem Weg zum Blumenladen und zum Schluss nach dem Weg vom Blumenladen zum *M&M*. Der Film eignet sich, um die sprachlichen Mittel für die Wegbeschreibung zu erweitern und zu vertiefen. Eine Wegbeschreibung zu einem Ort in der Nähe des Kursraums (z. B. zu einem Blumenladen) lässt sich gut an den Film anschließen. → **L10: Extra-Film**

Was ist denn WIN? / Zofia
Unterrichtspläne

Miteinander! Deutsch für Alltag und Beruf A1.2
Lektion 10

	Vor dem Hörverstehen 1. Verteilen Sie das Arbeitsblatt *Extra-Film*. Lesen Sie die Arbeitsanweisung zu **Aufgabe 1** vor und zeigen Sie das Standbild bei 00:06. Sie können den Ton anlassen und den Film bis zur Begrüßung (Hey!) durch den Mann laufen lassen. Die TN äußern ihre Vermutungen. **Hör- / Sehverstehen** 2. **Aufgabe 2:** Fragen Sie: „Was sucht der Mann?" und zeigen Sie den Film einmal vollständig. *Lösung: Der Mann sucht das M&M/einen Musikclub und einen Blumenladen.* 3. Lassen Sie die Arbeitsanweisung zu **Aufgabe 3** vorlesen. Geben Sie den TN fünf Minuten Zeit, den Lückentext durchzulesen. Zeigen Sie den Film anschließend noch einmal in zwei Abschnitten. Die TN bearbeiten die Aufgabe. Spielen Sie den Film je nach Wunsch der TN ein drittes Mal vor. 4. Lösungskontrolle: Die TN vergleichen ihre Lösungen in PA. Lassen Sie den Lückentext von einer/einem freiwilligen TN im PL vorlesen und notieren Sie währenddessen die Lösungen am Whiteboard. *Lösungen Abschnitt I:* **b** in der Nähe, **c** geradeaus, **d** zweite, **e** rechts, **f** zweite, **g** links *Lösungen Abschnitt II:* **h** geradeaus, **i** dritten, **j** Blumenladen, **k** dort, **l** erste, **m** wieder 5. Lesen Sie die Arbeitsanweisung zu **Aufgabe 4** vor und sammeln Sie gemeinsam mit den TN 4–5 Orte in der Nähe des Kursortes am Whiteboard. Bitten Sie die TN anschließend, aufzustehen und ihren Namen hinter den Ort zu schreiben, für den Sie sich interessieren. Diese TN bilden eine Gruppe und entwickeln mithilfe der Navigations-App auf ihrem Smartphone eine Wegbeschreibung. → **Gruppenbildung** 6. Präsentation im PL: Die TN bestimmen eine/einen Gruppensprecher/in, die/der dem Kurs den Weg zu dem von ihrer Gruppe bearbeiteten Ort beschreibt. (Mediation)

Miteinander wiederholen

STATION	HINWEISE
1	1. Lesen Sie die Arbeitsanweisung vor und klären Sie, dass alle TN, oder zumindest eine/r pro Dreiergruppe eine Abspielmöglichkeit für die Audiodatei hat. Nutzen Sie die Gelegenheit, um noch einmal auf die App zum KB und die Möglichkeit zum Herunterladen der Audiodateien aus dem Lehrwerkservice aufmerksam zu machen. 2. Lassen Sie die Beispielstrophen vorlesen und fragen Sie, was man anstelle der Auslassungspunkte einsetzen könnte. Verweisen Sie auch auf die Fotos. Sagen Sie dann noch einmal: „Sie hören erst, dann schreiben Sie selbst ein Lied wie im Beispiel."
2	1. Lesen Sie die Arbeitsanweisung vor und zeigen Sie noch einmal den Netzplan auf S. 28. Projizieren Sie diesen wenn möglich an die Wand. → **Orientierung** 2. Lassen Sie die Verbindung 1 und die Sprechblase vorlesen. Ergänzen Sie gemeinsam mit den TN die Auslassungspunkte in der Sprechblase. Sagen Sie noch einmal: „Jede/r in der Gruppe hat eine Verbindung. Eine Person → eine Verbindung." Sagen Sie: „Vergleichen Sie. Welche Verbindung ist gut?" **Tipp:** Gehen Sie jeweils zu Beginn der Gruppenarbeitsphase an die Station und sorgen Sie dafür, dass eine/einer die S. 28 mit dem Netzplan aufgeschlagen hat, die anderen S. 32. > **Ergänzung:** Legen Sie an die Station Netzpläne des öffentlichen Personennahverkehrs aus Ihrer Region und schreiben Sie ein Aufgabenkärtchen mit 3 Fragen wie zum Beispiel: *Wie komme ich vom Hauptbahnhof zur Elbphilharmonie? Beschreiben Sie die Verbindung.*
3	Lesen Sie die Arbeitsanweisung vor. Skizzieren Sie die Tabelle am Whiteboard oder zeigen Sie sie in der interaktiven Version des KB. Fragen Sie einmal exemplarisch im Kurs: „Wer fährt sehr oft Bus? Heben Sie bitte die Hand." Unterstützen Sie, indem Sie selbst die Hand heben. Tragen Sie dann die Anzahl der gehobenen Hände in das Feld ein. Machen Sie die Gegenprobe mit nie, indem Sie eine/einen TN bitten, die Frage zu formulieren. Lassen Sie auch das Beispiel in der Sprechblase vorlesen. Und sagen Sie: „Sprechen Sie in der Gruppe und machen Sie ein Plakat."

Was ist denn WIN? / Zofia
Unterrichtspläne

Miteinander! Deutsch für Alltag und Beruf A1.2
Lektion 10

Lernfortschrittstest

	HINWEISE
	Nach Abschluss der Lektion können die Lernenden den Lernfortschrittstest 5 im Arbeitsbuch (Seite 134 bis 137) bearbeiten. Der Test kann im Unterricht oder zu Hause durchgeführt werden. Gerade für den ersten Test im neuen Band ist eine Bearbeitung im Unterricht empfehlenswert. **Tipp:** Kopieren Sie den Test für jede/n TN, sodass sie den Test am Ende einsammeln können. 1. Nehmen Sie den TN Prüfungsangst: Es handelt sich nicht um eine „Prüfung", sondern um einen Test, eine „Evaluation". Kündigen Sie an, dass es „individuelles Feedback" geben wird. 2. Stellen Sie sicher, dass die TN die Arbeitsanweisungen richtig verstehen. **Tipp:** Lassen Sie besonders bei den ersten Tests nicht den ganzen Test auf einmal durcharbeiten, sondern in kleineren Portionen. 3. Machen Sie deutlich, dass jede/r TN einzeln arbeitet. Die TN bearbeiten den Test. 4. Gehen Sie mit den TN die Aufgaben und Lösungen durch. Helfen Sie beim Auswerten des Tests (Korrekturen und Punktevergabe). **Tipp:** Lassen Sie die TN abweichende Lösungen mit einem Stift in anderer Farbe markieren / notieren. 5. Die TN addieren die Punkte. Fragen Sie, wie die TN ihre Resultate einschätzen. → ◼ **Feedback: Daumenabfrage** 6. Es ist wichtig, dass ein Test in ein individuelles Feedback und in Tipps zum Weiterlernen mündet. Gehen Sie daher mit jeder / jedem TN den individuellen Test durch und geben Sie Feedback. Nutzen Sie dazu die *Evaluierungsbögen für die Lernfortschrittstests* als Grundlage für individuelle Feedbackgespräche.

Gefällt dir das Zimmer? / Samir

Miteinander! Deutsch für Alltag und Beruf A1.2

Unterrichtspläne

Lektion 11

Einstiegsseite

Kommunikation Die TN können Auskünfte über eine Wohnung / ein Haus verstehen.
Wortfelder Wohnungsanzeige, Wohnhaus
Grammatik –

AUFGABE		HINWEISE
1	a	→ 🖥 **Einstiegsfotos** 1. Die TN sehen das Foto an. Lesen Sie die Arbeitsanweisung vor. Verweisen Sie auf die Anzeige. → 🖥 **Orientierung** Sagen Sie: „Das ist eine Anzeige." Sagen Sie dann noch einmal: „Warum telefoniert Samir? Sprechen Sie zu zweit." 2. Im PL: Notieren Sie im Anschluss an die PA einige Vermutungen der TN am Whiteboard. Geben Sie auch Raum für Fragen.
	b	1. Lassen Sie die Arbeitsanweisung vorlesen. Verweisen Sie anschließend auf die Worterklärungen und lassen Sie diese vorlesen. Erklären Sie *WG*, indem Sie sagen: „Zwei oder mehr Leute wohnen zusammen in einer Wohnung." Sagen Sie dann noch einmal: „Lesen Sie die Anzeige. Was ist richtig? Umkreisen Sie." → 🖥 **Orientierung** 2. Die TN bearbeiten die Aufgabe. Gehen Sie herum und geben Sie Hilfestellung. 3. Lösungskontrolle in PA, dann im PL. → 🖥 **Lösungskontrolle** *Lösung: 2 keinen Aufzug. 3 drei 4 nicht weit. 5 Möbel. 6 525* **Ergänzung:** Wenden Sie sich noch einmal dem neuen Wortschatz zu und machen Sie eine kleine Phonetikeinheit: Lassen Sie die Worte *Wohngemeinschaft* und *Nebenkosten* von den TN klatschen und nachsprechen und üben Sie die Aussprache von *Aufzug, Bad, Küche* und *Möbel*. Machen Sie die TN darauf aufmerksam, dass die Lippen beim *Ü* in *Küche* sehr viel spitzer sind als beim *Ö* in *Möbel* und dass beim *Ö* auch der Kiefer weniger eng ist. → ⬛ **Aussprachetraining**
2		1. Lassen Sie die Arbeitsanweisung vorlesen und geben Sie den TN kurz Zeit, die Aussagen zu lesen. 2. Spielen Sie die Audiodatei zweimal vor. 3. Lösungskontrolle im PL. Kommen Sie auch noch einmal auf die Vermutungen der TN aus 1a zurück. → 🖥 **Lösungskontrolle** *Lösung: 3, 4* **Ergänzung:** Leiten Sie ein kurzes Kursgespräch über das Thema an, indem Sie fragen, wer in einer WG wohnt oder schon einmal in einer WG gewohnt hat.

A: Die Waschmaschine ist im Keller.

Kommunikation Die TN können eine Wohnung beschreiben.
Wortfelder Zimmer, Elektrogeräte
Grammatik lokale Präpositionen *an, auf, hinter, in, neben, unter, über, vor, zwischen* + Dativ

AUFGABE	HINWEISE
A1	→ 🖥 **Einstiegsfotos** 1. Die TN sehen das Foto an. Schreiben Sie die Fragen *Wo ist das?* und *Wer sind Sandra und Tommy?* ans Whiteboard. Lassen Sie anschließend die Arbeitsanweisung vorlesen und verweisen Sie ggf. noch einmal auf die Bilderklärungen und Informationen auf S. 33. 2. Die TN bearbeiten die Aufgabe. 3. Lösungskontrolle in PA, dann im PL. → 🖥 **Lösungskontrolle** *Lösung: 1 In der Küche. 2 Die Vermieter.*

Gefällt dir das Zimmer? / Samir
Unterrichtspläne

Miteinander! Deutsch für Alltag und Beruf A1.2
Lektion 11

A2	a	1. Lenken Sie die Aufmerksamkeit der TN auf die Bilder und lassen Sie die Arbeitsanweisung vorlesen. Zeigen Sie die Musterlösung und lassen Sie auch die Optionen vorlesen. Fragen Sie noch einmal: „Was passt?" → **Orientierung** 2. Die TN bearbeiten die Aufgabe. 3. Lösungskontrolle in PA, dann im PL. → **Lösungskontrolle** **Variante zur Lösungskontrolle:** Zeigen Sie die Bilder in der interaktiven Version und vergrößern Sie sie nacheinander mithilfe der Zoom-Funktion. Bitten Sie die TN der Reihe nach, einen Satz zu sprechen wie: „Das ist das Bad." etc., bis alle Bilder gezeigt und benannt wurden. *Lösung: 6 (Küche), 2 (Wohnzimmer), 4 (Balkon), 5 (Garten), 7 (Herd), 8 (Kühlschrank), 9 (Spülmaschine), 10 (Waschmaschine), 3 (Keller)*
	b	1. Fragen Sie: „Was hat die WG? Umkreisen Sie in a." und zeigen Sie nochmals auf die Optionen im Schüttelkasten in a. Lassen Sie diese ggf. noch einmal vorlesen. → **Orientierung** 2. Spielen Sie die Audiodatei zweimal vor. Die TN bearbeiten die Aufgabe. 3. Sagen Sie nach dem Hören: „Vergleichen Sie im Kurs." und lassen Sie die Sprechblasen vorlesen. Schreiben Sie auch *Die WG hat …* ans Whiteboard. Die TN sprechen untereinander in Murmelgruppen. → **Gruppenbildung** Gehen Sie herum und unterstützen Sie ggf. bei der Aussprache des neuen Wortschatzes. 4. Lösungskontrolle im PL. → **Lösungskontrolle** *Lösung: Bad, Küche, Herd, Kühlschrank, Spülmaschine, Waschmaschine, Keller*
	c	1. Fragen Sie: „Was ist kaputt?" Zucken Sie mit den Schultern und machen Sie eine ratlose Miene. Sagen Sie dann: „Hören Sie noch einmal." **Tipp:** Achten Sie darauf, dass lerngewohntere TN, die es schon beim vorherigen Hören verstanden haben, ihre Ergebnisse nicht reinrufen. Unterbrechen Sie diese ggf. und sagen Sie: „Warten Sie bitte. Wir hören noch einmal." 2. Spielen Sie die Audiodatei vor. 3. Die TN vergleichen in PA. Schreiben Sie das Redemittel: *Ich habe gehört, die/der … ist kaputt.* ans Whiteboard. 4. Präsentation im PL: Lassen Sie das Ergebnis von einem Paar kurz vortragen und ergänzen Sie den Satz am Whiteboard. *Lösung: Die Spülmaschine ist kaputt.*
A3		1. Lassen Sie die Arbeitsanweisung vorlesen. Geben Sie den TN einen Moment Zeit, die Aussagen und die Optionen zu lesen und verweisen Sie auch auf die Bilder mit den Worterklärungen zu *reparieren, Steckdose* und *Lampe*. Wiederholen Sie: „Was ist richtig? Hören Sie und umkreisen Sie." → **Orientierung** 2. Spielen Sie die Audiodatei zweimal vor. Die TN bearbeiten die Aufgabe. 3. Lösungskontrolle in PA, dann im PL. *Lösung: 1 macht eine Ausbildung als Elektroniker. 2 reparieren. 3 auch*
A4	a	1. Gehen Sie mit den TN auf die S. 94 und lassen Sie die Arbeitsanweisung vorlesen. Gehen Sie die Bilder zu *Fernseher, Computer, Toilette, Badewanne* und *Dusche* einmal durch, indem Sie sie vorlesen und von den TN nachsprechen lassen. Bitten Sie anschließend zwei TN, den Beispieldialog vorzulesen. → **Orientierung** 2. Lenken Sie die Aufmerksamkeit der TN auf den Redemittelkasten und den Grammatikkasten. Lesen Sie diese vor und lassen Sie den Beispieldialog erneut lesen. Sagen Sie: „Lesen Sie den Beispieldialog noch einmal und markieren Sie die Redemittel und die Präposition *in*." Gehen Sie herum und geben Sie Hilfestellung. **Digitalgestützter Unterricht:** Öffnen Sie die interaktive Version des KB und markieren Sie mit dem Werkzeug *Stift* im Beispieldialog die Redemittel und die Präpositionen. Die TN vergleichen.

Gefällt dir das Zimmer? / Samir
Unterrichtspläne

Miteinander! Deutsch für Alltag und Beruf A1.2
Lektion 11

		3. Lesen Sie die Arbeitsanweisung nun erneut vor. Skizzieren Sie anschließend die Tabelle am Whiteboard oder öffnen Sie sie in der interaktiven Version des KB und spielen Sie ein oder zwei Beispieldialoge mit einer / einem TN vor. Notieren Sie die Antworten der / des TN in der Tabelle wie vorgegeben. Sagen Sie dann: „Sprechen Sie mit Ihrer Partnerin / Ihrem Partner und benutzen Sie die Redemittel." 4. Die TN bearbeiten die Aufgabe. Gehen Sie herum und geben Sie Hilfestellung.
	b	1. Holen Sie den Kurs ins PL zurück und sagen Sie: „Vergleichen Sie Ihre Notizen." Lassen Sie die Sprechblasen vorlesen und erklären sie noch einmal die Aufgabe, indem Sie sagen: „Ihre Partnerin / Ihr Partner präsentiert und Sie hören zu. Hat sie / er alles richtig verstanden?" 2. Die TN bearbeiten die Aufgabe. Gehen Sie herum und geben Sie Hilfestellung. **Ergänzung:** Lassen Sie jeweils zwei Paare zusammenarbeiten. Die TN berichten in der Gruppe von dem, was es in der Wohnung ihrer Partnerin / ihres Partners gibt. Schreiben Sie ggf. die Redemittel noch einmal für die Verwendung in der dritten Person mit Namen ans Whiteboard. Erarbeiten Sie mit den TN Beispiele aus dem Kurs, z. B.: *Bei Ayça gibt es eine(n) / keine(n) ... Ali hat eine(n) / keine(n) ..., Jakrutis Wohnung hat eine(n) / keine(n) ...* (Mediation) 3. Präsentation im PL: Fragen Sie: „Wer hat einen Balkon?" etc. Die TN antworten durch Handheben. Machen Sie eine Kursstatistik, wenn es Ihnen zeitlich möglich ist.
A5	a	→ **Einstiegsfotos** 1. Die TN sehen das Foto auf S. 34 noch einmal an. Lesen Sie die Arbeitsanweisung vor und lassen Sie die Musterlösung vorlesen. Gehen Sie anschließend die Präpositionen im Grammatikkasten durch, indem Sie sie vorlesen und die TN nachsprechen lassen. Anschließend entscheiden die TN, ob sie auf S. 35 bleiben oder die Auswahlaufgabe auf S. 112 bearbeiten wollen. **Variante:** Zeichnen Sie die Würfel mit den verschiedenen Positionen des roten Punktes ans Whiteboard und fragen Sie: „Wo ist der rote Punkt?" Lassen Sie die TN nacheinander die Präpositionen sagen. 2. Die TN bearbeiten die Aufgabe. Gehen Sie herum und geben Sie Hilfestellung. 3. Lösungskontrolle in PA, dann im PL. *Lösung S. 35 und S. 112:* **2** *auf* **3** *über* **4** *unter* **5** *in* **6** *neben* **7** *an* **8** *hinter* **9** *vor*

	b	1. Lesen Sie die Arbeitsanweisung vor und zeigen Sie die Tabelle. Sollten Sie diese nicht in der interaktiven Version öffnen können, zeichnen Sie sie ans Whiteboard. → **Orientierung** Bitten Sie anschließend die TN, die Gegenstände mit Artikelwort in Aufgabe A5a zu markieren. Lassen Sie diese anschließend vorlesen. Sagen Sie dann noch einmal: „Ergänzen Sie die Tabelle."
		Digitalgestützter Unterricht: Markieren Sie zur Kontrolle gemeinsam mit den TN die Artikelworte und Gegenstände mit dem Werkzeug *Stift* in den Artikelfarben.
		2. Die TN bearbeiten die Aufgabe. Gehen Sie herum und geben Sie Hilfestellung.
		Digitalgestützter Unterricht: Spielen Sie den Grammatik-Clip vor, um die Präpositionen noch einmal zu wiederholen und die Verwendung der Dativartikel bewusst zu machen. → **Tipps für Clips**
		3. Lösungskontrolle im PL. Füllen Sie die Tabelle gemeinsam mit den TN in der interaktiven Version oder am Whiteboard aus. → **Lösungskontrolle**
		Lösung: einem (Kühlschrank), der/einer (Spülmaschine)
		
		    Ergänzung Memospiel: Erarbeiten Sie gemeinsam mit den TN ein Handspiel zu den Präpositionen in der Reihenfolge, wie sie in dem Grammatikkasten abgebildet ist. Sagen Sie: „an" und halten Sie mit einem fragenden Gesichtsausdruck Ihre Hände hoch. Fragen Sie: „Wie zeige ich *an*?"
		    → **Memospiele**
		
		    Ergänzung Bilddiktat: Nutzen Sie die Kopiervorlage → **L11: Bilddiktat**, um die Verwendung der lokalen Präpositionen und das Wortfeld *Einrichtungsgegenstände* zu festigen. Lassen Sie die TN Papier und Bleistift bereitlegen und sagen Sie: „Hören Sie und zeichnen Sie." Lesen Sie das Diktat einmal vollständig vor. Diktieren Sie dann Schritt für Schritt.

Gefällt dir das Zimmer? / Samir
Unterrichtspläne

Miteinander! Deutsch für Alltag und Beruf A1.2
Lektion 11

		Tipp: Zeichnen Sie selbst an einer Flipchart mit, während Sie diktieren. Drehen Sie die Flipchart so, dass die TN nicht sehen können, was Sie zeichnen. Auf diese Weise gleichen Sie Ihr Tempo dem der TN an und können für die Kontrolle am Ende des Diktats auf das Kopieren der Zeichnung verzichten.
A6		1. Lassen Sie die Arbeitsanweisung vorlesen. Lassen Sie auch die Sprechblase vorlesen. Deuten Sie auf die Zeitung im linken Bild und im rechten Bild und sagen Sie zur Verstehenssicherung: „Die Frau im Beispiel sagt, was anders ist." 2. Bauen Sie nun gemeinsam mit den TN ein Gruppenbild auf einem Tisch in der Mitte des Kursraums, indem Sie die TN einladen, aufzustehen und etwas auf den Tisch zu legen. Sobald genügend Gegenstände auf dem Tisch liegen, sagen Sie: „Sehen Sie sich alles genau an." Bitten Sie dann eine/n TN, sich kurz umzudrehen, und verändern Sie etwas. Fragen Sie die / den TN dann: „Was ist anders?" Die / Der TN rät. Wiederholen Sie dies mit einer/m weiteren TN. 3. Sagen Sie: „Machen Sie ein Gruppenbild und raten Sie." Teilen Sie den Kurs in mehrere Gruppen à 4–5 TN ein. → ▨ **Gruppenbildung** 4. Die TN spielen das Spiel. Gehen Sie herum und geben Sie Hilfestellung. Achten Sie darauf, dass die TN Deutsch sprechen, und schreiben Sie gute Beispiele am Whiteboard mit. **Tipp:** Lassen Sie die TN mit dem Handy Vorher-Nachher-Fotos zur Überprüfung machen.

B: Wie findest du den Stuhl?

Kommunikation Die TN können Zimmer und Möbel beschreiben und dabei Gefallen und Missfallen ausdrücken.
Wortfelder Einrichtung und Möbel, Adjektive zur Beschreibung
Grammatik Demonstrativartikel *der, das, die*; *gefallen* + Dativ; Personalpronomen im Dativ

AUFGABE		HINWEISE
B1	a	→ ▢ **Einstiegsfotos** 1. Die TN sehen das Foto an. Fragen Sie: „Welche Nummer hat das Sofa?" (Musterlösung). Lassen Sie anschließend die Arbeitsanweisung vorlesen. 2. Die TN bearbeiten die Aufgabe. 3. Lösungskontrolle in PA, dann im PL. → ▢ **Lösungskontrolle** *Lösung: 7 (Tisch), 1 (Bett), 4 (Schrank), 6 (Stuhl), 2 (Lampe), 3 (Regal)* **Ergänzung:** Lassen Sie die TN sich in PA gegenseitig die Artikel zu den Einrichtungsgegenständen abfragen.
	b	1. Lassen Sie die Arbeitsanweisung und den Beispieldialog vorlesen. Gehen Sie auch alle Adjektive einmal durch, indem Sie sie vorsprechen und von den TN nachsprechen lassen. → ▨ **Aussprachetraining** Zeigen Sie zur Verstehenssicherung auf einen Stuhl oder Tisch im Kursraum und fragen Sie zum Beispiel: „Wie finden Sie den Stuhl?" Achten Sie darauf, dass die TN in einem vollständigen Satz antworten. Variieren Sie gemeinsam mit den TN den ersten Beispielsatz aus dem Dialog. Zum Beispiel: „Ich finde den Stuhl hässlich." Schreiben Sie einige Sätze ans Whiteboard. Verweisen Sie dann wieder auf die Aufgabe und fragen Sie noch einmal: „Wie finden Sie das Zimmer und die Möbel? Sprechen Sie zu zweit." → ▢ **Orientierung** 2. Die TN bearbeiten die Aufgabe. Gehen Sie herum und geben Sie Hilfestellung. Schreiben Sie gute Redebeiträge am Whiteboard mit. 3. Präsentation im PL: Lassen Sie zu jedem Möbelstück je ein Paar einen kleinen Dialog vortragen. Ermutigen Sie die TN auch, die Möbel im Kursraum einzubeziehen.

Gefällt dir das Zimmer? / Samir
Unterrichtspläne

Miteinander! Deutsch für Alltag und Beruf A1.2
Lektion 11

	c	1. Lassen Sie die Arbeitsanweisung vorlesen und zeichnen Sie die Smileys ans Whiteboard. Zeigen Sie nacheinander auf die Smileys und fragen Sie: „Was heißt das?" Mögliche Antworten: „gut, es geht, nicht so gut." Schreiben Sie die jeweilige Bedeutung unter die Smileys und sagen Sie dann: „Hören Sie und umkreisen Sie einen Smiley. Wie findet Samir das Zimmer?" → Orientierung 2. Spielen Sie die Audiodatei einmal vor. Die TN bearbeiten die Aufgabe. 3. Lösungskontrolle im PL. *Lösung:* ☹ **Ergänzung:** Lassen Sie die TN einige Sätze formulieren. Schreiben Sie dafür *Samir findet das Zimmer / die Möbel …* ans Whiteboard. Geben Sie den TN eine Minute Zeit, den Impulssatz schriftlich zu komplettieren. Lassen Sie dann einige vorlesen.
B2		1. Lassen Sie die Arbeitsanweisung vorlesen und geben Sie den TN eine Minute Zeit, die Optionen zu lesen und zu verbinden. → Orientierung 2. Spielen Sie die Audiodatei ein- bis zweimal vor. Die TN vergleichen. 3. Lösungskontrolle im PL. → **Lösungskontrolle** *Lösung: 1 b 2 a 3 c* 4. Verweisen Sie auf die Tabelle, um die Verwendung des Artikelworts als Demonstrativpronomen in Nominativ *(sein)* und Akkusativ *(finden)* zu verdeutlichen. Zeichnen Sie die Tabelle ans Whiteboard, wenn Sie sie nicht in der interaktiven Version zeigen. Formulieren Sie mit den TN jeden der Sätze einmal aus. **Digitalgestützter Unterricht:** Spielen Sie den Grammatik-Clip vor, um die Verwendung des Artikelworts als Demonstrativpronomen in Nominativ *(sein)* und Akkusativ *(finden)* zu verdeutlichen. Formulieren Sie mit den TN jeden der Sätze noch einmal aus, nachdem Sie den Clip gesehen haben. → **Tipps für Clips** **Tipp:** Sollten die TN Schwierigkeiten in der mündlichen Ausformulierung der Sätze haben, geben Sie ein schriftliches Beispiel am Whiteboard und lassen Sie die TN alle Sätze aufschreiben und in PA kontrollieren. Zeigen Sie anschließend den Grammatik-Clip noch einmal.
B3		**Ergänzung:** „In die Mitte bitte!" Versammeln Sie sich mit den TN in der Mitte des Kursraums und zeigen Sie die Bilder mit den Sprechblasen wenn möglich vergrößert in der interaktiven Version des KB. Bitten Sie zwei freiwillige TN, sich wie in Bild A aufzustellen. Bitten Sie eine/n weitere/n TN, sich hinter die Person zu stellen, die im Bild eine Sprechblase hat. Lassen Sie die / den TN den Satz in der Sprechblase vorlesen. Verfahren Sie mit den Bildern B–E ebenso, damit den TN die Perspektive bewusst wird. → **Standbild** 1. Lassen Sie die Arbeitsanweisung vorlesen und zeigen Sie auf die Tabelle. Lassen Sie die erste Sprechblase vorlesen und zeigen Sie die Musterlösung in der Tabelle. → Orientierung 2. Die TN bearbeiten die Aufgabe. Gehen Sie herum und geben Sie Hilfestellung. 3. Lösungskontrolle in PA, dann im PL. Sollten Sie nicht die Möglichkeit haben, den Grammatik-Clip aus der interaktiven Version abzuspielen, vervollständigen Sie die Tabelle am Whiteboard. → **Lösungskontrolle** *Lösung: mir, (dir), ihm/ (ihm)/ ihr, (uns), euch, (ihnen/ Ihnen)* **Digitalgestützter Unterricht:** Spielen Sie den Grammatik-Clip zur Kontrolle vor. Der Clip systematisiert die Verwendung der Personalpronomen im Dativ und kontrastiert auch noch einmal die Verwendung der Personalpronomen im Nominativ. **Tipp:** In Kursen mit überwiegend lernungewohnten TN kann es sinnvoll sein, auf die Methode des selbstentdeckenden Lernens zu verzichten und den Grammatik-Clip zuerst zu zeigen und die Tabelle parallel ausfüllen zu lassen. Anschließend können die TN die Sprechblasen lesen und die Pronomen markieren. → **Tipps für Clips**

Gefällt dir das Zimmer? / Samir
Unterrichtspläne

Miteinander! Deutsch für Alltag und Beruf A1.2
Lektion 11

B4	a	1. Teilen Sie die Gruppe in A und B ein. → ♟ **Gruppenbildung** Schreiben Sie *Aufgabe B4: A S. 94 / 95; B S. 107* ans Whiteboard. → 🖥 **Orientierung** 2. Sobald alle TN auf der richtigen Seite sind und in Paaren zusammensitzen, lassen Sie die Arbeitsanweisung vorlesen. Sagen Sie: „Aufgabe a ist für alle gleich." 3. Die TN bearbeiten die Aufgabe. 4. Lösungskontrolle in PA, dann im PL. Lassen Sie die Alternativsätze vollständig sprechen und schreiben Sie sie ans Whiteboard. → 🖥 **Lösungskontrolle** *Lösung Aktionsseiten S. 94 und 107: B (Das ist mein), C (Brauchst du Hilfe?), D (Der … ist schön!)*
	b	1. Lassen Sie die Arbeitsanweisung und die drei Musterlösungen vorlesen. **Digitalgestützter Unterricht:** Markieren Sie die Personalpronomen im Dativ in den Musterlösungen in der interaktiven Version. Sagen Sie noch einmal: „Schreiben Sie die Sätze. Lesen Sie die Sätze vor und vergleichen sie mit Ihrer Partnerin / Ihrem Partner." 2. Die TN bearbeiten die Aufgabe. Gehen Sie herum und geben Sie Hilfestellung. *Binnendifferenzierung: Ermutigen Sie Paare, die schnell fertig sind, einander Aufgaben zu stellen, indem sie im Kurs umherschauen und beispielsweise schreiben: Die Tasche gehört Laila. Die Partnerin / Der Partner setzt statt des Namens das Personalpronomen ein: Die Tasche gehört ihr. Lassen Sie einige dieser Sätze nach der Lösungskontrolle präsentieren und schreiben Sie sie ans Whiteboard.* 3. Lösungskontrolle im PL: Eine/ Ein TN liest noch einmal die Sätze 4–11 korrekt vor. Achten Sie darauf, dass die / der TN nur die vollständigen Sätze liest, nicht die Vorgaben, damit sich nichts falsch einprägt. → 🖥 **Lösungskontrolle** *Lösung Aktionsseiten S. 95 und 107: 4 Gefällt dir das Zimmer? 5 Hilfst du mir? 6 Samir dankt ihr. 7 Der Rucksack gehört uns. 8 Wir helfen ihnen. 9 Gefällt Ihnen das Bad? 10 Gehört das Handy ihm? 11 Er hilft euch.* **Ergänzung:** Nutzen Sie für die Festigung der Personalpronomen in Dativ und Akkusativ sowie der Demonstrativpronomen die Kopiervorlage → 📄 **L11: Pronomen**. Kopieren Sie die Vorlage doppelseitig und zerschneiden Sie die Kärtchen. Auf diese Weise können die TN sich in PA oder im Rahmen einer Wimmelübung gegenseitig abfragen und haben die Lösungen zur Selbstkontrolle zur Verfügung. Hören Sie während der Übung bei verschiedenen Lernpaaren zu und notieren Sie alternative Lösungen am Whiteboard, sobald die TN diese nennen. → ♟ **Wimmeln**
B5		1. Lassen Sie die Arbeitsanweisung und die Redemittel aus dem Kasten vorlesen. Lassen Sie anschließend auch die Sprechblasen vorlesen und bitten Sie ein freiwilliges Paar, einen Dialog zu einem der abgebildeten Gegenstände zu sprechen. → 🖥 **Orientierung** **Digitalgestützter Unterricht:** Spielen Sie den Kommunikations-Clip zu den Redemitteln vor. Der Clip zeigt noch einmal anhand von Beispielen, wie man auf die Fragen *Wie gefällt dir …?* und *Wie findest du …?* antworten kann. Der Clip ist interaktiv gestaltet, sodass die TN in den Pausen die Antworten geben können und dann gleich danach die Lösung hören. → 🖥 **Tipps für Clips** 2. Die TN bearbeiten die Aufgabe. Gehen Sie herum und geben Sie Hilfestellung. Schreiben Sie gelungene Dialogfragmente am Whiteboard mit. **Variante:** Bringen Sie ein spielerisches Element in die Übung ein, indem Sie eine Münze präsentieren und sagen: „Kopf ist der linke Redemittelkasten, Zahl ist der rechte." Werfen Sie dann die Münze. Beginnen Sie einen Beispieldialog mit einem Redemittel aus dem entsprechenden Kasten. Lassen Sie anschließend eine/n TN die Münze werfen und mit einem Redemittel aus dem entsprechenden Kasten einen Dialog beginnen. Diese Variante eignet sich für lerngewohntere TN oder als Ergänzung für TN, die schnell „fertig!" sagen und nicht mehr weiterarbeiten. *Binnendifferenzierung: Machen Sie lerngewohntere TN auf Schon fertig? aufmerksam. Sollten die TN keine Fotos ihrer Wohnung auf dem Handy haben, können Sie die Aufgabe auch mit anderen Einrichtungsgegenständen (z. B. im Kursraum) erweitern, die die TN im Wörterbuch nachschlagen.* 3. Präsentation im PL: Je Bild spielt ein Paar einen kleinen Dialog vor.

Gefällt dir das Zimmer? / Samir
Unterrichtspläne
Miteinander! Deutsch für Alltag und Beruf A1.2
Lektion 11

B6	a	1. Lassen Sie die Arbeitsanweisung vorlesen. Zeigen Sie auch die Darstellung zur Erklärung von *Quadratmeter* und den Notizzettel. → 🖥 **Orientierung** Fragen Sie: „Wie groß ist das Zimmer und was kostet es?" Schreiben Sie die beiden Fragen untereinander ans Whiteboard, sodass Sie das Tafelbild in b zur Tabelle erweitern können. Wiederholen Sie anschließend: „Notieren Sie. Machen Sie dabei eine schreibende Handbewegung. Da die TN hier zum ersten Mal frei Notizen machen, ist es sinnvoll, dies ein wenig stärker zu betonen. (Mediation) 2. Spielen Sie die Audiodatei zweimal vor. Die TN bearbeiten die Aufgabe. 3. Lösungskontrolle in PA, dann im PL. *Musterlösung: WG-Zimmer: Wie groß? Sandra sagt: 20 m², Samir sagt: Vielleicht 14 m²; Was kostet es? 435 € + 90 € Nebenkosten*
	b	1. Sagen Sie: „Lesen Sie Brunos Nachricht und vergleichen Sie mit Ihren Notizen in a. Welches Zimmer ist besser?" Zeichnen Sie zur Unterstützung und späteren Lösungskontrolle eine Tabelle ans Whiteboard: | | WG-Zimmer | Zimmer von Bruno | |---|---|---| | Wie groß? | | | | Was kostet es? | | | 2. Die TN bearbeiten die Aufgabe. (Mediation) 3. Lösungskontrolle in PA, dann im PL. *Musterlösung: Zimmer von Bruno: Wie groß? 22 m²; Was kostet es? 300 € + 80 € Nebenkosten*

C: SAMIR Spezial

Kommunikation Die TN können Informationen zu Möbeln und Produkten erfragen.
Wortfeld Maßangaben
Grammatik -

AUFGABE	HINWEISE
C1	→ 🖥 **Einstiegsfotos** 1. Die TN sehen das Foto an. Lassen Sie die Arbeitsanweisung und die Musterlösung vorlesen. 2. Spielen Sie die Audiodatei zweimal vor. 3. Lösungskontrolle in PA, dann im PL. Achten Sie darauf, dass die TN bei der Präsentation den korrigierten Satz vollständig vorlesen und nicht nur das korrigierte Wort. → 🖥 **Lösungskontrolle** *Lösung: 2 ~~nicht~~ super 3 ~~Sofa~~ Bett*
C2 a	1. Schreiben Sie die Überschrift *Wie breit ist der Schrank denn?* ans Whiteboard. Fragen Sie: „Wer fragt das vielleicht?" Antwort: „Samir." 2. Lassen Sie die Arbeitsanweisung vorlesen und klären Sie noch einmal die Bedeutung von *Material*, indem Sie das Wort ans Whiteboard schreiben und mit den TN Beispiele suchen. (Holz, Plastik, Glas etc. …) Sagen Sie dann noch einmal: „Lesen Sie die Anzeige schnell und markieren Sie Preis / Farbe / Material." Notieren Sie am Whiteboard noch einmal die drei Arten der Markierung: Preis → _____ Farbe → ～～～～～ Material → ········· 3. Die TN bearbeiten die Aufgabe. Gehen Sie herum und geben Sie Hilfestellung. → 🖥 **Orientierung** 4. Lösungskontrolle in PA, dann im PL. **Digitalgestützter Unterricht:** Markieren Sie bei der Lösungskontrolle Preis, Farbe und Material in der interaktiven Version des KB wie in der Aufgabe angegeben: Preis = durchgezogene Linie, Farbe = gewellte Linie, Material = gepunktete Linie. → 🖥 **Lösungskontrolle** *Lösung: 1 Farbe: weiß; Material: ⌀ 2 Preis: kostenlos; Farbe: weiß lackiert; Material: Holz 3 Preis: 95,– €; (Farbe: braun); Material: Holz*

Gefällt dir das Zimmer? / Samir
Unterrichtspläne

Miteinander! Deutsch für Alltag und Beruf A1.2
Lektion 11

	b	1. Verweisen Sie auf die Darstellungen zur Erklärung von Längenmaßen, wenn möglich in der interaktiven Version, und lassen Sie anschließend die Arbeitsanweisung vorlesen. → 🖥 **Orientierung** 2. Die TN bearbeiten die Aufgabe. 3. Lösungskontrolle in PA, dann im PL. → 🖥 **Lösungskontrolle** *Lösung: **1** T: 65 cm **2** L: 100 **3** 160 cm breit*
	c	1. Lassen Sie die Arbeitsanweisung und das Beispiel vorlesen. Lassen Sie dann eine weitere Frage mündlich stellen und beantworten. Anschließend entscheiden die TN, ob sie auf der S. 39 bleiben oder die Auswahlaufgabe auf S. 111 bearbeiten wollen. Erklären Sie hierfür, dass auf S. 39 alle Fragen selbst geschrieben werden müssen und auf S. 111 bereits Fragen stehen, die die TN lesen und beantworten. In Schritt 2 der Auswahlaufgabe soll dann eine Frage selbst formuliert werden. 2. Die TN bearbeiten die Aufgabe. Gehen Sie herum und geben Sie Hilfestellung. Schreiben Sie gelungene Fragen zwischendurch ans Whiteboard. 3. Präsentation im PL: Lassen Sie aus jeder Lerngruppe (S. 39 und 111) je ein Paar die Fragen und Antworten präsentieren.
C3		1. Schreiben Sie *Ich kann sofort kommen.* ans Whiteboard und fragen Sie: „Wer könnte das sagen? Warum?" Mögliche Antworten: „Samir." oder „Jemand der etwas über eBay kauft." Lassen Sie dann die Arbeitsanweisung vorlesen und geben Sie den TN vor dem Hören eine halbe Minute Zeit, um auch die Fragen zu lesen. Sagen Sie: „Hören Sie und machen Sie Notizen." 2. Spielen Sie die Audiodatei zweimal vor. Die TN machen Notizen. (Mediation) 3. Lösungskontrolle: Die TN sprechen in PA, dann im PL moderiert. *Lösung: **1** Schlafzimmerschrank, weiß für 120 € **2** 1,30 m **3** in 30 Minuten*
C4	a	1. Lassen Sie die Arbeitsanweisung vorlesen und klären Sie das Wort *Flyer*, indem Sie auf die Abbildung zeigen und sagen: „Das ist ein Flyer." Lassen Sie vor dem Hören auch die Fragen 1–3 vorlesen. → 🖥 **Orientierung** 2. Spielen Sie die Audiodatei zweimal vor. Sagen Sie dann: „Sprechen Sie mit Ihrer Partnerin / Ihrem Partner über die Fragen." (Mediation) 3. Lösungskontrolle im PL. *Lösung: **1** Der Flohmarkt ist jeden Sonntag, 8 bis 18 Uhr am Südbahnhof. **2** Samir möchte einen Stuhl für den Schreibtisch kaufen. **3** Die Sachen auf dem Flohmarkt sind billig.*
	b	1. Lesen Sie die Arbeitsanweisung vor und schreiben Sie die Fragen / die Frageworte ans Whiteboard. Sagen Sie: „Notieren Sie Ihre Antworten zu den Fragen erst allein. Sprechen Sie dann mit Ihrer Partnerin / Ihrem Partner." **Tipp:** Geben Sie ein Zeitlimit für die Bearbeitung der Fragen in EA. Lassen Sie die TN ihre Antworten kurz in Murmelgruppen besprechen, bevor Sie das Gespräch ins Plenum holen. 2. Gespräch im Plenum: Moderieren Sie ein Gespräch über Flohmärkte. Notieren Sie Tipps und Informationen der TN am Whiteboard.
C5	a	1. Lesen Sie die Arbeitsanweisung vor und notieren Sie <u>*gefunden*</u> und <u>*fehlt*</u> mit der entsprechenden Art der Markierung am Whiteboard. → 🖥 **Orientierung** 2. Die TN bearbeiten die Aufgabe. 3. Lösungskontrolle in PA, dann im PL. *Lösung: **gefunden** einen Stuhl **fehlt noch** eine Schreibtischlampe*
	b	1. Lesen Sie die Arbeitsanweisung vor und zeigen Sie noch einmal auf S. 38 auf C2. → 🖥 **Orientierung** Sagen Sie noch einmal: „Arbeiten Sie zu zweit. Was hat Samir gefunden?" 2. Lösungskontrolle: Spielen Sie die Audiodatei zweimal vor und lassen Sie anschließend ein Paar seine Ergebnisse präsentieren. Achten Sie dabei darauf, dass die TN in ganzen Sätzen sprechen und den Akkusativ verwenden. Schreiben Sie die Ergebnisse am Whiteboard mit. *Lösung: Samirs Möbel: Bett, Schrank, Schreibtisch, Lampe, Stuhl*

Gefällt dir das Zimmer? / Samir
Unterrichtspläne

Miteinander! Deutsch für Alltag und Beruf A1.2
Lektion 11

Extra-Film: In dem Film spricht Samir eine Sprachnachricht und schickt mehrere kurze Film-Clips an jemanden, den er gern treffen möchte. Die Person ruft nicht zurück. Samir versteckt sich unter dem Bett, im Schrank, hinterm Sofa und auf dem Tisch und fragt in den Film-Clips: „Wo bin ich? / Was mache ich?" Die / Der Zuschauer/in soll raten, wo er ist. Der Film eignet sich, um den Wortschatz der Lektion und die lokalen Präpositionen zu wiederholen. → 📄 **L11: Extra-Film**

Vor dem Hör- / Sehverstehen
1. Verteilen Sie das Arbeitsblatt *Extra-Film*. Lesen Sie die Arbeitsanweisung zu **Aufgabe 1** vor und zeigen Sie das Standbild bei 00:07. Die TN äußern ihre Vermutungen. Führen Sie ggf. das Wort *Sprachnachricht* ein.

Hör- / Sehverstehen
2. **Aufgabe 2:** Fragen Sie: „Was macht Samir?" und zeigen Sie den Film einmal vollständig.
Musterlösung: Samir macht Filme.
3. Lassen Sie die Arbeitsanweisung zu **Aufgabe 3** vorlesen. Zeigen Sie den Film anschließend noch einmal in Abschnitten. Stoppen Sie zuerst bei 01:03. Zeichnen Sie ein Bett ans Whiteboard und fragen Sie: „Wo ist Samir? Was muss ich zeichnen?" Antwort: „Samir ist unter dem Bett." Sobald die TN geantwortet haben, sagen Sie „Genau!" und zeichnen einen Fuß, der unter dem Bett herausguckt.
4. Zeigen Sie den Film weiter und halten ihn am Ende jedes weiteren Film-Clips an: bei 01:35, 02:06, 02:30.
Die TN bearbeiten die Aufgabe. Spielen Sie den Film je nach Wunsch der TN ein drittes Mal vor.
5. Lösungskontrolle: Die TN vergleichen ihre Sätze in PA. Lassen Sie die Sätze von einer / einem freiwilligen TN ans Whiteboard schreiben.
Musterlösung: 2 Samir ist im Schrank. 3 Er ist hinter dem Sofa und isst Chips. 4 Er ist zuerst auf dem Tisch und dann unter dem Tisch.
6. Lesen Sie die Arbeitsanweisung zu **Aufgabe 4** vor. Geben Sie ein Beispiel, indem Sie selbst eine Position im Raum einnehmen, zum Beispiel vor der Tafel. Fragen Sie: „Wo bin ich?" Die TN antworten. Lassen Sie auch andere zutreffende Antworten gelten wie zum Beispiel: „Sie stehen hinter dem Tisch." Teilen Sie anschließend Gruppen ein. → 🔲 **Gruppenbildung**
7. Die TN bearbeiten die Aufgabe. Hören Sie in die Gruppen hinein und geben Sie Hilfestellung. Schreiben Sie zwischendurch gelungene Sätze am Whiteboard mit.

Miteinander wiederholen

STATION	HINWEISE
1	Lesen Sie die Arbeitsanweisung vor. Schreiben Sie *Unterschied* ans Whiteboard und halten Sie zwei verschiedenfarbige Stifte hoch. Fragen Sie: „Sind die Stifte gleich?" Sobald die TN mit „Nein" antworten, fragen Sie weiter: „Was ist der Unterschied?" Zeigen Sie nun auf die Bilder im KB (wenn möglich in der interaktiven Version) und lassen Sie das Beispiel zu Bild A in der Sprechblase vorlesen. Fragen Sie dann: „Finden Sie auch einen Unterschied?" Lassen Sie ein weiteres Beispiel finden und sagen Sie dann: „Genau! Sprechen Sie zu zweit und finden Sie die Unterschiede." **Tipp:** Üben Sie das Redemittel aus der Sprechblase: *In Bild A ist / In Bild A sieht man … * im Plenum. → 🔲 **Aussprachetraining: Chorisches Sprechen** Gehen Sie während des Stationenlernens öfter zu dieser Station und erinnern Sie die TN daran, dass sie die Unterschiede nicht bloß zeigen, sondern sprachlich benennen sollen. Lesen Sie mit den TN ggf. erneut das Beispiel in der Sprechblase.

Gefällt dir das Zimmer? / Samir
Unterrichtspläne

Miteinander! Deutsch für Alltag und Beruf A1.2
Lektion 11

2	**Material:** Kärtchen 1. Lesen Sie die Arbeitsanweisung vor. Zeigen Sie dann das Kärtchen für *Küche* in der interaktiven Version oder bereiten Sie eines vor, das Sie hochhalten können. Sagen Sie: „*Küche* darf ich nicht sagen." Lassen Sie anschließend den Beispieldialog von zwei TN vorlesen. Zeigen Sie dann das Kärtchen zu *Garten* und bitten Sie eine / einen freiwillige/n TN, das Wort zu erklären, ohne es zu sagen. Zeigen Sie auf *Bäume, Blumen, Kaffee trinken* auf dem Kärtchen und sagen Sie: „Diese Wörter helfen." 2. Die / Der TN beschreibt das Wort. Die anderen raten. Entwickeln Sie anschließend ein neues Kärtchen aus dem Lernwortschatz der Lektion gemeinsam mit den TN am Whiteboard. Sagen Sie dann: „Schreiben Sie so drei Kärtchen. Legen Sie alle Kärtchen zusammen und spielen Sie dann in der Gruppe."
3	1. Lassen Sie eine / einen TN die Ausarbeitung des Gedichts auf dem Notizzettel (gelb) vorlesen. Fragen Sie: „Was ist das? Was gefällt ihr / ihm wirklich gut?" Vielleicht haben einige TN schon Ideen. Lassen Sie anschließend den Beispieldialog (grün) vorlesen. → 🖥 **Orientierung** 2. Zeigen Sie nun das Lückengedicht (lila) in der interaktiven Version oder schreiben Sie es ans Whiteboard. Zeigen Sie noch einmal auf die Bilder der Einrichtungsgegenstände im KB S. 41 → 🖥 **Orientierung** und fragen Sie eine / einen TN: „Was gefällt Ihnen wirklich gut?" Die / Der TN nennt einen Gegenstand. Schreiben Sie diesen Gegenstand in Form einer Denkblase ans Whiteboard und sagen Sie: „Okay, wir denken an diesen Gegenstand." Gehen Sie anschließend das Lückengedicht mit den TN durch und ergänzen Sie gemeinsam die Lücken entsprechend den Eigenschaften des gedachten Gegenstandes. Machen Sie die TN dabei auf die jeweiligen Wortarten aufmerksam: In die erste Auslassung passt ein Adjektiv, in die zweite ein Verb etc. ... Formulieren Sie abschließend die Arbeitsanweisung noch einmal, indem Sie sagen: „Ergänzen Sie das Gedicht. Denken Sie an eine Sache aus der Lektion: Schrank, Stuhl, Zimmer ..., aber schreiben Sie die Sache nicht. Lesen Sie Ihr Gedicht am Ende in der Gruppe vor. Die anderen raten." Sollten die TN noch nicht verstanden haben, was zu tun ist, erarbeiten Sie ein weiteres Beispiel am Whiteboard. Lassen Sie ggf. die Arbeitsanweisung (grün) noch einmal von einer / einem TN vorlesen.

Danke für die Hilfe! / Maria
Unterrichtspläne

Miteinander! Deutsch für Alltag und Beruf A1.2
Lektion 12

Einstiegsseite

Kommunikation –
Wortfelder Behörden und Anträge
Grammatik –

AUFGABE		HINWEISE
1		→ 🖥 **Einstiegsfotos** 1. Die TN sehen das Foto an. Fragen Sie: „Wie heißen die Personen?" Antwort: „Das sind Enrico, Alma und Maria." 2. Lassen Sie die Sprechblase vorlesen und schreiben Sie die Sätze ans Whiteboard. Fragen Sie dann weiter: „Was wissen Sie über die Personen?" Die Antworten sind individuell. Achten Sie darauf, dass die TN in ganzen Sätzen antworten.
2	a	1. Lassen Sie die Arbeitsanweisung vorlesen und wiederholen Sie anschließend verkürzt: „Wer sagt was? Verbinden Sie." → 🖥 **Orientierung** 2. Sagen Sie: „Vergleichen Sie." Spielen Sie die Audiodatei zweimal vor. 3. Lösungskontrolle in PA, dann im PL. → 🖥 **Lösungskontrolle** *Lösung: 1 c 2 a 3 b*
	b	1. Lassen Sie die Arbeitsanweisung vorlesen. Schreiben Sie *Korrigieren Sie!* ans Whiteboard und fragen Sie: „Was ist hier schon korrigiert?" Warten Sie, bis die TN die Musterlösung nennen. Falls sie dies nicht tun, schreiben Sie den ersten Satz ans Whiteboard und korrigieren Sie wie im Beispiel. → 🖥 **Orientierung** 2. Lassen Sie die TN entscheiden, ob sie auf der S. 43 bleiben oder die Auswahlaufgabe auf S. 114 bearbeiten wollen. Erklären Sie hierfür, dass auf S. 114 die falschen Satzteile, die korrigiert werden sollen, bereits unterstrichen sind. 3. Die TN bearbeiten die Aufgabe. Gehen Sie herum und geben Sie Hilfestellung. 4. Sagen Sie: „Vergleichen Sie bitte." Und spielen Sie die Audiodatei erneut vor. 5. Lösungskontrolle in EA, dann in PA und abschließend im PL. → 🖥 **Lösungskontrolle** *Lösung:* ~~anrufen~~ arbeiten, ~~Möbel~~ Geld, ~~für den Umzug~~ für Alma, ~~bei der Schule~~ beim Bürgerbüro
3		1. Lassen Sie die Arbeitsanweisung vorlesen und notieren Sie die lektüreleitenden Fragen (*Wer bekommt Kindergeld? / Wo gibt es Informationen?*) zusätzlich am Whiteboard. 2. Die TN bearbeiten die Aufgabe. 3. Lösungskontrolle in PA, dann im PL: Lassen Sie die Antworten zu den Fragen präsentieren und markieren Sie, wenn möglich, in der interaktiven Version des KB die entsprechenden Textstellen. → 🖥 **Lektürebegleitendes Visualisieren** *Lösung:* **Wer bekommt Kindergeld?** *Eltern.* **Wo gibt es Informationen?** *Informationen bekommt man beim Bürgerbüro, der Agentur für Arbeit oder bei der Familienkasse.*

A: Ich brauche eine Auskunft.

Kommunikation sich informieren und um Hilfe bitten (auf dem Amt), ein formelles Telefonat beenden, um Erlaubnis bitten und eine Erlaubnis / ein Verbot aussprechen
Wortfelder Nationalität, Bürotätigkeiten
Grammatik Modalverben: *müssen, dürfen*

AUFGABE	HINWEISE
A1	→ 🖥 **Einstiegsfotos** 1. Schreiben Sie *Ich brauche eine Auskunft* ans Whiteboard und fragen Sie: „Was bedeutet *Auskunft*?" Ermutigen Sie diejenigen TN, die signalisieren, dass sie eine Idee haben, das Wort auf Deutsch zu erklären, indem sie Beispiele geben / Situationen beschreiben. Helfen Sie ggf. mit Umschreibungen wie: *Jemand braucht Hilfe / eine Information / weiß etwas nicht.* Lenken Sie abschließend die Aufmerksamkeit der TN auf das Foto und sagen Sie: „Maria braucht eine Auskunft."

Danke für die Hilfe! / Maria
Unterrichtspläne

Miteinander! Deutsch für Alltag und Beruf A1.2
Lektion 12

		2. Die TN sehen das Foto an. Lesen Sie die Arbeitsanweisung vor. Geben Sie den TN anschließend eine halbe Minute Zeit, um die Sätze mit den Optionen zu lesen.
		3. Spielen Sie die Audiodatei einmal vor. Die TN bearbeiten die Aufgabe.
		4. Lösungskontrolle in PA, dann im PL. → **Lösungskontrolle**
		Lösung: 1 Kindergeld bekommen. 2 auch EU-Bürgerin. 3 kein
		5. Verweisen Sie auf die Darstellung der Angleichung des Genus bei der Angabe von Nationalitäten.
		Ergänzung: Suchen Sie gemeinsam mit den TN weitere Angaben von Nationalitäten in der männlichen und weiblichen Form. Schreiben Sie diese am Whiteboard mit. Am Ende sollte jede/r TN beide Formen für ihre / seine Nationalität kennen.
A2		1. Lassen Sie die Arbeitsanweisung vorlesen und klären Sie anschließend noch einmal, was *sortieren* bedeutet, indem Sie die Musterlösung vorlesen lassen und dann fragen: „Was kommt als zweites, drittes, viertes?" → **Orientierung**
		2. Spielen Sie die Audiodatei zweimal vor. Die TN bearbeiten die Aufgabe.
		3. Lösungskontrolle in PA, dann im PL. → **Lösungskontrolle**
		Lösung: 3 (Dann müssen Sie noch unterschreiben.), 2 (Sie können die Formulare dann einfach selber ausdrucken.), 4 (Und dann schicken Sie die Formulare an die Familienkasse in Neuberg.)
		Digitalgestützter Unterricht: Nutzen Sie zur Festigung des Wortschatzes die interaktiven Wortschatzkärtchen zu den Verben auf der Übersichtsseite für den Lernwortschatz (KB S. 51).
		4. Verweisen Sie auf die Darstellung der Konjugation von *müssen* und üben Sie die Aussprache und die Konjugation durch chorisches Sprechen. → **Aussprachetraining**
		Ergänzung Einzellauttraining: Um den Unterschied zwischen *U* und *Ü* zu verdeutlichen, bitten Sie die TN, ihre Hände an den Unterkiefer zu legen und die beiden Laute abwechselnd zu sprechen. Machen Sie darauf aufmerksam, dass der Kiefer beim *U* weiter geöffnet und beim *Ü* weiter geschlossen ist. Zeigen Sie auch, dass die Lippen beim *Ü* spitzer sind als beim *U*. Je nach Stimmung im Kurs können Sie die TN auch animieren, sich bei der Aussprache von *U* und *Ü* einmal mit dem Handy aufzunehmen. Sollte das TN unangenehm sein, ermutigen Sie sie, zu Hause vor dem Spiegel zu üben.
		Ergänzung Realie: Regen Sie ein Projekt an, in dem die TN recherchieren, welche Familienkasse für sie zuständig ist. Sammeln Sie am folgenden Unterrichtstag Adressen und Telefonnummern am Whiteboard und lassen Sie die TN erzählen, was sie herausgefunden bzw. welche Erfahrungen sie mit der Familienkasse haben.
		Vertiefung: Gehen Sie gemeinsam mit den TN ins Internet und rufen Sie das Antragsformular für Kindergeld auf. Gehen Sie mit den TN alle Punkte durch und wiederholen Sie den Wortschatz aus *Miteinander A1.1, Lektion 2 und 4*. Alternativ können sie auch ein Formular in Kopie austeilen und die TN dieses übungsweise ausfüllen lassen.
A3	a	1. Schreiben Sie den Satz *Sie müssen zwei Formulare ausfüllen.* wie in der Darstellung im KB ans Whiteboard. Erklären Sie, dass *müssen* an der zweiten Position im Satz steht und konjugiert wird, und dass das zweite Verb am Ende im Infinitiv steht. Bitten Sie die TN, ein weiteres Beispiel aus A2 herauszusuchen, und schreiben Sie es ebenfalls ans Whiteboard. Lassen Sie die Verben in diesem Satz von einer / einem freiwilligen TN markieren.
		Digitalgestützter Unterricht: Spielen Sie den Grammatik-Clip vor, um zwei Beispiele für die Satzklammer bei Modalverben zu visualisieren und die Konjugation von *müssen* visuell unterstützt noch einmal durchzugehen. → **Tipps für Clips**
		Ergänzung: Schreiben Sie ein bis zwei längere Sätze mit Satzklammer auf einzelne Kärtchen und bitten Sie die TN in die Raummitte. Verteilen Sie die Kärtchen mit den Wörtern und bitten sie die TN, sich zu einem Satz zusammenzufinden und aufzustellen. Diejenigen, die kein Kärtchen haben, kontrollieren, ob die Aufstellung korrekt ist. → **Lebende Sätze**
		2. Lassen Sie die Arbeitsanweisung und die To-do-Liste vorlesen. → **Orientierung** Sagen Sie dann: „Schreiben Sie eine To-do-Liste mit Infinitiven. Schreiben Sie noch keine Sätze."

Danke für die Hilfe! / Maria
Unterrichtspläne

Miteinander! Deutsch für Alltag und Beruf A1.2
Lektion 12

		3. Die TN bearbeiten die Aufgabe. Gehen Sie herum und geben Sie Hilfestellung. Achten Sie darauf, dass die TN keine ganzen Sätze schreiben. **Tipp:** In Kursen mit überwiegend lernungewohnten TN kann das Bedürfnis sehr groß sein, ganze Sätze zu schreiben. Lassen Sie das in diesem Fall zu und geben Sie anschließend am Whiteboard ein Beispiel, wie man den Satz dann wieder zu einem Punkt auf der To-do-Liste reduziert. Geben Sie dann noch einmal die Aufgabe: „Schreiben Sie eine To-do-Liste." und teilen Sie ggf. Zettel oder Kärtchen aus, auf denen wenig Platz ist. 4. Präsentation im PL: Lassen Sie zwei bis drei TN ihre Listen präsentieren und schreiben Sie diese am Whiteboard mit.
	b	Lassen Sie die Arbeitsanweisung und den Beispieldialog vorlesen. Beginnen Sie dann mit der Kettenübung, indem Sie eine / einen TN ansprechen und sagen, was Sie heute noch tun müssen. Warten Sie auf die Reaktion. Sollte der / die TN Schwierigkeiten haben, erarbeiten Sie auf Basis der To-do-Liste der / des TN einen weiteren Beispieldialog am Whiteboard. Starten Sie anschließend die Kettenübung erneut. Achten Sie darauf, dass die TN den Satz, in dem sie sagen, was sie noch tun müssen, zu der / dem Nächsten in der Kette sprechen. → ▣ **Kettenübung** **Ergänzung:** „In die Mitte bitte!" Sobald die TN in der Kettenübung Sicherheit gewonnen haben, bitten Sie sie mit ihren To-do-Listen in die Mitte. Die TN sprechen den Minidialog zu zweit und suchen sich anschließen eine neue Partnerin / einen neuen Partner. Sagen Sie: „Sprechen Sie mindestens mit 5 Personen." → ▣ **Wimmeln**
A4	a	1. Lassen Sie die Arbeitsanweisung vorlesen. Wiederholen Sie: „M für Maria; A für Anita Hartmann." Und fragen Sie: „Wer sagt *Auf Wiederhören*?" Antwort: „Anita Hartmann". Sagen Sie noch einmal: „Ordnen Sie zu." 2. Spielen Sie die Audiodatei vor. Die TN bearbeiten anschließend die Aufgabe. Gehen Sie herum und geben Sie Hilfestellung. 3. Spielen Sie die Audiodatei noch einmal vor. Die TN vergleichen. 4. Lösungskontrolle in PA, dann im PL. → 🖥 **Lösungskontrolle** *Lösung: M (Kann ich Sie etwas fragen?), A (Aber gern. Was kann ich für Sie tun?), M (Ich brauche eine Auskunft.), M (Können Sie mir helfen?), M (Habe ich das richtig verstanden?), A (Ganz genau.), M (Wo finde ich die Formulare?), M (Danke für Ihre Hilfe!), A (Sehr gern.)*
	b	1. Gehen Sie gemeinsam mit den TN auf die S. 95. Lassen Sie die Arbeitsanweisung vorlesen und zeigen Sie die Rollenkärtchen → 🖥 **Orientierung** Lassen Sie anschließend das Dialogmuster vorlesen und ermutigen Sie die vorlesenden TN, die Auslassungspunkte bereits mit einem Beispiel von den Kärtchen zu füllen. **Ergänzung Körpermemo:** Die TN wählen drei Redemittel / Sätze aus, die sie auswendig lernen wollen. Gemeinsam mit einer Partnerin / einem Partner verknüpfen sie die Sätze mit einer Geste. Diese Geste führen die TN aus, während sie das Redemittel sprechen und lernen. Anschließend lassen sie sich von ihrer Partnerin / ihrem Partner mittels der Gesten abfragen: Das Gegenüber macht eine der vereinbarten Gesten, die / der Abgefragte nimmt die Geste auf und sagt den dazugehörigen Satz. → ▣ **Memospiele** 2. Die TN bearbeiten die Aufgabe. *Binnendifferenzierung: Ermutigen Sie lerngewohntere TN, sich vom Buch zu lösen und die Dialoge auswendig zu sprechen. Machen Sie auch auf die weiteren Optionen bei Schon fertig? aufmerksam. Lernungewohntere TN sprechen denselben Dialog mehrfach und schreiben eine Dialogvariante in ihr Heft.* 3. Präsentation im PL: Die Lernpaare spielen ihre Dialoge im PL, nach Möglichkeit ohne zu lesen. **Tipp:** Zeigen Sie Wertschätzung, indem Sie nach jedem Vorspiel gemeinsam mit allen TN klatschen. Notieren Sie sich Fehler und planen Sie eine Korrekturphase am Whiteboard ein, wenn alle, die wollten, präsentiert haben.

Danke für die Hilfe! / Maria
Unterrichtspläne

Miteinander! Deutsch für Alltag und Beruf A1.2
Lektion 12

A5	1. Lesen Sie die Arbeitsanweisung vor und lassen Sie die Sprechblasen von einer / einem freiwilligen TN vorlesen. → 🖥 **Orientierung** 2. Spielen Sie die Audiodatei vor. Die TN bearbeiten die Aufgabe. 3. Lösungskontrolle in PA, dann im PL den Minidialog von zwei TN vorlesen lassen. *Lösung: Ja, du darfst sogar zwei Stücke Schokolade essen.* 4. Gehen Sie mit den TN die Konjugationstabelle zu *dürfen* durch und üben Sie die Konjugation durch chorisches Sprechen. → ⬛ **Aussprachetraining** **Digitalgestützter Unterricht:** Spielen Sie den Grammatik-Clip nach dem Hörverstehen vor, um den Dialog zwischen Maria und Alma noch einmal anzusehen und anschließend die Konjugation von *dürfen* visuell gestützt durchzugehen. → 🖥 **Tipps für Clips** **Ergänzung Einzellauttraining:** Um den Unterschied zwischen *A* und *Ü* zu verdeutlichen, bitten Sie die TN, ihre Hände an den Unterkiefer zu legen und die beiden Laute abwechselnd zu sprechen. Machen Sie darauf aufmerksam, dass der Kiefer beim *A* weit geöffnet und beim *Ü* annähernd geschlossen ist. Zeigen Sie auch, dass die Lippen beim *Ü* spitz sind und beim *A* entspannt. In Anlehnung an A2 können Sie hier auch noch einmal mit der Stellung von Mund und Kiefer beim *U* vergleichen. Je nach Stimmung im Kurs können Sie die TN auch animieren, sich bei der Aussprache einmal mit dem Handy aufzunehmen. Sollte das einigen TN unangenehm sein, ermutigen Sie sie, zu Hause vor dem Spiegel zu üben.
A6	1. Lesen Sie die Arbeitsanweisung vor und lassen Sie die Sprechblasen zu 1 (Musterbeispiel) von zwei freiwilligen TN vorlesen. Klären Sie, dass ein durchgestrichener roter Kreis bedeutet, dass man etwas nicht darf, und dass der rote Kreis *aufpassen* bedeutet, bevor Sie die TN in die Übung entlassen. → 🖥 **Orientierung** 2. Die TN bearbeiten die Aufgabe. Gehen Sie herum und geben Sie Hilfestellung. **Tipp:** Ermuntern Sie die TN zum Rollentausch und dazu, sich weitere Beispiele für den Klassenraum auszudenken. 3. Präsentation im PL: Drei Paare spielen die Minidialoge zu den Verbotsschildern vor. Notieren Sie die richtigen Sätze am Whiteboard.
A7	1. Lesen Sie die Arbeitsanweisung vor und lassen Sie eine Gruppe von vier TN das Kettenspiel einmal vormachen. Geben Sie Hilfestellung. Erklären Sie den TN, dass auf S. 114 in einem ersten Schritt die richtigen Sätze zu den Schildern angekreuzt werden und erst in einem zweiten Schritt die Kettenübung gemacht wird. Auf S. 45 wird direkt gesprochen. Die TN entscheiden, ob sie auf S. 45 bleiben oder die Auswahlaufgabe auf S. 114 bearbeiten wollen. → 🖥 **Orientierung** 2. Teilen Sie die Vierergruppen entsprechend der Wahl der TN ein. → ⬛ **Gruppenbildung** 3. Die TN bearbeiten die Aufgaben. Gehen Sie herum und geben Sie Hilfestellung. Hören Sie in die Gruppen hinein und notieren Sie sich Unklarheiten oder auch Dinge, die die TN von sich aus gerne sagen wollen. **Tipp:** Bereiten Sie Lösungszettel für beide Aufgaben vor, sodass die Gruppen sich selbstständig kontrollieren können. *Lösung S. 45: 2 Hier darf man nicht fotografieren. 3 Hier darf man nicht essen. 4 Hier muss man aufpassen. 5 Hier muss man die Tür schließen. 6 Hier darf man nicht lachen. 7 Hier darf man nicht schlafen. 8 Hier muss man leise sein. 9 Hier darf man nicht tanzen. 10 Hier muss man einen Helm tragen.* *Lösungen Auswahlaufgabe, S. 114: 2 Hier muss man die Tür schließen. 3 Hier darf man nicht fotografieren. 4 Hier darf man nicht essen. 5 Hier muss man aufpassen. 6 Hier muss man einen Helm tragen. 7 Hier darf man nicht lachen. 8 Hier muss man leise sein.* 4. Korrekturphase im PL: Schreiben Sie die Sätze ans Whiteboard, die den TN Probleme bereitet haben, und auch die Sätze, die durch die Kreativität der TN neu entstanden sind. Geben Sie Zeit zum Abschreiben. **Ergänzung:** „In die Mitte bitte!" Verteilen Sie die Kärtchen der Kopiervorlage → 📄 **L12: Was darf man hier?** an die TN und wimmeln Sie eine Runde zur Festigung oder am nächsten Kurstag zur Wiederholung. → ⬛ **Wimmeln**

Danke für die Hilfe! / Maria
Unterrichtspläne

Miteinander! Deutsch für Alltag und Beruf A1.2
Lektion 12

B: Ich bin in einer Stunde bei dir.

Kommunikation Auskunft über Gewohnheiten geben, schriftliche Anträge stellen
Wortfelder Geschlecht, Behörden und Anträge
Grammatik temporale Präpositionen: *vor*, *nach*, *in* + Dativ, *ab*, *bis*

AUFGABE		HINWEISE
B1	a	**Digitalgestützter Unterricht:** Vergrößern Sie das Foto in der interaktiven Version des KB so, dass zunächst nur Enrico zu sehen ist. Lassen Sie die TN das Bild beschreiben und Vermutungen äußern, indem Sie fragen: „Was sehen Sie auf dem Bild? Was macht Enrico?" Verschieben Sie erst danach das Bild so, dass man auch die Nachrichten sieht, und lassen Sie das KB öffnen. → 🖥 **Einstiegsfotos** 1. Die TN sehen das Bild an. Lesen Sie die Arbeitsanweisung vor und verweisen Sie zur Orientierung auf die Nachrichten rechts neben dem Bild. → 🖥 **Orientierung** 2. Die TN bearbeiten die Aufgabe. 3. Lösungskontrolle in PA, dann im PL: Lassen Sie die Antworten zu den Fragen präsentieren und markieren Sie, wenn möglich, in der interaktiven Version des KB die entsprechenden Textstellen aus dem Chatverlauf. → 🖥 **Lektürebegleitendes Visualisieren** *Lösung: 2 Sie muss etwas ausdrucken, aber sie hat keinen Drucker. 3 Er ist bei der Arbeit. 4 Zu Enrico.*
	b	1. Lassen Sie die Arbeitsanweisung vorlesen. Verweisen Sie zur Orientierung nochmals auf die Nachrichten neben dem Einstiegsfoto und wiederholen Sie: „Lesen Sie noch einmal und umkreisen Sie." → 🖥 **Orientierung** 2. Die TN bearbeiten die Aufgabe. Gehen Sie herum und geben Sie Hilfestellung. 3. Lösungskontrolle in PA, dann im PL. → 🖥 **Lösungskontrolle** *Lösung: 2 ab 3 vor 4 nach 5 in* 4. Sehen Sie sich gemeinsam mit den TN den Grammatik- und den Infokasten mit den Darstellungen zur Verwendung der temporalen Präpositionen an. Lesen Sie noch einmal den Grammatikkasten mit der Darstellung der Präpositionen und Dativartikel vor und lassen Sie die TN nachsprechen. → 🎵 **Aussprachetraining: Chorisches Sprechen** Zeichnen Sie anschließend die Zeitstrahlen ans Whiteboard, wenn Sie den Grammatik-Clip nicht abspielen können. Lassen Sie zu jedem Zeitstrahl passende Sätze aus der Übung B1b finden und schreiben Sie sie darunter. Markieren Sie die Zeitspannen (*vor* und *nach*) nach Möglichkeit farbig. Beispiel: 17:15 17:30 vor 18:00 nach 18:15 Enrico hat vor 18 Uhr keine Zeit. Er hat erst nach 18 Uhr Zeit. **Digitalgestützter Unterricht:** Spielen Sie den Grammatik-Clip vor, um sowohl den Zeitstrahl mit den entsprechenden Sätzen als auch die Darstellung der Grammatik noch einmal durchzugehen. → 🖥 **Tipps für Clips**
B2		1. Schreiben Sie *Unterschriften sammeln* ans Whiteboard und fragen Sie: „Was heißt das?" Lassen Sie die TN Erklärungen geben und unterstützen Sie. 2. Gehen Sie gemeinsam mit den TN auf die S. 99 und lassen Sie die Arbeitsanweisung vorlesen. Anschließend lesen zwei freiwillige TN den Beispieldialog. 3. Sollten Sie die Seite nicht in der interaktiven Version öffnen können, schreiben Sie den Beispielzettel ab. Bitten Sie anschließend zwei freiwillige TN, zu den Aussagen 1 und 2 einen Dialog wie im Beispiel zu sprechen. Antwortet eine / ein TN mit *Ja*, muss diese / dieser am Whiteboard ihre / seine Unterschrift geben. **Digitalgestützter Unterricht:** Zeigen Sie den Beispielzettel in der interaktiven Version und spielen Sie den Beispieldialog mit mehreren TN durch. Schreiben Sie am Ende jedes Dialogs den Namen der / des TN mit dem Werkzeug *Stift* auf die Linie, sofern diese / dieser mit *Ja* geantwortet haben.

Danke für die Hilfe! / Maria
Unterrichtspläne

Miteinander! Deutsch für Alltag und Beruf A1.2
Lektion 12

		4. Zeigen Sie noch einmal auf den Beispielzettel und sagen Sie: „Schreiben Sie acht Sätze über sich." Die TN bearbeiten die Aufgabe in EA. Gehen Sie herum und geben Sie Hilfestellung. *Binnendifferenzierung: Sobald die ersten TN ihre Sätze geschrieben haben, führen Sie diese zusammen und lassen Sie sie mit der Sprechaufgabe beginnen. TN, die sehr lange zum Schreiben brauchen, können nach 3–5 Sätzen aufhören und ebenfalls mit der Sprechübung beginnen.* 5. Sobald die TN ihre Sätze geschrieben haben, gehen Sie zu anderen TN und beginnen mit der Sprechübung. Gehen Sie herum und geben Sie Hilfestellung. 6. Präsentation im PL: Lassen Sie einige Dialoge nach dem Prinzip der Freiwilligkeit im PL präsentieren. Notieren Sie schöne Sätze und Ideen ebenso wie Korrekturen am Whiteboard.
B3		**Material:** Kärtchen 1. Lassen Sie die Arbeitsanweisung und die Aktivitäten vorlesen. Schreiben Sie für alle gut sichtbar *Hunger haben* auf ein Kärtchen. Lassen Sie dann die Nomen unter *vor / nach* und die Zeitangaben unter *in* vorlesen. Halten Sie das Kärtchen *Hunger haben* hoch und lassen Sie das Beispiel von vier TN vorlesen. → **Orientierung** 2. Schreiben Sie eine weitere Aktivität auf ein Kärtchen und lassen Sie die vier TN, die auch das Beispiel gelesen haben, improvisieren. Teilen Sie anschließend den Kurs in Vierergruppen ein → **Gruppenbildung** und verteilen Sie etwa 10 Kärtchen je Gruppe. 3. Die TN bearbeiten die Aufgabe. Gehen Sie herum und geben Sie Hilfestellung. *Binnendifferenzierung: Ermutigen Sie Gruppen mit lerngewohnteren TN, weitere Aktivitäten zu finden und teilen Sie ggf. Extrakärtchen aus.* 4. Präsentation im PL: Lassen Sie jede Gruppe ein Beispiel, das die TN besonders gelungen / witzig fanden, im PL spielen. **Ergänzung:** Nutzen Sie zur Vertiefung die Kopiervorlage. → **L12: Diktat** Lesen Sie die Fragen einmal vollständig vor und diktieren Sie dann nacheinander. Geben Sie den TN die Fragen anschließend zur Selbstkontrolle. Teilen Sie nach der Kontrolle den Aufgabenteil mit dem Beispiel aus. Die TN schreiben Antworten auf die Fragen und verwenden dabei *vor / nach* und *in* wie in der Sprechübung. Verweisen Sie auch noch einmal auf den Grammatikkasten mit der Verwendung der temporalen Präpositionen auf S. 46 im KB.
B4	a	1. Lassen Sie die Arbeitsanweisung vorlesen. Fragen Sie: „Wo ist Maria geboren?" Antwort: „Girona / Spanien." Fragen Sie dann: „Was füllen Sie bei *Vorname* aus?" Antwort: „Maria." → **Orientierung** 2. Die TN bearbeiten die Aufgabe. 3. Lösungskontrolle in PA, dann im PL. → **Lösungskontrolle** *Lösung:* **Name:** *Gómez* **Vorname:** *Maria* **Nationalität:** *spanisch* **Geschlecht:** *w* **Adresse:** *Gallstraße, 11, 79997 Neuberg* **Staat:** *Deutschland* 4. Verweisen Sie auf die Darstellung zu den Angaben zum Geschlecht. Lassen Sie diese vorlesen und besprechen Sie sie mit den TN. Fragen Sie auch, wie Angaben zum Geschlecht im Herkunftsland der TN gehandhabt werden, indem Sie zum Beispiel sagen: „In Deutschland gibt es jetzt drei Angaben zum Geschlecht. Wie viele Angaben gibt es in Ihrem Land?" (interkulturelles Lernen) **Digitalgestützter Unterricht:** Nutzen Sie zur Semantisierung der Angaben zum Geschlecht in einem Formular die interaktiven Wortschatzsymbole auf der Übersichtsseite für den Lernwortschatz (KB S. 51).
	b	1. Lassen Sie die Arbeitsanweisung vorlesen und schreiben Sie auch die Frage *Was wissen Sie jetzt über Maria?* ans Whiteboard. 2. Die TN beantworten die Frage in PA, dann im PL. Schreiben Sie zur Wiederholung noch einmal die Angaben zu Maria in ganzen Sätzen so ans Whiteboard, wie sie von den TN formuliert werden. Korrigieren Sie, wenn nötig. **Ergänzung:** Lassen Sie die TN einen kurzen Text über sich selbst schreiben und sammeln Sie die Texte ein.

Danke für die Hilfe! / Maria
Unterrichtspläne

Miteinander! Deutsch für Alltag und Beruf A1.2
Lektion 12

C: MARIA Spezial

Kommunikation Vorschläge machen und auf Vorschläge reagieren, schriftliche Anträge stellen
Wortfelder formeller Brief, Freizeitaktivitäten
Grammatik –

AUFGABE		HINWEISE
C1		→ 🖥 **Einstiegsfotos** 1. Die TN sehen das Bild an. Schreiben Sie *Maria und Enrico müssen …* ans Whiteboard. Lesen Sie anschließend die Arbeitsanweisung vor. 2. Spielen Sie die Audiodatei zweimal vor. Die TN hören und machen ggf. Notizen. 3. Klassengespräch in Murmelgruppen → ♟ **Gruppenbildung**, dann im PL: Schreiben Sie zur Wiederholung Sätze mit *müssen* am Whiteboard mit. Mögliche Antworten: „Maria und Enrico müssen arbeiten / etwas ausdrucken."
C2	a	1. Lassen Sie die Arbeitsanweisung vorlesen und verweisen Sie auf die Bilderklärung zu *Fenster*. Lassen Sie dann das Beispiel vorlesen und geben Sie den TN Zeit, die übrigen Optionen zu lesen. → 🖥 **Orientierung** 2. Spielen Sie die Audiodatei vor. Die TN bearbeiten die Aufgabe. 3. Lösungskontrolle in PA, dann im PL. → 🖥 **Lösungskontrolle** *Lösung: 2 b, d 3 a*
	b	1. Lesen Sie die Arbeitsanweisung vor, schreiben Sie *Alma kann …* ans Whiteboard und lassen Sie das Beispiel aus C2a noch einmal vorlesen. Vervollständigen Sie den Satz am Whiteboard. Sagen Sie: „Was kann Alma machen? Schreiben Sie weitere Sätze mit *können*." Freie Wahl der Sozialform: Lassen Sie die TN allein, zu zweit oder in Murmelgruppen arbeiten. 2. Die TN bilden weitere Sätze mit *können* in PA. Gehen Sie herum und geben Sie Hilfestellung. 3. Lösungskontrolle im PL. Lassen Sie sich die Sätze von den TN präsentieren und schreiben Sie sie am Whiteboard mit. *Lösung: Alma kann ein Bild malen. Alma kann mit Bongo und Piepsi spielen. Sie kann aus dem Fenster schauen.*
	c	1. Lesen Sie die Arbeitsanweisung vor und lassen Sie die TN wie oben in frei gewählten Sozialformen Ideen sammeln. 2. Holen Sie das Gespräch ins Plenum und schreiben Sie einige weitere Ideen ans Whiteboard. Achten Sie darauf, dass die TN das Modalverb *können* verwenden.
C3		1. Lassen Sie die Arbeitsanweisung vorlesen. Fragen Sie dann: „Was sind Vorschläge?" und geben Sie den TN einen Moment Zeit, das Wort im Wörterbuch nachzusehen. Sagen Sie dann: „Erklären Sie auf Deutsch." Sammeln Sie die Erklärungen der TN am Whiteboard. Verweisen Sie dann noch einmal auf die Sätze aus C2c und sagen Sie: „Das sind Vorschläge." 2. Lassen Sie die Ideen vorlesen und verweisen Sie dabei auch auf die Bilderklärungen zu *baden, wandern, Freunde besuchen*. Anschließend lesen vier TN den Beispieldialog vor. Lassen Sie mit einer neuen Idee einen weiteren Dialog von denselben vier TN improvisieren. → 🖥 **Orientierung** Teilen Sie anschließend den Kurs in Vierergruppen ein. → ♟ **Gruppenbildung** **Digitalgestützter Unterricht:** Nutzen Sie zur Erklärung des Wortschatzes die interaktiven Wortschatzkärtchen zu den Aktivitäten auf der Übersichtsseite für den Lernwortschatz (KB S. 51). 3. Die TN bearbeiten die Aufgabe. Gehen Sie herum und geben Sie Hilfestellung. Notieren Sie auch zwischendurch gelungene Vorschläge am Whiteboard. 4. Präsentation im PL. Jede Gruppe spielt einen Dialog vor. > **Ergänzung mit Kärtchen:** Schreiben Sie die Vorschläge aus dem Buch auf Kärtchen und sammeln Sie gemeinsam mit den TN weitere Möglichkeiten, sich die Langeweile zu vertreiben. Schreiben Sie auch diese auf Kärtchen, bis Sie einen Klassensatz beisammenhaben. Sagen Sie dann: „In die Mitte bitte!" und lassen Sie die TN eine Runde wimmeln. → ♟ **Wimmeln**

Danke für die Hilfe! / Maria
Unterrichtspläne

Miteinander! Deutsch für Alltag und Beruf A1.2
Lektion 12

C4	a	1. Lassen Sie die Arbeitsanweisung und die Musterlösung vorlesen. Geben Sie den TN anschließend eine halbe Minute Zeit, um die Teilsätze zu lesen. 2. Spielen Sie die Audiodatei zweimal vor. Die TN bearbeiten die Aufgabe. 3. Lösungskontrolle in PA, dann im PL. → 🖥 **Lösungskontrolle** *Lösung: 2 Maria 3 Maria 4 Enrico*
	b	→ 🖥 **Einstiegsfotos** 1. Die TN sehen das Bild an. Lesen Sie die Arbeitsanweisung vor. Fragen Sie noch einmal: „Was hat Alma gemalt? Was denken Sie?" und notieren Sie die Vermutungen der TN am Whiteboard. 2. Spielen Sie die Audiodatei vor. 3. Lösungskontrolle im PL: Fragen Sie wieder: „Was hat Alma gemalt?" und notieren Sie die Antwort am Whiteboard. Vergleichen Sie die Lösung mit den Vermutungen der TN. *Lösung: Alma hat Maria und Enrico gemalt.*
C5		1. Lassen Sie die Arbeitsanweisung vorlesen und fragen Sie: „Wo ist die Adresse?" Lassen Sie sich die Adresse von den TN vorlesen. → 🖥 **Orientierung** Lassen Sie anschließend die Optionen vorlesen und fragen Sie: „Was passt wo?" 2. Die TN bearbeiten die Aufgabe. Gehen Sie herum und geben Sie Hilfestellung. 3. Lösungskontrolle in PA, dann im PL. → 🖥 **Lösungskontrolle** *Lösung: (von oben nach unten) 7, 5, 4, 3, 6, 8, 2* **Extra-Film:** In dem Film hinterlässt Enrico, der bald nach Hause fahren wird, eine Nachricht für Alma und Maria. Er hat Fotos von Schildern gemacht. Diese *Schilderbilder* (wie er sagt) werden im Folgenden gezeigt und von Alma und Maria besprochen. Der Film eignet sich, um die Modalverben *müssen* und *dürfen* zu wiederholen. → 📄 **L12: Extra-Film** **Vor dem Hörverstehen** 1. Ratespiel aufgehende Sonne: Zeichnen Sie 14 Striche für das Wort *Schilderbilder* ans Whiteboard und fragen Sie: „Was kann das für ein Wort sein?" Sagen Sie dann: „Sagen Sie Buchstaben. Erraten Sie das Wort, bevor die Sonne aufgeht?" Die TN nennen Ihnen Buchstaben. Tragen Sie sie ein, sofern sie in dem Wort vorkommen. Wenn ein Buchstabe nicht in dem Wort vorkommt, beginnen Sie mit dem Zeichnen einer Sonne: erst der Kreis, dann 12 Strahlen. Wenn die Sonne scheint, bevor das Wort erraten wurde, haben die TN verloren. *Lösung: Schilderbilder* **Hör- / Sehverstehen** 2. Fragen Sie: „Wer sagt Schilderbilder und warum?" Zeigen Sie den Film vollständig. Antwort: „Enrico sagt das. Er hat für Alma und Maria Bilder von Schildern gemacht." **Aufgabe 3** Sagen Sie: „Notieren Sie zu jedem Bild einen Satz. Was darf man, was darf man nicht?" Spielen Sie den Film in zwei Abschnitten vor. Spielen Sie den Film anschließend ein drittes Mal vor und fragen Sie: „Was gefällt Alma? Was gefällt ihr nicht?" Ermuntern Sie die TN, neben das jeweilige Bild einen Smiley zu zeichnen. 3. Lösungskontrolle in PA, dann im PL *Lösungen Abschnitt I:* **b** *Man darf nicht rauchen.* **c** *Man darf nicht skaten.* **d** *Man darf hier nicht parken.* **e** *Da dürfen nur Kunden parken.* *Lösungen Abschnitt II:* **f** *Alle Hunde müssen draußen bleiben / Kein Hund darf hier rein.* **g** *Katzen dürfen hier über die Straße gehen, aber sie müssen über den Zebrastreifen gehen.* 4. Projekt: **Aufgabe 4**: Die TN machen auf dem Nachhauseweg oder auf dem Weg zum Kurs Fotos von Schildern. Am nächsten Kurstag teilen Sie den Kurs in Gruppen ein und die TN präsentieren sich gegenseitig ihre Fotos. Dazu sagen sie, was man nach den Fotos darf / nicht darf.

Danke für die Hilfe! / Maria
Unterrichtspläne

Miteinander! Deutsch für Alltag und Beruf A1.2
Lektion 12

Miteinander wiederholen

STATION	HINWEISE
1	1. Lesen Sie die Arbeitsanweisung vor und bitten Sie anschließend zwei TN, die Nachrichten vorzulesen. → 🖥 **Orientierung** 2. Zeichnen Sie den Kalender ans Whiteboard oder zeigen Sie ihn in der interaktiven Version des KB. Erarbeiten Sie mit den TN gemeinsam die erste Eintragung. Sagen Sie dann: „Erstens: Ergänzen Sie die Informationen im Kalender. Zweitens: Schreiben Sie eine Textnachricht. Drittens: Vergleichen Sie dann zu dritt." **Tipp:** Unterstützen Sie die Reihenfolge der TN-Aktivitäten auch gestisch, indem Sie mit den Händen mitzählen, während Sie die Arbeitsanweisung wiederholen.
2	**Material:** Kärtchen Lassen Sie die Arbeitsanweisung vorlesen. Stellen Sie anschließend gemeinsam mit den TN zwei bis drei weitere Kartenpaare her. Legen Sie diese dann verdeckt auf den Tisch und demonstrieren Sie das Prinzip des Memo-Spiels, indem Sie zwei Karten aufdecken, die Sie, wenn sie passen, aufsammeln und zu sich legen, und wenn sie nicht passen, wieder verdeckt auf den Tisch legen. Eine/ Ein TN deckt die nächsten zwei Kärtchen auf usw. … **Tipp:** Halten Sie einen bereits beschriebenen Kartensatz bereit, um im Plenum vormachen zu können, wie das Spiel funktioniert, und für den Fall, dass lernungewohnte Lernende mit dem Beschreiben überfordert sind / zu viel Lernzeit investieren müssten.
3	1. Lassen Sie die Arbeitsanweisung und die Sprechblase vorlesen. 2. Zeigen Sie das Plakatbeispiel in der interaktiven Version des KB oder bereiten Sie es auf einem Flipchart-Bogen vor. Lassen Sie die Musterlösungen in den drei Kategorien ausformulieren und suchen Sie gemeinsam mit den TN mindestens eine weitere Kursregel, die Sie exemplarisch eintragen. Wiederholen Sie dann die Arbeitsanweisung. **Tipp:** Bereiten Sie je Gruppe ein Plakat wie im Beispiel vor, sodass die TN an der Station direkt anfangen können zu arbeiten.

Lernfortschrittstest

	HINWEISE
	Nach Abschluss der Lektion können die Lernenden den Lernfortschrittstest 6 im Arbeitsbuch, Seite 152 bis 155, durchführen (im Unterricht oder zu Hause). Hinweise dazu finden Sie am Ende der Unterrichtspläne zu Lektion 10.

Gesundheit! / Luna
Unterrichtspläne

Miteinander! Deutsch für Alltag und Beruf A1.2
Lektion 13

Einstiegsseite

Kommunikation Die TN können Warnungen und Aufforderungen aussprechen.
Wortfeld Körperteile
Grammatik Imperativ (2. Pers. Sg.)

AUFGABE		HINWEISE
1		→ 🖥 **Einstiegsfotos** 1. Die TN sehen das Foto an. Fragen Sie: „Was sehen Sie auf dem Bild?" und lassen Sie die TN das Bild beschreiben. (Prüfungstraining) Lesen Sie anschließend die Arbeitsanweisung vor und verweisen Sie auch auf das Bild mit der Worterklärung zu *Unfall*. → 🖥 **Orientierung** 2. Die TN bearbeiten die Aufgabe in PA. Ermutigen Sie die TN auch, ihre Vermutungen nach dem Ankreuzen noch einmal zu formulieren. Schreiben Sie dazu *Ich denke … Was denkst du?* in Sprechblasen ans Whiteboard. 3. Spielen Sie die Audiodatei einmal vor. 4. Lösungskontrolle im PL. Sollten die TN sehr unterschiedliche Ergebnisse haben, spielen Sie die Audiodatei erneut vor, bevor Sie auflösen. *Lösung: 1 Der Radfahrer (R) hat einen Unfall. Er hat Schmerzen im Fuß.*
2	a	1. Schreiben Sie die Buchstaben *R* und *F* ans Whiteboard und fragen Sie: „Wofür stehen die Buchstaben?" Antwort: „F = Fußgänger / R = Radfahrer (wie in 1)" 2. Lassen Sie die Arbeitsanweisung vorlesen. Fragen Sie zur Orientierung: „Wer sagt *Pass auf!*?" und „Wer sagt *Au! Mein Fuß … und mein Bein!*?" Die Antworten finden die TN in den Beispielen. → 🖥 **Orientierung** Geben Sie den TN anschließend eine Minute Zeit, um auch die Aussagen 3–6 zu lesen. 3. Spielen Sie die Audiodatei zweimal vor. Die TN bearbeiten die Aufgabe. *Lösung: 3 F 4 R 5 F 6 R*
	b	**Tipp:** Bitten Sie die TN, alle Verben in a zu unterstreichen, bevor Sie die Arbeitsanweisung vorlesen lassen. 1. Lassen Sie die Arbeitsanweisung vorlesen und schreiben Sie den Grammatikkasten ans Whiteboard. Erarbeiten Sie das Tafelbild gemeinsam mit den TN Schritt für Schritt, indem Sie die Indikativ-Präsens-Form schreiben und dann dort ebenfalls durchstreichen, was im Buch durchgestrichen ist. Besprechen Sie mit den TN die Musterlösung. **Digitalgestützter Unterricht:** Öffnen Sie bei weniger Zeit die interaktive Version des KB und präsentieren Sie die Tabelle hier. Nutzen Sie das Werkzeug *Abdecken*, um die Aufmerksamkeit der TN zu lenken. → 🖥 **Orientierung** 2. Wiederholen Sie die Arbeitsanweisung, indem Sie sagen: „Suchen Sie die Verben in a und ergänzen Sie die Tabelle." Die TN bearbeiten die Aufgabe. Gehen Sie herum und geben Sie Hilfestellung. 3. Lösungskontrolle in PA, dann im PL. → 🖥 **Lösungskontrolle** *Lösung: ~~du~~ kommst̶ Komm, ~~du~~ nimmst̶ Nimm, ~~du~~ bist̶ Sei, ~~du~~ gehst̶ Geh*
3		1. Lesen Sie vor: „Sicher im Verkehr" und klären Sie das Wort *sicher* gemeinsam mit den TN. Zeigen Sie hierfür auf das Bild mit der Worterklärung *zu einen Helm tragen* und fragen Sie: „Ist *einen Helm tragen* sicher oder nicht sicher?" oder „Ist *Telefonieren auf dem Fahrrad* sicher oder nicht sicher?" 2. Lesen Sie die Arbeitsanweisung vor. Lesen Sie dann die Optionen aus dem Schüttelkasten gemeinsam mit den TN und üben Sie diese durch chorisches Sprechen. → ⬛ **Aussprachetraining** Lenken Sie anschließend die Aufmerksamkeit der TN auf den Grammatikkasten und sagen Sie: „Hier sind schon drei Tipps." → 🖥 **Orientierung** Lesen Sie diese vor und erklären Sie, dass es sich hier um Ausnahmen handelt, die man extra lernen muss. **Tipp:** Um die Bedeutung des Wortes *Ausnahme* verständlich zu machen, hilft oft der Internationalismus *exzeptionell*.

/ Luna
Gesundheit!
Unterrichtspläne

Miteinander! Deutsch für Alltag und Beruf A1.2
Lektion 13

Finden Sie mit den TN zu den Ausnahmen im Grammatikkasten die passenden Ausdrücke aus dem Schüttelkasten *(einen Helm tragen, keine Angst haben, langsam fahren)*. Üben Sie dann auch hier die Aussprache durch chorisches Sprechen → **Aussprachetraining** und suchen Sie anschließend gemeinsam mit den TN 1–2 weitere Tipps für Radfahrer.

Digitalgestützter Unterricht: Spielen Sie den Grammatik-Clip vor, um die Bildung des Imperativs, dessen sprachliche Funktion und die Abweichungen von der Regel bei den drei Verben *tragen, haben, fahren* zu verdeutlichen. → **Tipps für Clips**

3. Sagen Sie: „Schreiben Sie fünf Tipps." Die TN bearbeiten die Aufgabe in Partnerarbeit. Gehen Sie herum und achten Sie darauf, dass die Imperativformen richtig aufgeschrieben werden. Schreiben Sie während der Partnerarbeit immer wieder Formen ans Whiteboard, mit denen die TN Schwierigkeiten haben.

> **Ergänzung:** Verteilen Sie je Paar fünf Kärtchen und lassen Sie die Tipps hierauf schreiben. Anschließend tauschen immer zwei Lernpaare ihre Kärtchen und kontrollieren die Kärtchen der anderen.

4. Präsentation in GA, dann im PL. Immer zwei Lernpaare setzen sich zusammen und präsentieren sich gegenseitig die Tipps. Vervollständigen Sie anschließend im PL mithilfe der TN das Tafelbild. Es sollten alle Formen einmal richtig am Whiteboard stehen. Geben Sie Zeit zum Abschreiben.

A: Mein Bein tut weh!

Kommunikation Die TN können höfliche Aufforderungen aussprechen, Schmerzen beschreiben, über das Befinden sprechen und Mitgefühl ausdrücken.
Wortfelder Körperteile, Krankheiten und Schmerzen, beim Arzt
Grammatik Imperativ (Höflichkeitsform *Sie*)

AUFGABE		HINWEISE
A1	a	→ **Einstiegsfotos** 1. Die TN sehen das Foto an. Fragen Sie: „Was sehen Sie auf dem Bild?" und lassen Sie die TN kurz zu zweit über das Bild sprechen und ihren Wortschatz aktivieren. Lassen Sie sich das Bild anschließend von einem Paar im PL beschreiben. Die anderen TN ergänzen. 2. Lesen Sie die Arbeitsanweisung vor und lassen Sie die TN erneut in PA sprechen. Schreiben Sie *Das ist …* in einer Sprechblase ans Whiteboard und erinnern Sie die TN daran, dass man mit dieser Formulierung auf Personen verweist, indem Sie auf eine / einen TN im Kurs zeigen und sagen: „Das ist …" und ihren / seinen Namen nennen und falls er Ihnen bereits bekannt ist, auch den Beruf, wie in der Aufgabe. 3. Lösungskontrolle im PL: Ein Paar präsentiert die Lösungen. Achten Sie darauf, dass die TN auf die Personen zeigen und „Das ist …" sagen. **Digitalgestützter Unterricht:** Öffnen Sie die Seite in der interaktiven Version und vergrößern Sie das Foto. Bitten Sie die TN nach vorne, damit Sie beispielsweise mit einem Zeigestock auf die Personen auf dem Foto zeigen können, während sie präsentieren. → **Lösungskontrolle** *Lösung: 3 Alex, Patient 1 Luna, Krankenpflegerin 2 Dr. Weber, Ärztin*
	b	1. Geben Sie den TN etwas Zeit, die Bilder anzusehen, und fragen Sie: „Wer ist das?" (1–3 Luna und Alex, 4 + 5 Dr. Weber und Alex) 2. Lassen Sie die Arbeitsanweisung und das Beispiel sowie die Optionen im Schüttelkasten vorlesen. 3. Spielen Sie die Audiodatei zweimal vor. Die TN bearbeiten die Aufgabe. 4. Lösungskontrolle in PA, dann im PL. → **Lösungskontrolle** *Lösung: 2 (Nehmen Sie bitte Platz!) 1 (Kommen Sie bitte!) 4 (Zeigen Sie doch mal!) 5 (Bewegen Sie jetzt bitte den Fuß!)* 5. Zeichnen Sie zur Systematisierung den Grammatikkasten aus dem KB ans Whiteboard. Markieren Sie die Verben oval und nutzen Sie die Pfeile, um die unterschiedliche Position des Verbs zu verdeutlichen. Gehen Sie auch auf die Ausnahme bei *sein* ein. Fragen Sie, wie der Satz *Seien Sie vorsichtig!* im Indikativ Präsens lautet. Antwort: „Sie sind vorsichtig."

Gesundheit! / Luna
Unterrichtspläne

Miteinander! Deutsch für Alltag und Beruf A1.2
Lektion 13

		Digitalgestützter Unterricht: Spielen Sie den Grammatik-Clip vor, um noch einmal alle Imperativ-Formen, die im Hörverstehen vorkamen, visuell gestützt zu wiederholen und die Wortstellung beim Imperativ in der Sie-Form zu systematisieren. → 🖥 **Tipps für Clips**
		Ergänzung: „In die Mitte bitte!" Nehmen Sie einen Ball und werfen Sie ihn einer / einem TN zu. Sagen Sie einen einfachen Satz im Indikativ Präsens wie zum Beispiel: „Sie kommen." Die / Der TN, die / der den Ball gefangen hat, bildet den Imperativ in der Sie-Form und formt den Satz um. Sie / Er sagt also: „Kommen Sie!" Anschließend wird der Ball erneut geworfen und die / der TN sagt einen Satz im Indikativ Präsens, der dann von derjenigen / demjenigen, die / der den Ball gefangen hat, umgeformt wird. Schreiben Sie ggf. zur visuellen Unterstützung noch einmal ein bis zwei Beispiele ans Whiteboard.
A2	a	**Material:** Kärtchen 1. Gehen Sie mit den TN auf die S. 100 im KB. Schreiben Sie *Bewegen Sie bitte die Arme!* ans Whiteboard. Sagen Sie dann: „Stehen Sie bitte auf und bewegen Sie die Arme!" Wiederholen Sie die Anweisung so lange, bis der ganze Kurs steht und die Arme bewegt. Machen Sie selbst auch mit, sobald die ersten TN aufgestanden sind und die Arme bewegen. Loben Sie diese TN besonders. → ⬛ **Energieaufbauübungen** 2. Die TN setzen sich wieder. Stellen Sie sicher, dass jede / jeder TN einen leeren Zettel oder ein Kärtchen und einen Stift hat. Lesen Sie die Arbeitsanweisung vor. Spielen Sie dann die Audiodatei zweimal vor. Die TN bewegen sich nach den Anweisungen auf der Audiodatei. Am Ende der Aufgabe sollten alle TN einen Zettel haben, der auf der einen Seite mit *du* beschriftet ist und auf der anderen Seite mit *Sie*. **Tipp:** Machen Sie selbst auch mit. Warten Sie aber immer einen Augenblick, bis die ersten TN die Bewegung selbstständig ausführen. *Lösung: Stehen Sie bitte auf. Zeigen Sie bitte Ihr Buch. Lachen Sie bitte. Tanzen Sie bitte. Nehmen Sie bitte Platz. Nehmen Sie bitte einen Stift. Nehmen Sie bitte einen Zettel. Schreiben Sie bitte das Wort* du *auf eine Seite. Schreiben Sie bitte das Wort* Sie *auf die andere Seite.*
	b	1. Lesen Sie die Arbeitsanweisung, die Optionen im Schüttelkasten und das Beispiel vor. Weisen Sie auch auf die Bilderklärungen zu den Verben *anmachen, ausmachen, aufmachen* und *zumachen* hin. → 🖥 **Orientierung** Um das Verstehen zu sichern, können Sie hier pro Verb jeweils einer / einem TN eine Aufgabe geben und sehen, ob die / der TN diese umsetzt. Sagen Sie zum Beispiel: „Machen Sie bitte das Licht an." Sobald die / der TN das Licht angemacht hat, sagen Sie „Richtig! Das Licht anmachen → Machen Sie bitte das Licht an." Schreiben Sie das Beispiel ans Whiteboard. **Ergänzung:** Integrieren Sie hier ein Phonetikmoment, indem Sie die Optionen aus dem Schüttelkasten von den TN in PA klatschen lassen. Bereiten Sie die TN vor, indem Sie sie laut und leise klatschen lassen. Fragen Sie anschließend: „Was klatsche ich laut und was leise?" und sagen Sie dann „die Árme bewégen" mit deutlichem Satzakzent. Antwort: „Die betonten Silben Ár und wé werden lauter gesprochen und geklatscht, alle anderen sind unbetont und werden leise auf dem Handballen geklatscht." 2. Verteilen Sie je TN fünf Kärtchen und sagen Sie: „Schreiben Sie bitte wie im Beispiel." Lesen Sie ggf. noch einmal das Beispiel vor oder verweisen Sie auf den Anschrieb am Whiteboard. 3. Die TN bearbeiten die Aufgabe. Gehen Sie herum und geben Sie Hilfestellung. Achten Sie vor allem darauf, dass die TN nur eine Option aus dem Schüttelkasten pro Kärtchen schreiben. *Binnendifferenzierung: Ermutigen Sie lerngewohntere TN, eigene Ideen für Anweisungen zu entwickeln. Weniger lerngewohnte TN schreiben vielleicht nur drei Kärtchen.*
	c	Lesen Sie die Arbeitsanweisung vor. Halten Sie dabei jeweils ein Kärtchen mit einem Infinitiv und ein Kärtchen mit *du* und *Sie* einer / eines TN hoch. Sagen Sie dann: „In die Mitte bitte!" und spielen Sie gemeinsam mit einer / einem geübteren TN ein Beispiel vor. Anschließend finden die TN sich zu Paaren zusammen und bearbeiten die Aufgabe. → ⬛ **Kursspaziergang** **Tipp:** Stellen Sie einen Timer auf drei Minuten und lassen Sie die TN nach Ablauf der Zeit ihre Partnerinnen / Partner wechseln. Wechseln Sie insgesamt dreimal.

Gesundheit! / Luna
Unterrichtspläne

Miteinander! Deutsch für Alltag und Beruf A1.2
Lektion 13

A3		1. Schreiben Sie *gute Nachrichten* ans Whiteboard. Fragen Sie: „Was heißt *gute Nachrichten*?" Die TN versuchen, auf Deutsch zu erklären. Falls kein Vorschlag von den TN kommt, können Sie zum Beispiel sagen: „Gute Nachrichten heißt, dass man gute Informationen bekommt." **Tipp:** Versuchen Sie zu vermeiden, dass die TN in eine Interimssprache wie Englisch übersetzen bzw. geben Sie sich nicht mit der Übersetzung zufrieden. Für den Anfang können die TN auch versuchen, eine Geste oder einen Gesichtsausdruck zu finden, der zu *gute Nachrichten* passt. 2. Lassen Sie die Arbeitsanweisung vorlesen. Spielen Sie dann die Audiodatei zweimal vor. Die TN bearbeiten die Aufgabe. 3. Lösungskontrolle in PA, dann im PL. Achten Sie bei der Präsentation der richtigen Lösung darauf, dass die TN die Sätze vollständig und korrekt vorlesen. → 🖥 **Lösungskontrolle** *Lösung: 2 schlimm. 3 nicht gebrochen 4 „Gute Besserung!"*

A4	a	→ 🖥 **Einstiegsfotos**
		1. Die TN sehen die Fotos an. Lesen Sie die Arbeitsanweisung vor und zeigen Sie die Beispiele in der interaktiven Version des KB oder indem Sie das Buch hochhalten. Sagen Sie dann: „Sehen Sie auf S. 61 im KB nach, wenn Sie ein Körperteil nicht wissen." → 🖥 **Orientierung**
		2. Die TN bearbeiten die Aufgabe. Gehen Sie herum und geben Sie Hilfestellung.
		3. Lösungskontrolle in PA durch gegenseitiges, halblautes Vorlesen, dann im PL. → 🖥 **Lösungskontrolle**
		Lösung: 2 (der Mund), 4 (die Nase), 1 (das Ohr), 5 (der Zahn), 7 (der Bauch), 8 (das Bein), 4 (der Fuß), 5 (der Hals), 2 (die Hand), 1 (der Kopf), 3 (der Rücken)
		Digitalgestützter Unterricht: Nutzen Sie zur Festigung des Wortschatzes die interaktiven Wortschatzkärtchen zu den Körperteilen auf der Übersichtsseite für den Lernwortschatz (KB S. 61).
		    Ergänzung Memotraining: Lassen Sie die TN sich gegenseitig abfragen, indem eine/r bei sich selbst auf einen Körperteil zeigt und die Partnerin / der Partner den Körperteil nennt. Wer richtig geantwortet hat, darf den nächsten Körperteil zeigen. Geben Sie hierfür fünf Minuten Zeit. Sagen Sie dann: „In die Mitte bitte!" Stellen Sie sich mit den TN in einem Kreis auf. Sagen Sie: „Ich sage *Nase*." Fordern Sie die / den TN neben sich auf, ihre / seine Nase zu berühren. Wenn sie / er das getan hat, darf sie / er ein neues Körperteil sagen, z. B.: „Ich sage *Hand*." Die Nachbarin / Der Nachbar zeigt oder berührt daraufhin ihre / seine Hand und sagt einen neuen Körperteil usw.
		    → ⬛ **Energieaufbauübungen**

	b	1. Lassen Sie die Arbeitsanweisung und das Beispiel vorlesen. → 🖥 **Orientierung** Gegebenenfalls kann das Beispiel pantomimisch unterstützt werden. 2. Die TN bearbeiten die Aufgabe. Schreiben Sie ggf. ein weiteres Beispiel ans Whiteboard, sollten die TN die Aufgabe nicht verstehen. 3. Lösungskontrolle in PA durch halblautes Vorlesen, dann im PL. *Lösung: B Kopf C Ohr D Bauch* **Ergänzung Memotraining durch Pantomime:** Die TN nehmen eine der Körperhaltungen wie in der Aufgabe ein, und die Partnerin / der Partner sagt den passenden Satz. Lerngewohntere TN können weitere Ideen entwickeln.
A5	a	**Material:** Kärtchen 1. Sagen Sie: „Hören Sie und lesen Sie mit." Spielen Sie dann die Audiodatei zweimal vor und achten Sie darauf, dass die TN mitlesen. Sollten die TN ihren Blick nicht im Buch haben, stoppen Sie die Audiodatei und sagen Sie noch einmal: „Hören Sie und lesen Sie mit." 2. Sagen Sie nun: „Spielen Sie das Gespräch zu zweit." Die TN bearbeiten die Aufgabe. Gehen Sie herum und animieren Sie die TN zum Rollentausch und dann auch zum Spielen ohne Buch, d. h. ohne zu lesen. **Tipp:** Die vorgegebene Situation eignet sich als Anlass, um mit den TN zu thematisieren, dass sie mit Erkältungssymptomen nicht in den Kurs kommen, sondern zu Hause bleiben sollten. Sie können das direkt als Regel formulieren oder fragen, ob Sara mit Halsschmerzen in den Deutschkurs kommen sollte.

Gesundheit! / Luna
Unterrichtspläne

Miteinander! Deutsch für Alltag und Beruf A1.2
Lektion 13

	b	1. Lesen Sie die Arbeitsanweisung vor und schreiben Sie die Beispielkärtchen ans Whiteboard oder zeigen Sie sie noch einmal zur Orientierung in der interaktiven Version des KB. → 🖥 **Orientierung** Verteilen Sie anschließend je TN fünf Kärtchen. 2. Die TN schreiben die Kärtchen in EA. Gehen Sie herum und geben Sie Hilfestellung. Schreiben Sie gute Ideen der TN ans Whiteboard.
	c	1. Lesen Sie die Arbeitsanweisung vor und lassen Sie zwei freiwillige TN den Dialog aus a noch einmal spielen. Bitten Sie dieselben TN anschließend, die Sprechblasen vorzulesen und den Dialog mit einem ihrer geschriebenen Kärtchen zu variieren. Sollte das nicht gleich funktionieren, bitten Sie eine / einen TN, Ihnen die Frage wie im Beispiel zu stellen: „Ist alles in Ordnung, Frau / Herr …?" Antworten Sie, indem Sie ein eigenes Kärtchen hochhalten und den Dialog entsprechend variieren. 2. Die TN bearbeiten die Aufgabe. Gehen Sie herum und geben Sie Hilfestellung. Schreiben Sie ggf. noch einmal die wichtigsten Redemittel aus a ans Whiteboard. *Binnendifferenzierung: Lerngewohnte TN schließen ihre Bücher und versuchen, den Dialog zu improvisieren. Bereiten Sie für lernungewohnte TN Kärtchen mit den wichtigsten Redemitteln des Dialogs aus a vor, sodass auch sie das Buch schließen können und unabhängig vom Text werden, indem sie die Redemittelkärtchen nach und nach weglegen.*

B: Wie oft soll ich das machen?

Kommunikation Die TN können höfliche Aufforderungen aussprechen, um Rat fragen und Ratschläge geben.
Wortfelder beim Arzt, Krankheiten und Schmerzen
Grammatik Modalverb *sollen*, Imperativ (2. Pers. Pl.)

AUFGABE	HINWEISE
B1	→ 🖥 **Einstiegsfotos** **Variante für den Einstieg:** Die TN sehen das Foto an. Zeigen Sie auf die Personen und sagen Sie: „Das sind Luna und Alex." Fragen Sie dann: „Was sagen sie? Schreiben Sie ein oder zwei Sätze für Alex und für Luna." Die TN erfinden allein oder zu zweit Minidialoge. Zeichnen Sie Sprechblasen ans Whiteboard und füllen Sie diese nach der Arbeitsphase auf Zuruf der TN. 1. Die TN sehen das Foto an. Verweisen Sie auf die Bilderklärungen zu *Salbe, Tabletten* und *Rezept* möglichst in der interaktiven Version des KB. → 🖥 **Orientierung** Die TN finden und unterstreichen die Wörter in den Items (2 und 3). 2. Lesen Sie die Arbeitsanweisung vor und verweisen Sie auf das Beispiel. → 🖥 **Orientierung** Geben Sie den TN eine Minute Zeit, um die Aussagen zu lesen. 3. Spielen Sie die Audiodatei zweimal vor. Die TN bearbeiten die Aufgabe. 4. Lösungskontrolle in PA, dann im PL. → 🖥 **Lösungskontrolle** *Lösung: 2 falsch 3 richtig 4 falsch 5 richtig 6 falsch* **Digitalgestützter Unterricht:** Nutzen Sie zur Festigung des Wortschatzes die interaktiven Wortschatzkärtchen zum Wortfeld *beim Arzt* auf der Übersichtsseite für den Lernwortschatz (KB S. 61).
B2	1. Schreiben Sie *Sie sollen …* ans Whiteboard, um die Aufmerksamkeit der TN schon einmal auf das Verb *sollen* zu lenken. Bitten Sie anschließend drei TN, Dr. Weber, Luna und Alex darzustellen. Die / Der erste TN liest den Part von Dr. Weber in den Sprechblasen vor und spricht dabei zur / zum zweiten TN (Luna). Geben Sie den TN die Aufgabe, die Verben in den Sprechblasen zu unterstreichen. Vergleichen Sie anschließend im PL und schreiben Sie Satz eins wie folgt ans Whiteboard: Dr. Weber: „Er <u>muss</u> dreimal täglich die Salbe <u>auftragen</u>." Klären Sie dann die Sprechsituation: Dr. Weber und Luna sprechen über Alex. Zeigen Sie dabei auf diejenigen TN, die die drei verkörpern. Dr. Weber gibt eine Anweisung und verwendet für diese direkte Sprechsituation das Modalverb *müssen*.

Gesundheit! / Luna
Unterrichtspläne

Miteinander! Deutsch für Alltag und Beruf A1.2
Lektion 13

Digitalgestützter Unterricht: Nutzen Sie das Werkzeug *Textmarker*, um die Verben in der interaktiven Version zu markieren.

2. Lassen Sie nun TN 2 (Luna) aus Schritt 1 den ersten Beispielsatz für die Verwendung von *sollen* vorlesen und dabei zu TN 3 (Alex) sprechen. Bitten Sie die TN, die Sprechsituation zu formulieren. Helfen Sie anschließend, indem Sie sagen: „Luna sagt Alex, was Dr. Weber gesagt hat. Das ist indirekt." Machen Sie klar, dass Dr. Weber außerhalb der direkten Sprechsituation steht und ihr Redeanteil indirekt weitergegeben wird. Sagen Sie dann: „So funktioniert *sollen*."
3. Lesen Sie die Arbeitsanweisung vor. Die TN bearbeiten die Aufgabe.
4. Lösungskontrolle in PA, dann im PL. Schreiben Sie die Sätze während der Lösungskontrolle in folgender Form am Whiteboard mit:

> Luna: „~~Dr. Weber sagt:~~ Sie sollen dreimal täglich die Salbe auftragen."
>
> Luna: „~~Dr. Weber sagt:~~ Sie sollen den Fuß ruhig halten."
>
> Luna: „~~Dr. Weber sagt:~~ Sie sollen den Fuß kühlen."
>
> sollen = indirekte Situation (die Information kommt von einer dritten Person)
> müssen = direkte Situation (die Information / Anweisung wird direkt gegeben)

Erklären Sie noch einmal, dass *sollen* die indirekte Sprechsituation markiert.
Lösung: 2 Sie sollen den Fuß ruhig halten. 3 Sie sollen den Fuß kühlen.
5. Wiederholen Sie die Satzklammer, indem Sie den Grammatikkasten zu *sollen* auf S. 60 möglichst in der interaktiven Version zeigen. Zeichnen Sie ihn alternativ ans Whiteboard.

B3
1. Lesen Sie die Arbeitsanweisung vor und projizieren Sie möglichst die Illustration von S. 113 unten, die verdeutlicht, wer mit wem spricht. Lassen Sie dann drei TN die Beispieldialoge vorspielen. Bitten Sie die drei TN mit ihren Büchern in die Kursraummitte, damit für alle gut sichtbar ist, wer mit wem spricht. Sollten die TN das beim ersten Vorlesen selbst noch nicht ganz verstanden haben, lassen Sie sie ein zweites Mal vorlesen und geben Sie Regieanweisungen. Bitten Sie dieselben TN anschließend, ein weiteres Beispiel mit einem Tipp aus dem Schüttelkasten vorzuspielen. Erklären Sie den TN, dass auf S. 113 Probleme und Tipps notiert sind, während auf S. 56 lediglich die Tipps angeboten werden. Die TN entscheiden, ob sie auf S. 56 bleiben oder die Auswahlaufgabe auf S. 113 bearbeiten wollen.
→ **Orientierung**

2. Die TN gehen mit ihrem Buch im Kursraum umher und bearbeiten die Aufgabe. Gehen Sie herum und geben Sie Hilfestellung. Achten Sie darauf, dass sich immer drei TN zusammenfinden, und hören Sie in die Gruppen hinein. Notieren Sie gelungene Tipps zwischendurch am Whiteboard. → **Kursspaziergang**

> **Ergänzung:** Kopieren Sie die Kopiervorlage → **L13: Problemkärtchen** und führen Sie einen weiteren Kursspaziergang durch. Die Kopiervorlage eignet sich, um den Wortschatz von Lektion 12 in die Übung einzubeziehen und den Imperativ sowie die Verwendung von *sollen* auch mit diesem Sprachmaterial nochmals zu festigen und etwas freier mit dem Sprachmaterial umzugehen. Die TN müssen die Tipps hier frei formulieren.

3. Geben Sie nach dem Kursspaziergang Zeit zum Abschreiben der von Ihnen am Whiteboard festgehaltenen Tipps.

B4
1. Schreiben Sie *Macht doch mal Sport!* an die Tafel. Schreiben Sie dann die Erklärung zum Imperativ in der Ihr-Form ans Whiteboard und finden Sie die Indikativform zusammen mit den TN *(Ihr macht Sport.)*. Sammeln Sie dann gemeinsam mit den TN weitere Beispiele mit bekannten Verben, bis die TN das Prinzip verstanden haben. Zeigen Sie auch die Darstellung rechts mit den Beispielen für die Satzergänzungen. Nutzen Sie anschließend die bereits angeschriebenen Beispiele, um die Ergänzung zu üben. Lassen Sie hierzu die TN den Imperativ-Satz ergänzen und sprechen Sie ihn anschließend gemeinsam.
→ **Aussprachetraining: Chorisches Sprechen**

Gesundheit! / Luna
Unterrichtspläne

Miteinander! Deutsch für Alltag und Beruf A1.2
Lektion 13

		Digitalgestützter Unterricht: Spielen Sie den Grammatik-Clip vor, um noch einmal alle Imperativ-Formen, die in der Aufgabe vorkamen, visuell gestützt zu wiederholen und die Wortstellung beim Imperativ in der Ihr-Form zu systematisieren. → **Tipps für Clips** 2. Die TN betrachten die Bilder. Fragen Sie: „Was ist das Problem?" Mögliche Antworten: „A Die Leute sind müde. B Die Kinder haben Bauchschmerzen. C Das ist gefährlich. D Die Leute haben Rückenschmerzen." 3. Lassen Sie die Arbeitsanweisung und den Beispieldialog vorlesen. Die TN bearbeiten die Aufgabe. Gehen Sie herum und geben Sie Hilfestellung. Achten Sie darauf, dass die TN erst in EA ihre Präferenzen ankreuzen und anschließend sprechen. **Tipp:** In Kursen mit überwiegend lernungewohnten TN kann es sinnvoll sein, die Aufgabe in zwei Schritten zu stellen: Zuerst die Arbeitsanweisung: „Welchen Tipp finden Sie gut? Kreuzen Sie an." Anschließend eine kurze Präsentation der Präferenzen im PL. Als Zweites dann die Anweisung: „Sprechen Sie mit Ihrer Partnerin / Ihrem Partner." Und das Lesen des Beispieldialogs sowie die Systematisierung des Imperativs in der Ihr-Form. 4. Präsentation im PL: Lassen Sie zu jeder Situation je ein Paar seinen Dialog präsentieren. **Ergänzung:** Auch hier können Sie wie in B3 die Kopiervorlage → **L13: Problemkärtchen** zusätzlich nutzen, um das Thema in einem weiteren Kursspaziergang zu vertiefen und bereits bekanntes Sprachmaterial aus Lektion 12 in die Übung einzubeziehen. Die TN müssen die Tipps wie oben frei formulieren. Achten Sie hier darauf, dass die TN dieses Mal *doch mal* und *bitte* in ihre Formulierungen einfügen.
B5	a	1. Zeigen Sie auf die Bilder links und sagen Sie: „Was ist das Problem?" Lassen Sie die Sprechblasen vorlesen. 2. Lassen Sie die Arbeitsanweisung vorlesen und zeigen Sie auf die Texte und anschließend auf die Bilder mit den Sprechblasen. Fragen Sie: „Welcher Tipp passt zu welchem Problem?" → **Orientierung** 3. Die TN bearbeiten die Aufgabe. Gehen Sie herum und geben Sie Hilfestellung. 4. Lösungskontrolle in PA, dann im PL. → **Lösungskontrolle** *Lösung: A 3 B 1 C 2*
	b	1. Lesen Sie die Arbeitsanweisung vor und schreiben Sie das Beispiel ans Whiteboard. Fragen Sie: „Wo steht dieser Tipp?" Antwort: „in Text 3." *Binnendifferenzierung: In Kursen mit überwiegend lernungewohnten TN kann es sinnvoll sein, die Du- und die Sie-Form in separaten Sätzen ans Whiteboard zu schreiben und den TN die konkrete Aufgabe zu geben, je drei Sätze in der jeweiligen Form zu schreiben. Lerngewohntere TN schreiben mehr Sätze. TN, die schneller fertig sind, können ihre Sätze entsprechend der Reihenfolge der Texte im KB ans Whiteboard schreiben.* 2. Erarbeiten Sie mit den TN zwei weitere Beispiele am Whiteboard. Eines in der Sie-Form und eines in der Du-Form. Lassen Sie die TN jedes Mal den Bezug zum Text herstellen. → **Orientierung** 3. Die TN bearbeiten die Aufgabe. Gehen Sie herum und geben Sie Hilfestellung. 4. Lösungskontrolle in PA durch halblautes Vorlesen und anschließende Partnerkontrolle, dann durch Vorlesen im PL. Bieten Sie den TN an, die geschriebenen Sätze einzusammeln und zum nächsten Kurstag zu korrigieren.

Gesundheit! / Luna
Unterrichtspläne

Miteinander! Deutsch für Alltag und Beruf A1.2
Lektion 13

C: LUNA Spezial

Kommunikation Die TN können Schmerzen beschreiben, über das Befinden sprechen und Mitgefühl ausdrücken. Sie können eine Krankmeldung schreiben.
Wortfelder Krankheiten und Schmerzen, Gesundheit und Sport
Grammatik –

AUFGABE	HINWEISE
C1	→ **Einstiegsfotos** 1. Die TN sehen das Foto an. Fragen Sie: „Was macht Luna?" und geben Sie den TN einige Minuten Zeit, um in Murmelgruppen über das Foto zu sprechen. Holen Sie das Gespräch anschließend ins Plenum und sammeln Sie einige Beschreibungen des Fotos aus den Gruppen. 2. Lassen Sie die Arbeitsanweisung vorlesen und geben Sie den TN anschließend eine Minute Zeit, um die Sätze zu lesen. Achten Sie dabei darauf, dass die TN noch nichts ankreuzen. Machen Sie auf die Bilderklärung zu *Fieber* aufmerksam. → **Orientierung** 3. Spielen Sie die Audiodatei zweimal vor. Die TN bearbeiten die Aufgabe. 4. Lösungskontrolle in PA, dann im PL. → **Lösungskontrolle** *Lösung: 2, 3, 4, 8*
C2	1. Sagen Sie: „Luna telefoniert mit Simon." Lassen Sie die Arbeitsanweisung, die Optionen im Schüttelkasten und das Beispiel vorlesen. Wiederholen Sie dann den ersten Teil der Arbeitsanweisung: „Ergänzen Sie." 2. Die TN ergänzen den Dialog. Gehen Sie herum und geben Sie Hilfestellung. 3. Sagen Sie: „Hören Sie und vergleichen Sie." Spielen Sie anschließend den Dialog zweimal vor. Die TN vergleichen und korrigieren ggf. ihren Dialogtext. 4. Lösungskontrolle in PA durch halblautes Vorlesen, dann im PL. → **Lösungskontrolle** *Lösung: 2 Wirklich? Was ist los? 3 Oh, was hast du? 4 Das tut mir leid. Und was machst du so? 5 Du Arme. Soll ich dich besuchen? 6 Okay, dann rufe ich später noch mal an. Gute Besserung!* 5. Sagen Sie: „Spielen Sie das Gespräch zu zweit." Die TN lesen den Dialog erneut. Gehen Sie herum und ermutigen Sie die TN zum Spielen. Sprechen Sie den TN ggf. Sätze in unterschiedlichen Betonungen mit unterschiedlichen Emotionen wie in *Schon fertig?* vor und lassen Sie die TN nachsprechen. *Binnendifferenzierung: Lassen Sie lerngewohntere TN den Dialog lernen und anschließend ohne Buch sprechen. Lernungewohntere TN versuchen 2–3 Sätze auswendig zu sprechen. Geben Sie hier mehr Hilfestellung, indem Sie Sätze vorsprechen und nachsprechen lassen.* **Ergänzung:** Fragen Sie: „Welche Sätze sind schwer?" Schreiben Sie die Sätze, die die TN nennen, ans Whiteboard. Üben Sie diese Sätze mit den TN durch Back-Chaining oder durch aufbauendes Sprechen. → **Aussprachetraining** Lassen Sie die TN den Dialog dann noch einmal spielen. **Ergänzung:** Um die Sprechsituation zu dynamisieren und die TN eigene Ideen entwickeln zu lassen, kopieren Sie die Kopiervorlage → **L13: Dialogkarten**. Erklären Sie den TN, dass auf der Vorderseite eine Situation / ein Statement gegeben wird, und dass es verschiedene Möglichkeiten gibt, darauf zu reagieren. Mögliche Reaktionen finden sie auf der Rückseite der Kärtchen. Sagen Sie: „In die Mitte bitte!" und spielen Sie ein Beispiel vor. Lassen Sie die TN dann wimmeln. Gehen Sie herum und hören Sie in die Lernpaare hinein. Schreiben Sie gelungene Reaktionen ans Whiteboard, wenn diese nicht auf der Rückseite der Kärtchen festgehalten sind. → **Wimmeln**
C3 a	1. Lassen Sie die Arbeitsanweisung vorlesen und schreiben Sie die lektüreleitenden Fragen *An wen schreibt Luna? Warum?* ans Whiteboard. Fragen Sie die TN, wieviel Zeit sie zum Lesen haben wollen. Schreiben Sie die Zeit ans Whiteboard. 2. Die TN lesen die E-Mails. Gehen Sie herum und orientieren Sie die TN ggf. noch einmal hinsichtlich der lektüreleitenden Fragen und machen Sie deutlich, dass sich die Frage *An wen?* auf die Adressatin / den Adressaten bezieht. 3. Leiten Sie nach Ablauf der Zeit ein Gespräch im PL an, indem Sie nochmals die Fragen stellen: „An wen schreibt Luna? Warum?" Notieren Sie die Antworten der TN am Whiteboard.

		Digitalgestützter Unterricht: Markieren Sie während der Wortbeiträge der TN die entsprechenden Textstellen in der interaktiven Version des KB. → 🖥 **Lektürebegleitendes Visualisieren** *Lösung: **A und B** an eine Kollegin (Magda), **C** an die Personalabteilung (Herr Selzle); **Warum?** Luna ist krank und kann nicht zur Arbeit kommen.*
	b	**Ergänzung:** Spielen Sie mit dem Wort *Arbeitsunfähigkeitsbescheinigung.* → ⛅ **Sonnenaufgang** 1. Lassen Sie die Arbeitsanweisung und die Fragen vorlesen. Lenken Sie die Aufmerksamkeit der TN nach Frage 4 auf die Bilderklärung zu *Arbeitsunfähigkeitsbescheinigung.* → 🖥 **Orientierung** 2. Lösungskontrolle in PA, dann im Plenumsgespräch. Notieren Sie die Antworten am Whiteboard. **Digitalgestützter Unterricht:** Markieren Sie während der Wortbeiträge der TN die entsprechenden Textstellen in der interaktiven Version des KB. → 🖥 **Lektürebegleitendes Visualisieren** *Lösung: **1** Um 11 Uhr. **2** Sie ist bis Freitag krankgeschrieben. **3** Sie ist vier Tage krankgeschrieben. **4** Herr Selzle bekommt die Arbeitsunfähigkeitsbescheinigung per Post.* **Ergänzung interkulturelles Lernen:** Sprechen Sie mit den TN über die Regeln zur Abgabe von Arbeitsunfähigkeitsbescheinigungen im Integrationskurs und fragen Sie, ob es etwas Ähnliches für Arbeitnehmer auch in den Herkunftsländern der TN gibt. Erklären Sie, dass es in Deutschland am Arbeitsplatz unterschiedlich geregelt ist, ob man die Bescheinigung nach ein oder zwei Tagen Krankmeldung einreichen muss.
C4	a	**Ergänzung:** Nutzen Sie zur Vorentlastung die Kopiervorlage → 📄 **L13: Diktat.** 1. Gehen Sie mit den TN auf die Seiten 100 / 101 und zeigen Sie, dass die Aufgabe C4 über zwei Seiten geht. → 🖥 **Orientierung** 2. Lesen Sie die Arbeitsanweisung vor und bitten Sie zwei verschiedene TN, die Situationen vorzulesen. Lenken Sie anschließend die Aufmerksamkeit der TN auf die Redemittel und lesen Sie diese langsam vor, indem Sie teilweise sinnvoll ergänzen oder Sätze in Varianten vorsprechen. Erklären Sie gleich bei den Optionen für die Anrede, dass Situation 1 eine informelle und Situation 2 eine formelle Sprechsituation ist. Zeichnen Sie die gestrichelte Linie für Situation 1 und die gewellte Linie zu Situation 2 ans Whiteboard und wiederholen Sie die Arbeitsanweisung. → 🖥 **Orientierung** 3. Die TN bearbeiten die Aufgabe. Gehen Sie herum und achten Sie darauf, dass die TN eine Situation gewählt haben und die Sätze entsprechend der Situation markieren. Die TN sollen noch nicht schreiben. **Tipp:** Geben Sie ein Zeitlimit für das Markieren vor, damit klar ist, dass hier noch nicht geschrieben werden soll. Geben Sie entweder ein Zeitlimit von 1–3 Minuten vor oder fragen Sie die TN, wie viel Zeit sie benötigen. Es stärkt das kooperative Lernklima, wenn Sie die TN an Fragen der Kurs- und Lernorganisation beteiligen.
	b	1. Lesen Sie die Arbeitsanweisung vor und lassen Sie den Briefanfang zu Situation 2 vorlesen. Fragen Sie: „Wie muss der Anfang für Situation 1 sein?" Erarbeiten Sie den Anfang gemeinsam mit den TN und schreiben Sie ihn ans Whiteboard. 2. Die TN bearbeiten die Aufgabe. Gehen Sie herum und geben Sie Hilfestellung. Schreiben Sie gelungene alternative Formulierungen der TN zwischendurch ans Whiteboard und machen Sie lerngewohntere TN auf *Schon fertig?* aufmerksam. **Tipp:** Achten Sie darauf, dass die TN nicht in Hefte, sondern auf Extrabögen schreiben, die Sie später einsammeln können. Verteilen Sie ggf. Papier.
	c	Warten Sie, bis die ersten TN Ihnen signalisieren, dass sie fertig sind, und leiten Sie einen Tausch der Texte unter diesen TN an. Sagen Sie: „Lesen Sie die E-Mail Ihrer Partnerin / Ihres Partners und korrigieren Sie." Lassen Sie auf diese Weise Schritt für Schritt die Texte tauschen. Gehen Sie herum und geben Sie Hilfestellung. Leiten Sie diejenigen TN, die sehr schnell fertig sind, ggf. noch einmal an, die Texte ihrer Partner mithilfe der Redemittel genauer zu überprüfen. Bieten Sie am Ende der Partnerkorrektur allen an, dass Sie die Texte mitnehmen und korrigieren. Besprechen Sie die Texte zu Beginn des folgenden Kurstages, indem Sie fehlerhafte Sätze ans Whiteboard schreiben und diese gemeinsam mit den TN korrigieren.

Gesundheit! / Luna
Unterrichtspläne

Miteinander! Deutsch für Alltag und Beruf A1.2
Lektion 13

C5	1. Lesen Sie die Arbeitsanweisung vor und fragen Sie: „Was bedeutet *notieren*?" Lassen Sie die TN eigene Erklärungen finden wie z. B. *ein bisschen schreiben*. Betonen Sie, dass es beim Notieren nicht darum geht, ganze Sätze zu schreiben, sondern nur Informationen, und verweisen Sie auf den Notizzettel. Sagen Sie: „Ergänzen Sie den Notizzettel." → **Orientierung** 2. Lassen Sie die TN entscheiden, ob sie auf der S. 59 bleiben oder die Auswahlaufgabe auf S. 115 bearbeiten wollen. Erklären Sie hierfür, dass auf S. 115 keine Notizen gemacht werden sollen, sondern ein Lückentext auszufüllen ist. 3. Die TN bearbeiten die Aufgabe. Gehen Sie herum und geben Sie Hilfestellung. 4. Lösungskontrolle: Die TN erzählen sich in PA, welche Informationen sie dem Text entnommen haben. (Mediation) Anschließend Kontrolle im PL. → **Lösungskontrolle** *Lösung S. 59: früher: nur ein Kampfsport; in vielen Ländern: Millionen Menschen machen Tai-Chi-Gymnastik oder Tai-Chi-Meditation; Bewegungen: langsam und gut für den Körper, gut für die Konzentration* *Lösung S. 115: 2 Kampfsport 3 Millionen 4 den Körper* > **Ergänzung:** Geben Sie den TN die Aufgabe, zu den Stichworten *Woher? Früher in welchen Ländern? Bewegungen* Notizen zu einer ihnen bekannten Sportart zu machen. Anschließend präsentieren die TN die wichtigsten Informationen zu ihrer Sportart in der Gruppe (à 4–5 TN). → **Gruppenbildung** > Geben Sie außerdem die Aufgabe, dass die Gruppe eine Person benennt, die später fürs Plenum aus der Gruppe berichtet. (Mediation) **Extra-Film:** In dem Film schickt Luna einer Freundin, die Rückenschmerzen hat, ein Gymnastik-Video. Der Film eignet sich als Energieaufbauübung, weil die TN Lunas Anweisungen folgen können und selbst die Übungen machen können, während sie den Film sehen. Außerdem wird der Imperativ und der Wortschatz im Wortfeld *Gesundheit und Sport* wiederholt. → **L13: Extra-Film** > **Vor dem Hör- / Sehverstehen** > **1.** Verteilen Sie das Arbeitsblatt *Extra-Film*. Lesen Sie die Arbeitsanweisung zu **Aufgabe 1**. Zeigen Sie den Film bis 00:15. Die TN äußern ihre Vermutungen. Erinnern Sie ggf. noch einmal an die Bildung des Imperativs in der Du-Form wie in 2b. > > **Hör- / Sehverstehen** > **2. Aufgabe 2:** Lesen Sie die Arbeitsanweisung vor und sagen Sie: „In die Mitte bitte!" oder bitten Sie die TN, von ihren Plätzen aufzustehen und sich ein wenig versetzt hinzustellen, sodass jede / jeder genügend Platz hat, um die Arme auszustrecken. Zeigen Sie den Film vollständig. > > **3.** Die TN setzen sich wieder. Lassen Sie die Arbeitsanweisung zu **Aufgabe 3** vorlesen. Zeigen Sie den Film anschließend noch einmal in Abschnitten. Die TN bearbeiten die Aufgabe. Zeigen Sie die Sequenz von 00:50-03:25 ggf. mehrfach, damit die TN den Lückentext ausfüllen und selbstständig kontrollieren können. > > **4.** Lösungskontrolle in PA, dann im PL. > > *Lösung: 2 nach 3 hinten 4 vorn 5 weiter 6 Beweg 7 oben 8 über 9 links 10 langsam 11 rechts 12 wieder 13 Arm 14 wichtig 15 Schultern 16 Kreise 17 Schau 18 Richtung* > > **5.** Lesen Sie die Arbeitsanweisung zu **Aufgabe 4** vor. Erarbeiten Sie gemeinsam mit den TN ein Beispiel für eine Gymnastik-Anweisung am Whiteboard. Anschließend schreiben die TN ihre Anweisungen. Gehen Sie herum und geben Sie Hilfestellung. Schreiben Sie zwischendurch wichtige Wörter und Redemittel ans Whiteboard. Sollten TN nicht allein arbeiten wollen, schlagen Sie eine Partnerarbeit vor. Anschließend können auch je zwei Paare einander Gymnastik-Übungen anleiten.

Gesundheit! / Luna
Unterrichtspläne

Miteinander! Deutsch für Alltag und Beruf A1.2
Lektion 13

Miteinander wiederholen

STATION	HINWEISE
1	1. Schreiben Sie *MENSCH* wie im Beispiel ans Whiteboard und fragen Sie bei *M*: „Welcher Körperteil hat ein *M* im Wort?" Erfahrungsgemäß sehen sich nur wenige TN das Beispiel im KB an. Eine / Einer wird dann vermutlich *Arm* sagen und Sie ergänzen am Whiteboard wie im Beispiel. Sollte eine / ein TN stattdessen z. B. *Mund* sagen, ergänzen Sie *Mund*. Lassen Sie noch ein weiteres Beispiel im Plenum finden. 2. Lesen Sie die Arbeitsanweisung vor. Fragen Sie: „Wie machen Sie ein neues Rätsel? Haben Sie eine Idee?" Schreiben Sie eine Idee der TN ans Whiteboard. Z. B. *REZEPT*
2	**Material:** 3 Smileys in DIN-A4 1. Vorbereitung vor dem Unterricht: Hängen Sie an einer Wand im Kursraum drei große Smileys für super 😃, okay 😐, nicht so gut 🙁 auf. Das ist die Station. Ergänzend können Sie am Whiteboard eine Agenda für die Bedeutung der Smileys anschreiben wie im KB vorgeschlagen. 2. Lesen Sie die Arbeitsanweisung vor. Bitten Sie anschließend vier TN, sich vor den Smileys aufzustellen. Zwei weitere TN lesen den Beispieldialog vor. Fragen Sie anschließend: „Wie finden Sie den Tipp?" Warten Sie, bis die TN sich an den Smileys aufgestellt haben. 3. Lesen Sie die möglichen Probleme und Tipps vor. → 💬 **Orientierung** Bitten Sie dann zwei TN, einen weiteren Dialog frei zu spielen. Fragen Sie erneut: „Wie finden Sie den Tipp?" Die TN an den Smileys stellen sich neu auf.
3	**Material:** Kärtchen 1. Vorbereitung: Bereiten Sie drei Kärtchen wie im Beispiel vor. 2. Lesen Sie die Arbeitsanweisung vor und bitten Sie einige TN, die Beispiele in den Sprechblasen vorzulesen. Fragen Sie zur Verstehenssicherung noch einmal: „Was ist Pantomime?" Sobald eine / ein TN das Wort erklärt hat, bitten Sie die / den TN nach vorne und lassen sie / ihn ein Kärtchen ziehen. Sagen Sie: „Spielen Sie Pantomime." Und sagen Sie zum Kurs: „Raten Sie. Was soll sie/er machen?" Falls es nicht klappt, nehmen Sie die Karte zurück und sagen: „Ich spiele Pantomime." Machen Sie, was auf dem Kärtchen steht. Die TN raten. Anschließend kann eine weitere / ein weiterer TN ein Kärtchen ziehen. 3. Wiederholen Sie abschließend die Arbeitsanweisung und sagen Sie: „Ein Kärtchen = eine Anweisung. Pro Person drei Kärtchen." Gehen Sie während des Stationenlernens öfter an diese Station und helfen Sie den TN, einen Kärtchenstapel zu erstellen. Achten Sie auch darauf, dass die TN reihum Kärtchen ziehen und ihre Vermutungen mit *sollen* formulieren.

Das kriegen wir hin! / Amadou
Unterrichtspläne

Miteinander! Deutsch für Alltag und Beruf A1.2
Lektion 14

Einstiegsseite

Kommunikation Die TN können über Kleidung sprechen.
Wortfeld Kleidung
Grammatik –

AUFGABE		HINWEISE
1	a	→ 🖥 **Einstiegsfotos** 1. Die TN sehen das Bild an. Fragen Sie: „Wer ist Elisa? Was denken Sie?" **Tipp:** Falls die TN ihre Vermutungen nur in Einwortsätzen äußern, schreiben Sie noch einmal einleitende Formulierungen in Form von Sprechblasen ans Whiteboard, zum Beispiel: *Ich denke … / Ich glaube … / Elisa ist vielleicht …* Ermuntern Sie die TN, ihre Vermutungen auszuformulieren. 2. Die TN äußern ihre Vermutungen. Achten Sie darauf, dass die TN sorgfältig formulieren. Schreiben Sie einige Vermutungen ans Whiteboard und kommen Sie später darauf zurück.
	b	1. Lesen Sie den ersten Teil der Arbeitsanweisung vor und zeigen Sie die Einladung. → 🖥 **Orientierung** Lassen Sie anschließend die Fragen vorlesen. Zeichnen Sie die Markierungslinien, mit denen die Fragen unterlegt sind, ans Whiteboard und sagen Sie: „Markieren Sie so die Informationen in der Einladung." **Digitalgestützter Unterricht:** Lesen Sie noch einmal die erste Frage vor und fragen Sie die TN, wo diese Information im Text steht. Markieren Sie *Abiturfeier* mit dem Werkzeug *Stift* mit einer geraden Linie in der interaktiven Version des KB. 2. Die TN bearbeiten die Aufgabe. Gehen Sie herum und geben Sie Hilfestellung. 3. Lösungskontrolle in PA, dann im PL. → 🖥 **Lektürebegleitendes Visualisieren** Kommen Sie hier auch noch einmal auf die Vermutungen aus 1a zurück und klären Sie, dass Elisa Amadous Freundin ist. **Tipp:** Erweitern Sie hier das Kursgespräch bei Bedarf und Interesse, indem Sie über Möglichkeiten sprechen, eine partnerschaftliche Beziehung auszudrücken. Zum Beispiel: Elisa und Amadou sind zusammen / ein Paar, sie sind in einer Beziehung. Lassen Sie die TN auch erklären, wie das in ihrer Sprache / ihrem Herkunftsland gesagt wird. (interkulturelles Lernen) *Lösung: 1 Abiturfeier 2 ab 18 Uhr 3 in der Festhalle Neuberg 4 festliche Kleidung*
	c	1. Lassen Sie die Arbeitsanweisung und den Beispielsatz vorlesen. 2. Spielen Sie die Audiodatei dreimal vor. Die TN bearbeiten die Aufgabe. Fragen Sie vor dem dritten Hören zusätzlich: „Was ist das Problem?" Sammeln Sie einige Antworten am Whiteboard und spielen Sie die Audiodatei erneut vor. 3. Lösungskontrolle in PA, dann im PL. Lassen Sie die Sätze 1–3 für die Lösungskontrolle vorlesen und tragen Sie die Namen, wenn möglich, in der interaktiven Version des KB ein. → 🖥 **Lösungskontrolle** Gehen Sie anschließend noch einmal auf den Konflikt ein, indem Sie fragen: „Warum möchte Amadou nicht zur Abiturfeier?" *Lösung: 2 Elisa, Amadou 3 Amadou, Elisa*
2	a	**Digitalgestützter Unterricht:** Vergrößern Sie die Bilder aus 1 in der interaktiven Version des KB. → 🖥 **Orientierung** 1. Lesen Sie die Arbeitsanweisung vor und verweisen Sie auf die Bilder. Lassen Sie anschließend eine / einen TN die Beispiele in den Sprechblasen vorlesen. **Tipp:** In Kursen mit überwiegend lernungewohnten TN kann es sinnvoll sein, an dieser Stelle die Konjugation von *tragen* zu wiederholen und einmal durch chorisches Sprechen zu üben. → ♟ **Aussprachetraining**

	2. Lassen Sie die TN entscheiden, ob sie auf der S. 63 bleiben oder die Auswahlaufgabe auf S. 115 bearbeiten wollen. Erklären Sie hierfür, dass auf S. 115 die Kleidungstücke auf den Bildern nummeriert sind und den Wörtern zugeordnet werden sollen. → **Orientierung** Teilen Sie die TN anschließend entsprechend ihrer Wahl in Gruppen ein. → **Gruppenbildung** Sagen Sie dann ergänzend zur Arbeitsanweisung: „Wer trägt was? Was trägt Elisa? Was trägt Amadou? Und was tragen die Personen auf der Einladung? Sprechen Sie in der Gruppe." 3. Die TN bearbeiten die Aufgabe. Gehen Sie herum und geben Sie Hilfestellung. Ermuntern Sie insbesondere die TN, die auf S. 115 arbeiten, zum Sprechen. Schreiben Sie einige Sätze am Whiteboard mit. 4. Präsentation im PL: Lassen Sie eine / einen TN von S. 115 anfangen und z. B. erzählen, was Elisa und Amadou auf dem Foto anhaben. Eine / Ein TN von S. 63 übernimmt und sagt, was die Personen auf der Einladung tragen. Schreiben Sie die Lösungen am Whiteboard mit oder nutzen Sie die interaktive Version. → **Lösungskontrolle** *Lösung S. 115:* 10 (Anzug), 12 (Hemd), 13 (Hose), 1 (Jacke), 6 (Jeans), 11 (Kleid), 9 (Krawatte), 4 (Mantel), 3 (Pullover), 5 (Rock), 8 (Schuh), 7 (Stiefel) **Digitalgestützter Unterricht:** Nutzen Sie zur Festigung des Wortschatzes die interaktiven Wortschatzkärtchen zur Kleidung auf der Übersichtsseite für den Lernwortschatz (KB S. 71). *Binnendifferenzierung: Machen Sie lerngewohnte TN auf* Schon fertig? *aufmerksam. Greifen Sie Ideen dieser TN auf und schreiben Sie sie ans Whiteboard.*
b	1. Lesen Sie die Arbeitsanweisung vor und bitten Sie anschließend drei TN, den Beispieldialog zu lesen. 2. Schreiben Sie *Die Person trägt …* ans Whiteboard und beginnen Sie dann mit dem Spiel, indem Sie in einfachen Sätzen die Kleidung einer Person im Kurs beschreiben. Die TN raten. Wer richtig geraten hat, beschreibt als Nächste / Nächster.

A: Welches Hemd gefällt dir?

Kommunikation Die TN können Gefallen und Missfallen ausdrücken. Sie können Vorlieben äußern und Vergleiche ziehen.
Wortfeld –
Grammatik Fragepronomen *welch-* und Demonstrativpronomen *dies-*, Komparativ und Superlativ: *gut, gern* und *viel*

AUFGABE	HINWEISE
A1	→ **Einstiegsfotos** 1. Die TN sehen das Bild an. Fragen Sie: „Was sehen Sie auf dem Bild?" und lassen Sie die TN erst in PA, dann im PL sprechen. Festigen Sie den Wortschatz *Kleidung*, indem Sie die genannten Kleidungsstücke ans Whiteboard schreiben und auch die Artikel dazu kurz abfragen. **Tipp:** Fragen Sie auch nach den Emotionen von Elisa und Amadou, indem Sie fragen: „Wie sehen Elisa und Amadou aus – glücklich, zufrieden, freundlich, unfreundlich …?" Damit bereiten Sie die TN auf den zweiten Teil der mündlichen DTZ-Prüfung vor. 2. Lesen Sie die Arbeitsanweisung vor und geben Sie den TN eine halbe Minute Zeit, die Aussagen zu lesen. Verweisen Sie auch auf die Bilderklärung zu *hellblau* und *dunkelblau*. 3. Spielen Sie die Audiodatei zweimal vor. Die TN bearbeiten die Aufgabe. 4. Lösungskontrolle in PA, dann im PL. *Lösung:* 1 5. Sprechen Sie anschließend darüber, welche Farben Amadou tatsächlich gefallen oder gefallen könnten. Fragen Sie: „Mag Amadou grau oder gefällt ihm blau? Welche Farbe mag Amadou?" Fragen Sie auch, welche Farbkombination die TN schön finden.

Das kriegen wir hin! / Amadou — **Miteinander! Deutsch für Alltag und Beruf A1.2**
Unterrichtspläne — Lektion 14

A2	a	1. Schreiben Sie *welch-* und *dies-* ans Whiteboard. Lesen Sie anschließend die Arbeitsanweisung vor. Lassen Sie die erste Sprechblase von einer / einem TN vorlesen und zeigen Sie die Musterlösung im Buch. → 🖥 **Orientierung** 2. Die TN bearbeiten die Aufgabe. Gehen Sie herum und geben Sie Hilfestellung. 3. Lösungskontrolle: Lassen Sie eine / einen TN die Lösungen in der interaktiven Version des KB eintragen. Sollte dies nicht möglich sein, lassen Sie die Tabellen von zwei TN, die schnell fertig sind, ans Whiteboard zeichnen und ausfüllen. Bitten Sie die anderen TN zu kontrollieren, ob alles richtig ist. Sprechen Sie die Tabelle anschließend mit allen TN gemeinsam in chorischem Sprechen durch, um die grammatikalische Varianz auch über das Gehör zu trainieren. → ■ **Aussprachetraining** **Digitalgestützter Unterricht:** Spielen Sie den Grammatik-Clip vor, um die Beugung des Fragepronomens *Welch-* und des Demonstrativpronomens *Dies-* im Nominativ und Akkusativ zu visualisieren und noch einmal zu systematisieren. In Kursen mit überwiegend lernungewohnten TN kann es sinnvoll sein, den Clip vor der Bearbeitung der Aufgabe vorzuspielen. → 🖥 **Tipps für Clips**
	b	1. Lesen Sie die Arbeitsanweisung vor und bitten Sie zwei TN, den Beispieldialog vorzulesen. Lassen Sie ein weiteres Beispiel improvisieren und klären Sie noch einmal den Artikel zu jedem Kleidungsstück, bevor Sie die TN in die Übung entlassen. 2. Die TN bearbeiten die Aufgabe in PA. Ermuntern Sie die TN auch, einen Dialog schriftlich festzuhalten, nachdem sie alle einmal durchgesprochen haben. 3. Präsentation im PL: Drei Lernpaare präsentieren die Dialoge zu *Hemd*, *Jeans* und *Stiefeln*. Schreiben Sie mindestens einen weiteren Dialog ans Whiteboard und geben Sie Zeit zum Abschreiben. Ermuntern Sie die TN, die Endungen wie in A2a zu markieren. **Ergänzung:** „In die Mitte bitte!" Kopieren Sie die Kopiervorlage → 📄 **L14: Kleidung**, verteilen Sie an jede zweite / jeden zweiten TN je zwei Kärtchen von derselben Sorte (zwei unterschiedliche Paar Schuhe, Röcke, Hosen etc.) und lassen Sie die TN mit den Kärtchen wimmeln. Projizieren Sie zur Unterstützung die Tabellen aus A2a an die Wand oder lassen Sie das Tafelbild mit den Tabellen für die Selbstkontrolle stehen. → ■ **Wimmeln**
A3	a	1. Lassen Sie die Arbeitsanweisung und das Beispiel vorlesen. Zeigen Sie anschließend noch einmal auf die Zeichnung A und sagen Sie: „Die Hose ist zu eng." Fragen Sie dann: „Welche Hose ist zu kurz?" und zucken Sie mit den Schultern. → 🖥 **Orientierung** 2. Die TN bearbeiten die Aufgabe. Gehen Sie herum und geben Sie Hilfestellung. Sollten sich die TN nicht an die Bedeutung der Adjektive erinnern, ermuntern Sie sie, diese im Wörterbuch nachzuschlagen. 3. Lösungskontrolle in PA, dann im PL. *Lösung:* **D** *(Die Hose ist zu kurz!),* **C** *(Die Hose ist zu weit!),* **B** *(Die Hose ist zu lang!)*
	b	1. Lenken Sie die Aufmerksamkeit der TN auf das Bild. → 🖥 **Orientierung** **Digitalgestützter Unterricht:** Zeigen Sie das Bild mit Amadou und Elisa vergrößert in der interaktiven Version des KB. 2. Fragen Sie: „Was sagt Amadou? Markieren Sie in a." Achten Sie darauf, dass die TN hier nicht einfach reinrufen, sondern tatsächlich noch einmal in a lesen und markieren. 3. Sagen Sie: „Hören Sie und vergleichen Sie." Spielen Sie dann die Audiodatei zweimal vor. 4. Lösungskontrolle in PA, dann im PL. *Lösung:* **B** *(Die Hose ist zu lang!)* 5. Fragen Sie abschließend noch einmal, ob *zu* positiv oder negativ ist, indem Sie eine Daumenabfrage machen. Oftmals benutzen Deutschlernende *zu* fälschlicherweise wie *sehr* als verstärkenden positiven Gradpartikel. Die Abfrage dient der Bewusstmachung. → ■ **Feedback**
A4	a	1. Gehen Sie mit den TN auf die S. 101 im KB. Lenken Sie die Aufmerksamkeit der TN auf Bild A, indem Sie es, wenn möglich, vergrößert in der interaktiven Version des KB zeigen. Sagen Sie: „zu teuer, zu klein, zu … Was ist das Problem?" Die TN antworten voraussichtlich zunächst in der Kurzform mit „zu kalt". Verweisen Sie anschließend auf die Sprechblasen und lassen Sie diese vorlesen. Sagen Sie: „Zu zweit oder zu dritt: Sprechen Sie bitte."

		2. Die TN bearbeiten die Aufgabe in Murmelgruppen. → ♟ **Gruppenbildung** Gehen Sie herum und geben Sie Hilfestellung und ermuntern Sie die TN dazu, in ganzen Sätzen zu antworten. *Binnendifferenzierung: Geben Sie lerngewohnten TN zusätzlich die Aufgabe, Fragen zu stellen, wie zum Beispiel: „Ist das Wasser zu warm oder zu kalt?" Schreiben Sie das Beispiel ans Whiteboard. Lernungewohnte TN können auch in der Kurzform „zu kalt" antworten.* 3. Präsentation im PL: Lassen Sie je Bild eine Lerngruppe das Ergebnis vortragen.
	b	**Material:** Ball 1. Lassen Sie die Arbeitsanweisung und die Optionen vorlesen. Bitten Sie anschließend zwei TN, das Beispiel vorzulesen. Fragen Sie hier auch, wie eine positive Reaktion lauten könnte, und schreiben Sie Vorschläge der TN ans Whiteboard. Sagen Sie dann: „Wir sprechen gleich in der Mitte. Aber lesen Sie jetzt die Optionen noch einmal durch und merken Sie sich mindestens zwei." 2. Gehen Sie herum und geben Sie Hilfestellung, indem Sie die TN stichprobenartig auffordern, die auswendig gelernten Optionen ohne Buch zu sagen. 3. „In die Mitte bitte!" Schreiben Sie das Beispiel aus dem Buch ans Whiteboard oder projizieren Sie es an die Wand. Die TN stellen sich in einem Kreis im Kursraum auf. Werfen Sie zuerst den Ball und fragen Sie genau wie im Beispiel. Wer gefangen hat, antwortet und macht mit der nächsten Option weiter. Erinnern Sie die TN ggf. daran, dass sie die Frage *Ist das okay?* an die auswendig gelernte Option anschließen. Notieren Sie interessante Reaktionen der TN zwischendurch am Whiteboard.
A5		**Digitalgestützter Unterricht:** Spielen Sie den Grammatik-Clip vor, um die Steigerungsformen von *gut, viel* und *gern* einzuführen. Stoppen Sie bei 00:35 und sprechen Sie die Formen gemeinsam mit den TN in chorischem Sprechen einmal durch. → ♟ **Aussprachetraining** → 💻 **Tipps für Clips** 1. Wenn Sie den Grammatik-Clip nicht abspielen können, zeichnen Sie die Tabelle zu den Steigerungsformen von *gut, viel* und *gern* ans Whiteboard und sprechen Sie diese gemeinsam mit den TN in chorischem Sprechen durch. → ♟ **Aussprachetraining** 2. Lesen Sie die Arbeitsanweisung vor, lenken Sie die Aufmerksamkeit der TN auf das Beispiel in Bild A und lassen Sie es vorlesen. Lösen Sie anschließend gemeinsam mit den TN den Satz zu Bild B im PL. **Digitalgestützter Unterricht:** Zeigen Sie Bild A, B und C vergrößert in der interaktiven Version des KB und schreiben Sie die Lösung zu B mit dem Werkzeug *Stift*. 3. Die TN bearbeiten die Aufgabe. Gehen Sie herum und geben Sie Hilfestellung. 4. Lösungskontrolle in PA durch halblautes Vorlesen, dann im PL. → 💻 **Lösungskontrolle** *Lösung: B besser C am besten E mehr F am meisten H lieber I am liebsten*
A6		**Ergänzung:** Nutzen Sie die Kopiervorlage → 📄 **L14: Diktat**, um die Verwendung des Komparativs und Superlativs mit *gut, gern* und *viel* schriftlich zu festigen, bevor Sie zur mündlichen Anwendung kommen. Der untere Teil der Kopiervorlage dient sowohl zur Selbstkontrolle als auch als Vorlage für die folgende Sprechübung. 1. Gehen Sie gemeinsam mit den TN auf die S. 99 im KB und lassen Sie die Arbeitsanweisung vorlesen. Schreiben Sie die Hitliste für *Essen* ans Whiteboard oder zeigen Sie sie vergrößert in der interaktiven Version des KB. Lassen Sie das Beispiel vorlesen. Gehen Sie mit den Kategorien *Geldausgeben* und *Freizeit* ebenso vor. Sagen Sie dann: „Schreiben Sie zuerst jeweils drei Sachen, sprechen Sie dann mit Ihrer Partnerin / Ihrem Partner." **Digitalgestützter Unterricht:** Zeigen Sie die Optionen und die Sprechblasen nacheinander in der interaktiven Version des KB, um die Aufmerksamkeit der TN zu lenken. → 💻 **Orientierung** 2. Die TN bearbeiten die Aufgabe. Gehen Sie herum und achten Sie darauf, dass die TN zuerst ihre Listen schreiben und erst danach miteinander sprechen. Ermutigen Sie die TN auch, eigene Ideen aufzuschreiben, indem Sie z. B. fragen: „Und was ist Ihr Lieblingsessen? / Was machen Sie am liebsten in der Freizeit?"

Das kriegen wir hin! / Amadou — Miteinander! Deutsch für Alltag und Beruf A1.2
Unterrichtspläne — Lektion 14

3. Präsentation: Die TN gehen in Vierergruppen zusammen und berichten über die Vorlieben ihrer Partnerinnen und Partner. (Mediation) Schreiben Sie währenddessen gelungene Formulierungen am Whiteboard mit. Geben Sie nach der Sprechübung Zeit zum Abschreiben.

> **Variante zur Ergebnissicherung:** Hören Sie in die Gruppen hinein und schreiben Sie Rätsel am Whiteboard mit. Zum Beispiel: *… isst gern Salat, aber Burger isst sie lieber und am liebsten isst sie Schokolade.* Lesen Sie später im Plenum vor und fragen Sie: „Wer ist das?" Die TN raten.

B: Und bis wann können Sie das machen?

Kommunikation Die TN können Wünsche äußern und auf Wünsche reagieren, sowie Kunden- und Dienstleistungsgespräche führen. Sie können eine Meinung äußern und diese begründen.
Wortfelder Dienstleistung und Geschäfte
Grammatik Personalpronomen im Akkusativ, modale Präposition: *für* + Akkusativ

AUFGABE	HINWEISE
B1 a	→ 🖥 **Einstiegsfotos** 1. Die TN sehen das Bild an. Lesen Sie die Arbeitsanweisung vor und lassen Sie anschließend die Optionen vorlesen. Sagen Sie dann noch einmal: „Wer sind die Personen bei Amadou und Elisa? Wir hören." 2. Spielen Sie die Audiodatei einmal vor. Die TN bearbeiten die Aufgabe. 3. Schreiben Sie einleitende Redemittel wie im Beispiel ans Whiteboard: *Ich glaube, der Mann ist … Ich denke, die Frau ist …* Bitten Sie anschließend die TN, zu zweit zu sprechen. **Tipp:** Es handelt sich hier um sehr einfache und kurze Antworten. Um insgesamt den Redeanteil der TN zu erhöhen, bietet es sich generell an, die Frage zuerst zu zweit beantworten zu lassen, bevor Sie die Lösung im PL besprechen. 4. Lösungskontrolle im PL. *Musterlösung: Ich glaube, der Mann ist Elisas Vater. Und die Frau ist eine Schneiderin.*
b	1. Lassen Sie die Arbeitsanweisung vorlesen und geben Sie den TN eine Minute Zeit, um die Sätze 1–3 zu lesen. → 🖥 **Orientierung** 2. Spielen Sie die Audiodatei zweimal vor. Die TN bearbeiten die Aufgabe. **Tipp:** Sagen Sie denjenigen TN, die schon nach dem ersten Hören signalisieren, dass sie die Aufgabe gelöst haben, dass sie trotzdem noch einmal genau zuhören und versuchen sollen, sich einzuprägen, was die Schneiderin sagt. Es ist ein Training. 3. Lösungskontrolle in PA, dann im PL. *Lösung:* **1** *zehn* **2** *zwei* **3** *ab*
B2	1. Schreiben Sie: *Bis wann brauchen Sie …?* ans Whiteboard und fragen Sie: „Wer sagt das?" Antwort: „die Schneiderin" 2. Sagen Sie: „Hören Sie und lesen Sie mit." und spielen Sie die Audiodatei vor. **Tipp:** In unruhigen Kursen oder in Kursen mit überwiegend lernungewohnten TN kann es sinnvoll sein, die Audiodatei zweimal vorzuspielen oder alternativ die Texte noch einmal halblaut in PA lesen zu lassen. 3. Zeichnen Sie die Tabelle ans Whiteboard oder zeigen Sie sie in der interaktiven Version des KB. Lassen Sie Beispiel 1 noch einmal laut vorlesen und schreiben Sie folgende Sätze ans Whiteboard, um bei den TN den Transfer von den bereits bekannten Personalpronomen im Nominativ zu den Personalpronomen im Akkusativ anzuregen. *Gefällt dir der Anzug? Ja, er gefällt mir gut. (Nominativ)* *Bis wann brauchen Sie den Anzug denn? → Wir brauchen ihn in zehn Tagen. (Akkusativ)*

Das kriegen wir hin! / Amadou
Unterrichtspläne

Miteinander! Deutsch für Alltag und Beruf A1.2
Lektion 14

		Lenken Sie die Aufmerksamkeit der TN auf die Markierungen im Text und verweisen Sie anschließend auf die Musterlösung in der Tabelle. → **Orientierung** Sagen Sie dann: „Ergänzen Sie die Tabelle." 4. Die TN bearbeiten die Aufgabe. Gehen Sie herum und geben Sie Hilfestellung. 5. Lösungskontrolle: Bitten Sie zwei TN, die schnell fertig sind, die Tabelle am Whiteboard / in der interaktiven Version zu vervollständigen, oder zeigen Sie den Grammatik-Clip. **Digitalgestützter Unterricht:** Spielen Sie den Grammatik-Clip vor, um die Dialoge in leichter Varianz noch einmal visuell gestützt (mit Markierungen der Satzklammer) zu hören und die Verwendung der Personalpronomen in Nominativ und Akkusativ zu systematisieren. → **Tipps für Clips** *Lösung: ich mich sie sie wir uns*
B3	a	**Digitalgestützter Unterricht:** Vergrößern Sie das Foto in der interaktiven Version des KB. Lassen Sie die TN das Bild beschreiben und Vermutungen äußern, indem Sie fragen: „Was zeigt der eine Mann dem anderen? Worüber sprechen sie vielleicht?" Mögliche Antworten: „keine Ahnung, ein Foto von der Familie, ein Foto vom Hund, einen Pullover …" 1. Die TN sehen das Foto an. Lesen Sie die Arbeitsanweisung vor und lassen Sie die TN anschließend entscheiden, ob sie auf der S. 67 bleiben oder die Auswahlaufgabe auf S. 112 bearbeiten wollen. Erklären Sie hierfür, dass auf S. 112 die Dialoge ausgeschrieben sind und die Kleidungsstücke und Pronomen variiert werden müssen, während auf S. 67 die Reaktionen optional sind und die Varianten selbstständig gefunden werden müssen. → **Orientierung** 2. Die TN finden sich entsprechend ihrer Entscheidung zu Paaren zusammen und bearbeiten die Aufgabe. → **Gruppenbildung** Gehen Sie herum und geben Sie Hilfestellung. Achten Sie darauf, dass die TN sich die Zeit nehmen, die Dialoge in verteilten Rollen zu lesen und diese auch zu tauschen.
	b	1. Geben Sie diese Arbeitsanweisung nicht im PL, sondern individuell denjenigen, die B3a auf S. 67 schon zufriedenstellend bearbeitet haben. Gehen Sie zu den Lernpaaren hin, weisen Sie sie auf B3b hin und sagen Sie: „Spielen Sie weitere Gespräche mit anderen Kleidungsstücken." Machen Sie das erste Beispiel gemeinsam mit dem Paar. Sollten andere Lernpaare auch schon so weit sein und die Ohren spitzen, lassen Sie diese zuhören. Verweisen Sie auch auf die Tabelle zu den Personalpronomen auf S. 66, damit die TN sich selbst kontrollieren. **Digitalgestützter Unterricht:** Projizieren Sie zur visuellen Unterstützung den Grammatikkasten auf S. 66 KB an die Wand. 2. Die TN bearbeiten die Aufgabe. Gehen Sie herum und geben Sie Hilfestellung. *Binnendifferenzierung: Ermutigen Sie lerngewohntere TN, weitere Kleidungsstücke im Wörterbuch nachzuschlagen und diese als Varianten zu nutzen. Halten Sie für lernungewohntere TN die Kopiervorlage → L14: Kleidung bereit, um mit weiteren Kleidungsstücken zu üben.* 3. Präsentation im PL: Lassen Sie je Lerngruppe ein Paar zwei Dialoge präsentieren. Einen mit einer positiven und einen mit einer negativen Reaktion. **Ergänzung:** „In die Mitte bitte!" Nutzen Sie die Kopiervorlage → **L14: Kleidung** erneut, um das Dialogtraining in der Mitte ohne Buch zu vertiefen. Verteilen Sie an jede zweite / jeden zweiten TN je zwei Kärtchen von derselben Sorte (zwei unterschiedliche Paar Schuhe, Röcke, Hosen etc.) und lassen Sie die TN mit den Kärtchen wimmeln. Projizieren Sie zur Unterstützung die Dialogmuster aus B3a an die Wand. → **Wimmeln**
B4	a	**Material:** weiße DIN-A4-Bögen oder weißer Karton und Kärtchen 1. Gehen Sie gemeinsam mit den TN auf die S. 103 im KB und lassen Sie die Arbeitsanweisung vorlesen. Klären Sie noch einmal das Wort *Geschäft*, indem Sie zuerst die TN bitten, das Wort zu erklären, und dann Hilfestellung geben. Zum Beispiel, indem Sie sagen: „In einem Geschäft kann man einkaufen." Lassen Sie nun beide Rollenkärtchen vorlesen und verweisen Sie auch auf die Bilderklärung für *Schuster*. → **Orientierung**

Das kriegen wir hin! / Amadou
Unterrichtspläne

Miteinander! Deutsch für Alltag und Beruf A1.2
Lektion 14

		2. Schreiben Sie *Gruppe 1 (Mitarbeiterinnen und Mitarbeiter)* und *Gruppe 2 (Kundinnen und Kunden)* ans Whiteboard. Bitten Sie die TN, aufzustehen und ihren Namen hinter die Rolle zu schreiben, die sie gerne spielen wollen. → **Gruppenbildung** Verteilen Sie je nach Wahl weiße Bögen Papier (Gruppe 1) oder Kärtchen (Gruppe 2) an die TN. 3. Die TN schreiben je nach Gruppe Schilder oder Kärtchen. Dies ist eine kurze Arbeitsphase. Achten Sie darauf, dass die TN nur ein Geschäft bzw. einen Gegenstand je Papier / Kärtchen schreiben.
	b	**Digitalgestützter Unterricht:** Spielen Sie den Kommunikations-Clip vor, um den Beispieldialog einmal langsam und visuell gestützt durchzugehen. → **Tipps für Clips** 1. Wenn Sie den Clip nicht abspielen können, lassen Sie den Beispieldialog von zwei TN aus Gruppe 1 und 2 vorlesen. Bitten Sie anschließend die TN aus Gruppe 1, ihr Schild aufzustellen, und alle TN aus Gruppe 2 aufzustehen. Sagen Sie dann: „Gehen Sie in die Geschäfte und spielen Sie Gespräche." **Digitalgestützter Unterricht:** Projizieren Sie zur visuellen Unterstützung den Beispieldialog an die Wand. 2. Die TN der Gruppe 2 gehen entsprechend ihren Kärtchen im Kurs umher und sprechen mit den TN aus Gruppe 1. Hören Sie in die Gruppen hinein und schreiben Sie gelungene Formulierungen am Whiteboard mit. Notieren Sie Fehler, um sie später im PL zu besprechen. **Tipp:** Lassen Sie die TN an den Geschäftsstationen ihre Bücher so hinlegen, dass die TN zur Not ablesen können. Ermutigen Sie gleichzeitig, es ohne Buch zu versuchen. 3. Präsentation im PL. Lassen Sie einige freiwillige Paare im PL Dialoge vorspielen. Unterbrechen Sie bei Fehlern nicht, sondern notieren Sie sie für eine anschließende allgemeine Besprechung. Klatschen Sie gemeinsam nach jedem Rollenspiel. Schreiben Sie Fehler, die Ihnen während der Arbeitsphase aufgefallen sind, nun falsch ans Whiteboard und bitten Sie die TN zu korrigieren.
B5	a	**Digitalgestützter Unterricht:** Zeigen Sie das Foto in der interaktiven Version des KB. → **Einstiegsfotos** 1. Die TN sehen das Foto an. Fragen Sie: „Wer sind die Personen auf dem Bild?" Antwort: „Amadou mit Elisas Vater / Elisa und ihre Mutter." Sagen Sie: „Genau! Wir brauchen vier Personen" und teilen Sie anschließend den Kurs in Vierergruppen ein. → **Gruppenbildung** **Tipp:** Da das Verhältnis von Männern und Frauen im Kurs selten ausgeglichen ist, machen Sie die Gruppeneinteilung unabhängig vom Geschlecht. Verdeutlichen Sie den TN, dass das Geschlecht für die erfolgreiche Umsetzung des Rollenspiels unerheblich ist. 2. Lesen Sie die Arbeitsanweisung vor und spielen Sie anschließend die Audiodatei einmal vor. Fragen Sie dann: „Wer spielt wen in Ihrer Gruppe?" und geben Sie den TN eine Minute Zeit, sich innerhalb der Gruppe zu einigen. Fragen Sie in die Gruppen hinein, wer welche Person spielt. Sagen Sie dann: „Was sagt Ihre Person? Hören Sie noch einmal und machen Sie sich Notizen für Ihre Person." 3. Spielen Sie die Audiodatei erneut vor. Sollten die TN dies wünschen, können Sie sie auch ein drittes Mal vorspielen. 4. Sagen Sie: „Machen Sie ein Standbild und spielen Sie die Situation nach." Sollten die TN Schwierigkeiten haben, die Aufgabe umzusetzen, stellen Sie mit einer Gruppe ein Standbild auf und lassen diese die Dialoge improvisieren. Geben Sie Hilfestellung und schreiben Sie wichtige Sätze am Whiteboard mit. 5. Präsentation im PL: Lassen Sie zwei Gruppen die Situation vorspielen und applaudieren Sie am Ende der Vorstellung. Machen Sie sich zur Fehlerkorrektur Notizen und besprechen Sie die Fehler im Anschluss an die Präsentationsphase.
	b	**Material / Vorbereitung:** Hängen Sie zwei Plakate mit einem freundlichen und einem verdrießlichen Smiley in zwei verschiedenen Ecken des Kursraums auf. 1. Lesen Sie die Arbeitsanweisung vor. Zeigen Sie auf die zwei mit einem Smiley ausgestatteten Ecken im Kursraum und fragen Sie: „Wie finden Sie das? Wählen Sie eine Meinungsecke." 2. Die TN stehen auf und ordnen sich einer Ecke zu.

Das kriegen wir hin! / Amadou
Unterrichtspläne

Miteinander! Deutsch für Alltag und Beruf A1.2
Lektion 14

c	**Digitalgestützter Unterricht:** Spielen Sie den Beispielfilm vor, um drei Beispiele für mögliche Meinungsäußerungen anzusehen. Spielen Sie den Film zweimal vor und lenken Sie die Aufmerksamkeit der TN vor dem zweiten Sehen auf die sprachlichen Mittel zur Meinungsäußerung: Geben Sie hierzu die Aufgabe, zu klatschen, sobald die TN einen Ausdruck oder ein Wort der Meinungsäußerung hören. Stoppen Sie den Film nach jedem Redebeitrag und schreiben Sie die Redemittel ans Whiteboard. 1. Da die TN bereits ohne ihre Bücher in den zwei Ecken im Kursraum stehen, zeigen Sie, wenn möglich, die Beispiele in den Sprechblasen in der interaktiven Version oder schreiben Sie sie ans Whiteboard. Lassen Sie die Sprechblasen vorlesen. Sagen Sie dann noch einmal: „Also: Amadou und Elisas Vater schauen draußen Fußball. Was denken Sie? Wie finden Sie das? Sprechen Sie." 2. Die TN äußern ihre Meinung. Dabei darf es ein wenig durcheinander gehen. Machen Sie sich Notizen für spätere Korrekturen, aber lassen Sie den Meinungsaustausch an dieser Stelle laufen. **Tipp:** Sollte der Austausch zwischen den zwei Gruppen nicht in Gang kommen, geben Sie den TN einen Ball, der zwischen den Gruppen hin und her geworfen wird. Achten Sie darauf, dass nicht immer dieselben den Ball fangen und sprechen. 3. Die TN setzen sich wieder. Bedanken Sie sich bei den TN für ihre aktive Teilnahme und geben Sie beiden Gruppen unabhängig von der Meinung, die vertreten wurde, das Signal, gute Arbeit geleistet zu haben. Schreiben Sie anschließend einige Korrekturen ans Whiteboard und geben Sie Zeit zum Abschreiben.

C: AMADOU Spezial

Kommunikation Die TN können Wichtigkeit ausdrücken.
Wortfelder Datum und Termine
Grammatik Ordinalzahlen: Datum

AUFGABE		HINWEISE
C1	a	→ 🖥 **Einstiegsfotos** 1. Die TN sehen das Foto auf S. 68 an. Fragen Sie: „Was trägt Amadou?" und lassen Sie die TN zunächst in PA sprechen, dann im PL. Fragen Sie weiter: „Für welchen Termin hat sich Amadou so angezogen? Was denken Sie? Lesen Sie auf S. 68." 2. Die TN lesen die Texte auf S. 68. Gehen Sie herum und geben Sie Orientierungshilfe. → 🖥 **Orientierung** 3. Kursgespräch: Fragen Sie noch einmal: „Für welchen Termin hat Amadou sich so angezogen?" und schreiben Sie *Vielleicht für …* ans Whiteboard. Die TN sprechen in PA, dann im PL.
	b	**Digitalgestützter Unterricht:** Spielen Sie den Grammatik-Clip vor, um die Ordinalzahlen bei der Datumsangabe einzuführen / zu systematisieren. Stoppen Sie den Clip bei 01:17 und bei 01:36 und üben Sie mit den TN die Aussprache der Ordinalzahlen in chorischem Sprechen. → 🖥 **Tipps für Clips** → ❖ **Aussprachetraining** **Tipp:** Lassen Sie die TN in PA das Kalenderblatt einmal komplett durchsprechen, bevor Sie zur Aufgabe übergehen. Hören Sie in die Paare hinein und korrigieren Sie ggf. 1. Gehen Sie mit den TN den Grammatikkasten durch, bevor Sie mit der Aufgabe beginnen. Erklären Sie den TN, dass *vom* das Ergebnis aus *von + dem* (Dativ maskulin) ist, weil *September* maskulin ist. Erinnern Sie die TN daran, dass sie diese Kombination von Präposition und Artikel bereits in Lektion 10 kennengelernt haben, wie zum Beispiel in *zum Bahnhof* (Dativ) oder *ins Kino* (Akkusativ). der September → von + dem (Dativ) → vom zwölften September der Bahnhof → zu + dem (Dativ) → zum Bahnhof das Kino → in + das (Akkusativ) → ins Kino

Das kriegen wir hin! / Amadou
Unterrichtspläne

Miteinander! Deutsch für Alltag und Beruf A1.2
Lektion 14

		Nutzen Sie, wenn möglich, die interaktive Version des KB, um den Clip vorzuspielen. Sollte dies nicht möglich sein, lassen Sie die Inhalte des Kastens einmal vorlesen und üben Sie anschließend durch chorisches Sprechen die Aussprache. → ▨ **Aussprachetraining** 2. Lesen Sie die Arbeitsanweisung vor. Sagen Sie dann: „Jede / Jeder notiert nur die Termine für 10 Tage." Schreiben Sie die Termine für die Gruppen 1–3 wie im KB ans Whiteboard und teilen Sie die Gruppen ein. → ▨ **Gruppenbildung** 3. Die TN bearbeiten die Aufgabe. Gehen Sie herum und achten Sie darauf, dass die TN nur die Termine für ihren jeweiligen Zeitraum notieren und dass wirklich alle Mitglieder der Gruppe ihren Kalender ausfüllen. **Tipp:** Es gibt TN, die grundsätzlich nicht in ihr Buch schreiben wollen. Leiten Sie diese TN dazu an, das Kalenderblatt abzuzeichnen.
	c	1. Bilden Sie neue Gruppen, indem Sie sagen: „Eine 1, eine 2 und eine 3 gehen jetzt bitte zusammen. Nennen Sie die Termine aus Ihrer Gruppe, die anderen ergänzen ihren Terminkalender." (Mediation) 2. Die TN bearbeiten die Aufgabe. Gehen Sie herum und geben Sie Hilfestellung. 3. Lösungskontrolle im PL: Zeichnen Sie den Terminkalender ans Whiteboard und bitten Sie für jeden Zeitraum aus b je zwei TN nach vorne, um die Termine einzutragen. **Digitalgestützter Unterricht:** Alternativ können Sie die Lösungskontrolle in der interaktiven Version des KB vornehmen, indem Sie den Terminkalender an die Wand projizieren und ihn mit dem Werkzeug *Text einfügen* nach den Angaben der TN ausfüllen. *Lösung:*

MAI <			JUNI			> JULI
Montag	Dienstag	Mittwoch	Donnerstag	Freitag	Samstag	Sonntag
28.5.	29.5.	30.5.	31.5.	1.6.	2.6. ~~Champions-League-Finale!!!~~ Abifeier Elisa (ab 18:00 Uhr)	3.6. 16:00 Uhr Heimspiel
4.6. *19:00 Uhr Training*	5.6. *11:30 Uhr Bewerbungsgespräch*	6.6. *18:00 Uhr Training*	7.6. *19:00 Uhr Training*	8.6.	9.6.	10.6 *15:00 Uhr Auswärtsspiel*
11.6. ~~*19:00 Uhr Training*~~	12.6.	13.6. *18:00 Uhr Training*	14.6. *17:30 Uhr Training*	15.6.	16.6.	17.6.
18.6. *19:00 Uhr Training*	19.6.	20.6. *18:00 Uhr Training*	21.6. *19:00 Uhr Training*	22.6. *19:00 Uhr Geburtstagsfeier Esther*	23.6.	24.6. *16:00 Uhr Heimspiel*
25.6. *19:00 Uhr Training*	26.6.	27.6. *18:00 Uhr Training*	28.6. *19:00 Uhr Training*	29.6.	30.6. *14:45 Uhr Auswärtsspiel*	1.7.

	C2	1. Lesen Sie die Aufgabe vor und bitten Sie eine TN / einen TN, die drei Daten und die Beispiele in den Sprechblasen vorzulesen. Schreiben Sie anschließend *4.8.* ans Whiteboard und daneben *der vierte Achte* und *der vierte August*. Übertragen Sie dann auch die Sprechblasen aus dem KB und markieren Sie Artikel und Adjektivendung sowie *am*. Weisen Sie noch einmal kurz wie in C1b darauf hin, dass *am* eine Verbindung aus Präposition und Artikel ist.

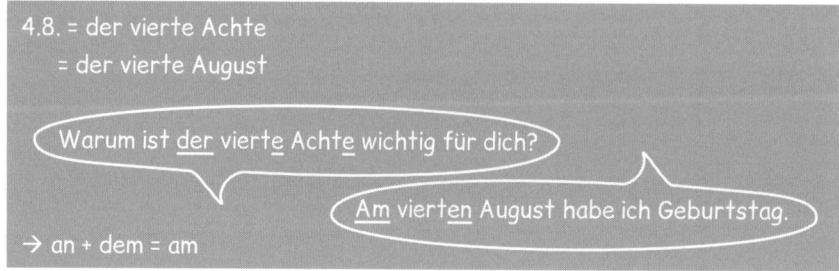

Das kriegen wir hin! / Amadou
Unterrichtspläne

Miteinander! Deutsch für Alltag und Beruf A1.2
Lektion 14

2. Schreiben Sie selbst einen Zettel mit drei für Sie wichtigen Daten. Halten Sie ihn hoch oder notieren Sie die Daten am Whiteboard und erklären Sie dem Kurs wie im Beispiel, warum diese Daten für Sie wichtig sind. Achten Sie dabei darauf, beide Beispielformulierungen am Whiteboard zu verwenden. Wiederholen Sie dann die Arbeitsanweisung.

3. Die TN bearbeiten die Aufgabe. Gehen Sie herum und geben Sie Hilfestellung. Notieren Sie gelungene Formulierungen der TN zwischendurch am Whiteboard.

4. Präsentation: Jedes Lernpaar geht mit einem weiteren Lernpaar zusammen. Die TN erklären einander die wichtigen Daten ihrer Partnerinnen und Partner. (Mediation)

Extra-Film: In dem Film hängt Amadou seine Wäsche auf. Er spricht darüber, welche Socken er besser findet, spricht über seine Lieblingshose und hat ein Problem mit einem mitgewaschenen Papiertaschentuch. Der Film eignet sich, um das Thema *über Vorlieben sprechen und Vergleiche ziehen* weiter zu vertiefen. Außerdem wird der Komparativ und der Wortschatz *Kleidung* wiederholt. → 📄 **L14: Extra-Film**

Vor dem Hör- / Sehverstehen

1. Verteilen Sie das Arbeitsblatt *Extra-Film*. Gestalten Sie einen Wortigel zum Thema *Lieblings…* am Whiteboard wie auf der Abbildung. Lesen Sie die Arbeitsanweisung zu **Aufgabe 1** vor und geben Sie den TN 5 Minuten, um zu zweit Wörter zu finden. Sammeln Sie anschließend gemeinsam am Whiteboard.

Hör- / Sehverstehen

2. **Aufgabe 2:** Zeigen Sie den Film bis 00:10. Fragen Sie dann: „Was macht Amadou mit dem Wäschekorb? Was denken Sie?" Die TN äußern Vermutungen. Schreiben Sie ein paar Vermutungen ans Whiteboard und helfen Sie den TN bei Schwierigkeiten mit dem Wortschatz. Zeigen Sie den Film anschließend bis zum Ende.

3. **Aufgabe 3:** Zeigen Sie den Film noch einmal in Abschnitten. Die TN bearbeiten die Aufgaben. Leiten Sie nach jedem Abschnitt eine Lösungskontrolle in PA, dann im PL an.

Lösung Abschnitt I: **2** Wäsche **3** Socken **4** Farbe **5** zu lang **6** lieber **7** schöner **8** besser

Lösung Abschnitt II: Antwort: „Amadou hat ein Papiertaschentuch in der Hose vergessen."

Lösung Abschnitt III: **1** ~~nicht so gern~~ am liebsten **2** ~~kalt~~ heiß **3** ~~kurz~~ eng **4** ~~Wochen~~ Tage **5** ~~aber nicht perfekt~~ **6** ~~rot~~ rosa

4. Lesen Sie die Arbeitsanweisung zu **Aufgabe 4** vor und lassen Sie den Beispieldialog von zwei TN vorlesen. Lesen Sie auch die Leitfragen vor und weisen Sie noch einmal auf die vergleichenden Formulierungen von Amadou in Abschnitt I und III hin. Die TN bearbeiten die Aufgabe in PA. Lassen Sie im Anschluss je zwei Paare zusammengehen. Die Partnerinnen und Partner erzählen von der Lieblingskleidung ihrer Partnerin / ihres Partners. (Mediation)

Das kriegen wir hin! / Amadou
Unterrichtspläne

Miteinander! Deutsch für Alltag und Beruf A1.2
Lektion 14

Miteinander wiederholen

STATION	HINWEISE
1	**Material:** Spielfiguren 1. Lenken Sie die Aufmerksamkeit der TN auf den Spielplan und lesen Sie die Arbeitsanweisung vor. Gehen Sie mit den TN den Spielplan durch, indem Sie bei *Start / Ziel* beginnen und die Spielrichtung anhand des Pfeils verdeutlichen. Zeigen Sie auf das Spielfeld *Zu Hause* und sagen Sie: „Das ist ein Spielfeld. In jeder Runde ziehen Sie ein Feld vor." Nehmen Sie eine Spielfigur und bewegen Sie sie für alle sichtbar ein Feld vor. → **Orientierung** **Tipp:** Machen Sie eine vergrößerte Kopie des Spielplans, laminieren Sie diese und legen Sie sie an der Station aus. 2. Lassen Sie das Beispiel vorlesen und sagen Sie dann: „Im Büro: Was ziehen Sie an?" Die TN bilden weitere Beispielsätze. Schreiben Sie diese am Whiteboard mit. Sagen Sie abschließend noch einmal: „Sie sagen einen Satz, dann sagt Ihre Nachbarin / Ihr Nachbar einen Satz." 3. Hören Sie während des Stationenlernens in die Gruppen an dieser Station hinein. Schreiben Sie gelungene Sätze unter der Überschrift *Station 1* ans Whiteboard.
2	**Material:** Ball 1. Schreiben Sie ans Whiteboard: Station 2 1. Runde: Magst du …? 2. Runde: Kennst du …? 3. Runde: Wie findest du …? 2. Lesen Sie die Arbeitsanweisung vor und lassen Sie die Beispiele in den Sprechblasen von den TN vorlesen. 3. „In die Mitte bitte!" Machen Sie mit einer kleineren Gruppe einen Probelauf in der Kursraummitte. Die anderen TN stellen sich um die kleinere Gruppe herum. Werfen Sie den Ball und stellen Sie die erste Frage. Die / Der TN antwortet und stellt eine weitere Frage mit dem gleichen Satzanfang. Wenn alle TN der Gruppe die erste Frage beantwortet haben, geht diese Gruppe in den äußeren Kreis und Sie bitten 4–5 TN aus dem äußeren Kreis in den Innenkreis. Sagen Sie: „Zweite Runde" und verweisen Sie auf das Tafelbild. Gehen Sie ebenso vor wie bei der ersten Gruppe. Sobald alle TN verstanden haben, unterbrechen Sie das Spiel und sagen Sie: „Machen Sie drei Runden in Ihrer Gruppe." 4. Hören Sie während des Stationenlernens öfter in die Gruppen an dieser Station hinein. Schreiben Sie gelungene Antworten hinter die jeweiligen Runden ans Whiteboard.
3	**Material:** Kärtchen 1. Lesen Sie die Arbeitsanweisung vor und zeigen Sie die Beispielkärtchen in der interaktiven Version des KB oder zeichnen und schreiben Sie sie ans Whiteboard. Unterstreichen Sie die Superlative: *am liebsten, am besten, am meisten*. → **Orientierung** 2. Lassen Sie den Beispieldialog von zwei TN vorlesen und sammeln Sie anschließend weitere Themen am Whiteboard, z. B. *Familienmitglieder, Supermärkte* etc. und entwickeln Sie gemeinsam einige Fragen mit *Welch-*. 3. Bitten Sie zwei TN, zu den neu gefundenen Themen einen Dialog wie im Beispiel zu improvisieren. 4. Hören Sie während des Stationenlernens in die Gruppen an dieser Station hinein. Schreiben Sie gelungene Fragen und Antworten unter der Überschrift *Station 3* ans Whiteboard.

Lernfortschrittstest

	HINWEISE
	Nach Abschluss der Lektion können die Lernenden den Lernfortschrittstest 7 im Arbeitsbuch, Seite 170 bis 173, durchführen (im Unterricht oder zu Hause). Hinweise dazu finden Sie am Ende der Unterrichtspläne zu Lektion 10.

Wie geht das? / Hoa
Unterrichtspläne

Miteinander! Deutsch für Alltag und Beruf A1.2
Lektion 15

Einstiegsseite

Kommunikation um Unterstützung bitten, Hoffnung ausdrücken
Wortfeld –
Grammatik –

AUFGABE	HINWEISE
1 a	→ 🖥 **Einstiegsfotos** 1. Die TN sehen das Bild an. Fragen Sie: „Was wissen Sie über Hoa, Yasmin und Thien?" Lassen Sie die Optionen einmal vorlesen und verweisen Sie auf das Genitiv-S bei der Darstellung von Beziehungen wie in der Sprechblase. → 🖥 **Orientierung** Sagen Sie dann: „Sprechen Sie zu zweit oder zu dritt." 2. Die TN sprechen in Murmelgruppen. Holen Sie das Gespräch anschließend ins Plenum. *Musterlösung: Yasmin ist Hoas Tochter. Und Thien ist Yasmins Sohn. Thien ist Hoas Enkel. Er geht in den Kindergarten. Hoa arbeitet bei Hubert.*
b	1. Lassen Sie die Arbeitsanweisung vorlesen. Verweisen Sie anschließend auf die Worterklärungen und geben Sie den TN eine Minute Zeit, um die Sätze mit den Optionen zu lesen. 2. Spielen Sie die Audiodatei zweimal vor. Die TN bearbeiten die Aufgabe. 3. Lösungskontrolle in PA, dann im PL. → 🖥 **Lösungskontrolle** *Lösung: 2 eine Fahrkarte 3 ein Passwort eingeben. 4 sie hat zu wenig Zeit. 5 zu alt. 6 „Keine Angst, Oma!"*
2	1. Schreiben Sie *versprochen* ans Whiteboard und fragen Sie: „*Versprochen?* Wer sagt das?" Eventuell haben die TN hier schon eine Antwort. Notieren Sie sie ggf. am Whiteboard. Sagen Sie dann: „Lesen Sie bitte die Sätze. Wer sagt das? Hören Sie noch einmal und verbinden Sie." 2. Spielen Sie die Audiodatei vor. Die TN bearbeiten die Aufgabe. 3. Lösungskontrolle in PA, dann im PL. → 🖥 **Lösungskontrolle** *Lösung:* **Hoa** *3, 4, 7, 8* **Yasmin** *2, 5, 6* **Ergänzung:** In lerngewohnteren Kursen können Sie hier noch einmal auf das Wort *versprochen* eingehen und versuchen, die Bedeutung gemeinsam herzuleiten. Fragen Sie hierzu, welches Verb in dem Wort steckt. Antwort: „sprechen". Schreiben Sie: *sprechen = sagen*. Schreiben Sie dann: *versprochen = Ich habe etwas versprochen. = Ich habe gesagt: Ich tue etwas. Yasmin hat gesagt: Sie hilft Hoa morgen mit dem Handy. Sie hat es versprochen.*

A: Das geht ja heute so einfach!

Kommunikation über (Wunsch-)Reiseziele sprechen
Wortfelder Reisen, Naturorte, Himmelsrichtungen
Grammatik *nach* + Dativ und Wechselpräpositionen *in, auf, an* + Dativ und Akkusativ

AUFGABE	HINWEISE
A1	→ 🖥 **Einstiegsfotos** 1. Die TN sehen das Foto an. Lesen Sie die Arbeitsanweisung vor. Fragen Sie dann „Was denken Sie?" und verdeutlichen Sie, dass es hier nicht um richtig oder falsch, sondern erst einmal nur um Vermutungen geht, indem Sie mit den Schultern zucken und signalisieren, dass Sie es auch nicht genau wissen. 2. Die TN bearbeiten die Aufgabe zu zweit. 3. Sagen Sie: „Hören Sie und vergleichen Sie", sobald Sie den Eindruck haben, dass die meisten Paare sich auf eine Lösung geeinigt haben. Spielen Sie anschließend die Audiodatei vor. 4. Lösungskontrolle im PL. → 🖥 **Lösungskontrolle** *Lösung: 1 bei der Arbeit. 2 eine Reise.*

A2	a	1. Schreiben Sie *Wo oder Wohin?* ans Whiteboard und zeichnen Sie einen Bewegungspfeil und einen Markierungspunkt wie in den Bildern zu 1 und 2 dazu:  **Tipp:** Nutzen Sie diese Icons konsequent auch in weiteren Unterrichtssequenzen weiter. 2. Lassen Sie die Arbeitsanweisung vorlesen. Sagen Sie: „Sie müssen mehrere Lösungen ankreuzen." Und machen Sie zur visuellen Unterstützung mehrere Kreuze in die Luft. 3. Spielen Sie die Audiodatei vor. Die TN bearbeiten die Aufgabe. 4. Lösungskontrolle in PA, dann im PL. Schreiben Sie die Antworten während die TN präsentieren am Whiteboard mit oder kreuzen Sie sie in der interaktiven Version des KB an. → **Lösungskontrolle** *Lösung:* **1** nach Italien, in die Berge, ans Meer **2** in Vietnam, in den Bergen, am Meer
	b	1. Fragen Sie: „Und Sie? Wo waren Sie noch nie? Wohin möchten Sie gern mal fahren oder fliegen oder gehen?" Schreiben Sie die Fragen auch ans Whiteboard. → **Orientierung** **Digitalgestützter Unterricht:** Nutzen Sie zur Festigung des Wortschatzes die interaktiven Wortschatzkärtchen zu den Naturorten auf der Übersichtsseite für den Lernwortschatz (KB S. 81). 2. Gehen Sie gemeinsam mit den TN die Worterklärungen durch. Stellen Sie sicher, dass alle die neuen Worte verstanden haben, zum Beispiel indem Sie ein kleines Ratespiel machen. Sie erklären ein Wort und die TN raten. **Tipp:** In lerngewohnteren Kursen können die TN in Kleingruppen den neuen Wortschatz trainieren. Eine / Ein TN erklärt, die anderen raten, welches Wort gemeint ist. 3. Lenken Sie die Aufmerksamkeit der TN zurück zur Aufgabe. → **Orientierung** Erklären Sie, dass bei der Auswahlaufgabe auf S. 116 die Grammatik ein wenig deutlicher markiert ist und damit das Ausfüllen der Tabelle in A2c leichter zu lösen ist. Die TN entscheiden, auf welcher Seite sie arbeiten wollen. Sagen Sie dann: „Wo waren Sie noch nie und wohin möchten Sie gern mal? Kreuzen Sie an." 4. Die TN bearbeiten die Aufgabe in EA. Achten Sie darauf, dass jede / jeder wirklich nur für sich ankreuzt. > **Ergänzung:** In Lerngruppen mit überwiegend lerngewohnten TN oder wenn die Lernenden selbst auf die Idee kommen, können Sie die Aufgabe um Städte und Länder erweitern. Erarbeiten Sie hierfür ein bis zwei Beispielsätze mit den TN und schreiben Sie diese ans Whiteboard: > *Wo? → Ich war noch nie in (+Land/Stadt) Wohin? → ich möchte gern mal nach (+Land/ Stadt) fahren/ fliegen/gehen.*
	c	1. Lesen Sie die Arbeitsanweisung vor. Sagen Sie: „Teilen Sie die Arbeit auf.", um zu verdeutlichen, dass je eine Partnerin / ein Partner für das Ausfüllen einer Tabelle zuständig ist. Gehen Sie mit den TN die Musterlösungen durch und verweisen Sie auch auf die Darstellung zu den Verschmelzungen von Präposition und Artikel. → **Orientierung** 2. Teilen Sie die Paare entsprechend der Seite, auf der sie arbeiten, ein. → **Paarbildung** TN, die die Auswahlaufgabe auf S. 116 bearbeiten, haben in den Tabellen etwas weniger auszufüllen. 3. Die TN bearbeiten die Aufgabe. Gehen Sie herum und geben Sie Hilfestellung. Achten Sie darauf, dass die TN sich an a und b orientieren. **Digitalgestützter Unterricht:** Spielen Sie die Grammatik-Clips nacheinander vor, um den Inhalt der Tabellen noch einmal in einen Satz eingebunden zu hören und zu lesen. Die abschließende systematische Präsentation der Präpositionen und Orte eignet sich auch zur Lösungskontrolle. → **Tipps für Clips**

		4. **Lösungskontrolle.** Öffnen Sie, wenn möglich, die interaktive Version des KB und vervollständigen Sie die Tabellen während der Präsentation der TN. → 🖥 **Lösungskontrolle** Sollte dies nicht möglich sein, bereiten Sie eine Tabelle mit Lücken wie im KB auf S. 75 am Whiteboard vor und lassen Sie diese von freiwilligen TN vervollständigen. Alle anderen TN vergleichen und kontrollieren. Besprechen Sie die Fehler gemeinsam. Achten Sie dabei auf einen wertschätzenden und respektvollen Umgang. *Lösung: Wo? im Museum, in der Wüste, in den Bergen; auf dem Mond, auf einem Fest, auf einer Insel; am Strand, am Meer, an der Küste Wohin? ins Museum, in die Wüste, in die Berge; auf den Mond, auf ein Fest, auf eine Insel; an den Strand, ans Meer, an die Küste*

	d	1. Lassen Sie die Beispieldialoge aus den Sprechblasen von zwei TN vorlesen und ermutigen Sie sie, den Satzanfang *Ich war noch nie ...* zu vervollständigen. Geben Sie den TN 2–3 Minuten Zeit, um sich die Fragen einzuprägen und sich individuelle Antworten zu überlegen. Sagen Sie dann: „In die Mitte bitte!"
		Digitalgestützter Unterricht: Zeigen Sie die Sprechblasen zur visuellen Unterstützung vergrößert in der interaktiven Version des KB.
		2. Die TN machen einen Kursspaziergang. → ♟ **Kursspaziergang** Hören Sie in die Gespräche hinein, notieren Sie gelungene Sätze am Whiteboard und machen Sie sich Notizen zu Fehlern, die Sie später im PL besprechen wollen.
		3. Besprechung im PL: Loben Sie die TN für die Umsetzung der Aufgabe und die gelungenen Sätze und besprechen Sie anschließend einige der Schwierigkeiten, die Sie zuvor notiert haben.
		    Ergänzung: „In die Mitte bitte!" Verteilen Sie die Kärtchen der → 📄 **L15: Orte** an die TN und wimmeln Sie eine Runde zur Festigung oder am nächsten Kurstag zur Wiederholung. Wichtig ist, dass Sie mit den TN vor der Übung mögliche Fragen zu den Kärtchen erarbeiten und diese ans Whiteboard schreiben. Zum Beispiel: *Möchtest du gern mal nach Italien?* Oder: *Warst du schon einmal in den Bergen?* Im Gegensatz zur vorherigen Übung stellen die TN sich hier geschlossene Fragen und müssen die richtige grammatikalische Form und das Wort zum Bild parat haben. Die Rückseite der Bildkarten dient der Selbstkontrolle. → ♟ **Wimmeln**
		    Ergänzung Memospiel: Wiederholen Sie das Handspiel zu den Wechselpräpositionen, das Sie in Lektion 11 mit den TN erarbeitet haben (LHB S. 39 / 40, A5b). Erklären Sie, dass dies alle Präpositionen sind, die zwischen Dativ und Akkusativ wechseln und daher auch Wechselpräpositionen genannt werden. → ♟ **Memospiele**

	A3	1. Teilen Sie den Kurs in Paare ein, indem Sie abwechselnd A und B sagen lassen oder indem Sie Zettel ziehen lassen. → ♟ **Paarbildung** Die TN mit dem Buchstaben A gehen auf die S. 98 im KB, die TN mit dem Buchstaben B gehen auf die S. 106. 2. Lesen Sie die Arbeitsanweisung vor und lassen Sie den Beispieldialog von zwei freiwilligen TN vorlesen. Fragen Sie anschließend, ob Klagenfurt eine Stadt oder ein Land ist. Antwort: „Klagenfurt ist eine Stadt in Österreich." Zeigen Sie anschließend die Städte und Länder sowie die Himmelsrichtungen mit dem Grammatikkasten. → 🖥 **Orientierung** Sagen Sie: „Ergänzen Sie." Bitten Sie ggf. ein weiteres Paar, den Dialog zu *Murak* zu spielen und schreiben Sie am Whiteboard oder in der interaktiven Version des KB auf S. 106 mit. 3. Die TN bearbeiten die Aufgabe. Gehen Sie herum und geben Sie Hilfestellung. 4. Lösungskontrolle: Die TN präsentieren ihre Informationen. Schreiben Sie am Whiteboard oder in der interaktiven Version des KB mit. Geben Sie bei Bedarf Zeit zum Abschreiben. → 🖥 **Lösungskontrolle** *Lösung Aktionsseiten, Partner/in A, S. 98, Partner/in B, S. 106: Anna ist gerade in **Klagenfurt**. Das ist **im Süden** von **Österreich**. Sie fährt morgen **nach Wien**. Murak ist gerade im **Büro**. Das Büro ist **in Bielefeld**. Er fährt nächste Woche **in die Berge**. Klara ist gerade **in Weimar**. Das ist **im Osten** von **Deutschland**. Sie geht gleich **ins Museum**. Jan ist gerade **an der Küste** auf **Rügen**. Das ist **im Norden** von **Deutschland**. Er fährt heute Abend **nach Dortmund**. Luis ist gerade **in Genf**. Das ist **im Süden** der **Schweiz**. Er geht am Samstag **auf ein Fest**. Emma ist gerade **in Saarbrücken**. Das ist **im Westen** von **Deutschland**. Sie geht morgen **ins Schwimmbad**.* 5. Machen Sie Paare, die schneller fertig sind, auf die *Schon fertig?*-Aufgabe aufmerksam.

Wie geht das? / Hoa
Unterrichtspläne

Miteinander! Deutsch für Alltag und Beruf A1.2
Lektion 15

A4	1. Lesen Sie die Arbeitsanweisung vor und zeigen Sie den TN die Landkarte vorne im Buch. → 🖥 **Orientierung** Sagen Sie noch einmal: „Notieren Sie zwei Orte." 2. Lassen Sie den Beispieldialog vorlesen und teilen Sie die TN anschließend in Dreiergruppen ein. → ⬛ **Gruppenbildung** Sagen Sie dann: „Sprechen Sie zu dritt." 3. Die TN bearbeiten die Aufgabe. Gehen Sie herum und notieren Sie gelungene Formulierungen der TN zwischendurch am Whiteboard. 4. Präsentation. Je zwei Gruppen gehen zusammen. Immer zwei TN erzählen den anderen von den Reiseträumen ihres Gruppenmitglieds. (Mediation)
A5	1. Lassen Sie die Arbeitsanweisung vorlesen und geben Sie den TN eine halbe Minute Zeit, um die Aussagen zu lesen. 2. Spielen Sie die Audiodatei zweimal vor. Die TN bearbeiten die Aufgabe. 3. Lösungskontrolle im PL. → 🖥 **Lösungskontrolle** *Lösung: 2 falsch 3 richtig 4 richtig* **Tipp:** Verschaffen Sie sich nach einer solchen prüfungsnahen Hörübung durch eine einfache Daumenabfrage → ⬛ **Feedback** einen Überblick darüber, wie die TN die Aufgabe bewältigt haben. Geben Sie den TN ggf. Hinweise, wie sie ihr Hörverstehen verbessern können. Zum Beispiel, indem Sie noch einmal zeigen, wie die TN die Audiodateien des KB herunterladen/abspielen. Verweisen Sie auch auf das umfangreiche und dem jeweiligen Lernniveau angepasste Angebot der Deutschen Welle (dw.com).

B: Was würden Sie gern lernen?

Kommunikation Vorlieben / Interessen äußern
Wortfelder Medien und Technik
Grammatik Konjunktiv II mit *würde*

AUFGABE	HINWEISE
B1	**Digitalgestützter Unterricht:** Zeigen Sie das Foto vergrößert in der interaktiven Version des KB, sodass die Namen und der Schriftzug *Herzlich willkommen!* für alle gut lesbar sind. → 🖥 **Einstiegsfotos** 1. Die TN sehen das Bild an. Sagen Sie: „Sehen Sie das Bild an und hören Sie." Lesen Sie außerdem die Fragen 1–3 zum Hörverstehen vor. 2. Spielen Sie die Audiodatei vor. 3. Gespräch im Kurs: Die TN beantworten die Fragen. *Lösung: 1 Hoa ist im Computerkurs / in der Volkshochschule. 2 Der Kurs heißt „IT für alle".* *3 Die Kursleiterin heißt Lea Schwanitz.* **Tipp:** In Kursen mit überwiegend lernungewohnten TN kann es hilfreich sein, eine Auswahl an Antworten am Whiteboard anzubieten und die TN hieraus wählen zu lassen. Zum Beispiel: Hoa ist im Kurs. Hoa ist bei der Arbeit.
B2 a	1. Schreiben Sie *Ich würde gern …* ans Whiteboard. Lassen Sie dann die Arbeitsanweisung vorlesen und geben Sie den TN eine halbe Minute Zeit, die Optionen zu lesen. 2. Spielen Sie die Audiodatei zweimal vor. Die TN bearbeiten die Aufgabe. 3. Lösungskontrolle in PA, dann im PL. → 🖥 **Lösungskontrolle** *Lösung: 2a 3c 4b* **Digitalgestützter Unterricht:** Nutzen Sie zur Festigung des Wortschatzes die interaktiven Wortschatzkärtchen zu Medien und Technik auf der Übersichtsseite für den Lernwortschatz (KB S. 81). In Kursen mit überwiegend lernungewohnten TN kann es sinnvoll sein, den Wortschatz vor Schritt 2 zu bearbeiten.

Wie geht das? / Hoa
Unterrichtspläne

Miteinander! Deutsch für Alltag und Beruf A1.2
Lektion 15

	b	1. Kommen Sie auf den Tafelanschrieb *Ich würde gern …* zurück und lassen Sie die Musterlösung vorlesen. Vervollständigen Sie den Satz entsprechend des Beispiels und markieren Sie die Satzklammer.  **Digitalgestützter Unterricht:** Spielen Sie den Grammatik-Clip vor, um zwei Beispielsätze sowie die Konjugationstabelle visuell gestützt zu hören. → 🖥 **Tipps für Clips** 2. Verweisen Sie auf die Konjugationstabelle → 🖥 **Orientierung** und üben Sie die Konjugation von *würde* durch chorisches Sprechen. → ♟ **Aussprachetraining** **Tipp:** Erinnern Sie daran, dass der Kiefer beim Ü enger ist als beim U und lassen Sie die TN diesen Unterschied noch einmal sprechen und mit den Händen am Kiefer fühlen. Machen Sie auch deutlich, dass *wurde* und *würde* unterschiedliche Bedeutungen haben und die richtige Aussprache daher an dieser Stelle besonders wichtig ist. 3. Lenken Sie die Aufmerksamkeit der TN zurück auf die Aufgabe → 🖥 **Orientierung** und sagen Sie: „Ergänzen Sie die Sätze." 4. Lösungskontrolle in PA, dann im PL. → 🖥 **Lösungskontrolle** *Lösung:* **1** würden **4** würde **5** würde
B3		**Digitalgestützter Unterricht:** Spielen Sie den Redemittel-Clip vor, um vor der Übung visuell gestützte Beispiele zu hören und ein interaktives Training für das Bilden von Sätzen mit „würde" zu machen. In dem Clip wird auch der Wortschatz vorheriger Lektionen eingebunden, sodass die TN weitere Ideen für die Äußerung ihrer eigenen Wünsche bekommen können. → 🖥 **Tipps für Clips** 1. Schreiben Sie *Das würde ich gern lernen.* ans Whiteboard und fragen Sie: „Was können Sie noch nicht? Was würden Sie gern lernen?" Lassen Sie anschließend die erste Option und das Beispiel vorlesen. Lassen Sie dann auch alle anderen Optionen vorlesen und sammeln Sie weitere Ideen am Whiteboard. Geben Sie den TN eine Minute Zeit, um eine persönliche Antwort auf die Frage *Was würden Sie gern lernen?* zu notieren. 2. Die / der erste TN sagt ihren / seinen Satz. Wenden Sie sich an die übrigen TN und fragen Sie: „Würden Sie das auch gern lernen? Dann stehen Sie bitte auf." Sobald die TN verstanden haben und aufgestanden sind, bestimmt diejenige / derjenige, die / der den Satz gesprochen hat, die / den nächsten TN usw. Spielen Sie so lange, bis jede / jeder TN einen Satz gesagt hat.
B4	a	1. Lesen Sie die Arbeitsanweisung vor und erinnern Sie die TN an die Steigerungsformen *gern – lieber – am liebsten*. Teilen Sie die TN in Paare ein → ♟ **Paarbildung** und lassen Sie die erste Option von einer / einem TN vorlesen. Fragen Sie die / den TN: „Was würde Ihre Partnerin / Ihr Partner lieber machen?" Sollte die / der TN zögern, fragen Sie: „Was denken Sie?" Sobald die / der TN eine Vermutung geäußert hat, umkreisen Sie die entsprechende Option, wenn möglich in der interaktiven Version des KB. → 🖥 **Orientierung** Achten Sie darauf, das die Partnerin / der Partner hier noch nicht auf die Vermutung reagiert. Machen Sie die TN auch auf die Auswahlaufgabe auf S. 117 aufmerksam. Erklären Sie, dass bei der Auswahlaufgabe nicht vermutet werden muss, sondern die TN umkreisen sollen, was sie selbst lieber machen würden. 2. Verweisen Sie auf die Worterklärungen. Achten Sie bei den TN, die auf S. 77 arbeiten darauf, dass die TN ohne Rücksprache mit ihrer Partnerin / ihrem Partner Vermutungen anstellen und die jeweilige Option umkreisen.
	b	1. Lassen Sie zuerst ein Paar, das auf S. 117 arbeitet, den Beispieldialog vorlesen. Bitten Sie anschließend dasselbe Paar, den Dialog entsprechend ihrer eigenen Auswahl zu Satz 1 in a zu variieren. Fragen Sie im Kurs nach, ob die TN verstanden haben, und lassen Sie ggf. ein weiteres Beispiel von einem anderen Paar im PL vormachen. Wiederholen Sie den gleichen Ablauf dann mit einem Paar, das auf S. 77 arbeitet. 2. Geben Sie den Paaren, die auf S. 77 arbeiten, dann die Arbeitsanweisung: „Haben Sie in a richtig geraten? Sprechen Sie mit Ihrer Partnerin / Ihrem Partner und notieren Sie Smileys. Wer mehr lachende Smileys hat, hat gewonnen." Unterstützen Sie die Aussage, indem Sie einen lachenden Smiley ans Whiteboard zeichnen.

Wie geht das? / Hoa
Unterrichtspläne
Miteinander! Deutsch für Alltag und Beruf A1.2
Lektion 15

		3. Die TN bearbeiten die Aufgabe. Gehen Sie herum und geben Sie Hilfestellung. Lassen Sie Paare ggf. den Beispieldialog noch einmal lesen, falls diese lediglich nonverbal ihre Markierungen vergleichen. 4. Präsentation im PL in Form einer Kursabfrage mit Smileykärtchen oder Daumenabfrage. Fragen Sie zum Beispiel: „Wer würde lieber im Meer schwimmen?" oder „Wer würde lieber im Schwimmbad schwimmen?" Die TN halten ihre Smileykärtchen hoch oder strecken ihre Daumen hoch bzw. runter. → ■ **Feedback** **Ergänzung:** Um die Mediation und gleichzeitig die dritte Person Singular zu üben, können jeweils zwei Paare zusammengehen und sich gegenseitig von den Vorlieben ihrer Partnerinnen / Partner erzählen lassen.
B5		1. Lassen Sie die Arbeitsanweisung vorlesen und geben Sie den TN eine halbe Minute Zeit, um die Sätze mit den Optionen zu lesen. 2. Spielen Sie die Audiodatei zweimal vor. Die TN bearbeiten die Aufgabe. 3. Lösungskontrolle in PA, dann im PL.→ ▭ **Lösungskontrolle** *Lösung: 1 ein neues Update 2 möchte Hoa helfen. 3 Hoa*

C: HOA Spezial

Kommunikation über individuelle Lernziele sprechen
Wortfelder Kurse und Weiterbildung
Grammatik –

AUFGABE		HINWEISE
C1	a	→ ▭ **Einstiegsfotos** 1. Die TN sehen das Bild an. Sagen Sie: „Hoa möchte einen Kurs machen. Lesen Sie das Kursprogramm auf S. 78. Was denken Sie? Welchen VHS-Kurs würde Hoa gern machen?" 2. Die TN lesen das Kursprogramm. Gehen Sie herum und geben Sie Hilfestellung. Geben Sie weniger lerngewohnten TN den Tipp, zunächst nur die Überschriften zu lesen. 3. Lassen Sie die Dialogbeispiele in den Sprechblasen vorlesen. → ▭ **Orientierung** Fragen Sie dann noch einmal: „Was denken Sie? Welchen Kurs würde Hoa gern machen?" Die TN sprechen in Murmelgruppen, dann kurz im PL. Schreiben Sie einige Vermutungen ans Whiteboard. Achten Sie dabei darauf, dass die TN Sätze mit *würde* bilden. 4. Spielen Sie die Audiodatei vor und vergleichen Sie anschließend die Lösung mit den Vermutungen. *Lösung: Hoa würde gern den Kurs „Reparaturwerkstatt Neuberg" machen.*
	b	**Material:** Lösungskärtchen 1. Lassen Sie die Arbeitsanweisung vorlesen. Zeigen Sie S. 117, wenn möglich in der interaktiven Version des KB, und erklären Sie, dass die TN hier die richtigen Informationen nur umkreisen müssen. Die TN entscheiden, auf welcher Seite sie arbeiten wollen. 2. Die TN bearbeiten die Aufgabe. Gehen Sie herum und geben Sie Hilfestellung. 3. Lösungskontrolle: Bereiten Sie für S. 79 und S. 117 Lösungskärtchen vor, die Sie je zwei TN zur Selbstkontrolle geben. **Binnendifferenzierte Variante zur Lösungskontrolle:** Verteilen Sie an die Gruppe, die auf S. 79 gearbeitet hat, Lösungskärtchen und besprechen Sie S. 117 mit dem anderen Teil der Gruppe. → ▭ **Lösungskontrolle** *Lösung S. 79: 1 Lebenslauf, Beruf 2 Kleidung, Fragen 3 Anmeldung 4 Kamera, Apps, Smartphone, Ladegerät* *Lösung Auswahlaufgabe, S. 117: 1 Beruf, Lebenslauf 2 Fragen, Kleidung 3 Anmeldung 4 Kamera, Apps, Smartphone*

c	Fragen Sie: „Welchen Kurs finden Sie interessant? Warum?" Lassen Sie die TN zunächst in Murmelgruppen sprechen und leiten Sie dann ein Gespräch im Plenum an. Es geht hier mehr um Selbstreflexion und die Hinführung zum Thema „lebenslanges Lernen", dennoch ist es schön, wenn die TN sorgfältig formulieren. Geben Sie daher ein paar Redemittel am Whiteboard vor und ergänzen Sie diese während des Gesprächs. Zum Beispiel: *Ich finde den Kurs ... interessant. Mir gefällt ... Ich würde gern ... lernen/können.*
C2	**Material:** Kursprogramme von Bildungseinrichtungen für Erwachsene **Ergänzung:** Nutzen Sie die Kopiervorlage → **L15: Diktat**, um die Redemittel für die folgende kommunikative Aufgabe vorher auch schriftlich zu üben. 1. Lassen Sie die Arbeitsanweisung vorlesen und teilen Sie die TN in Gruppen ein. → **Gruppenbildung** Verteilen Sie Kursprogramme der ortsansässigen VHS und anderer Bildungseinrichtungen in den Gruppen und fragen Sie: „Welchen Kurs würden Sie gerne machen? Schauen Sie in die Kursprogramme. Welche Kurse finden Sie interessant? Sprechen Sie." 2. Die TN sprechen in den Gruppen und lassen sich von den Kursprogrammen inspirieren. Gehen Sie herum und geben Sie Hilfestellung. Ermutigen Sie die TN auch dazu, halblaut aus den Programmen vorzulesen. 3. Präsentation im PL: Je eine / ein TN berichtet aus der Gruppe. **Variante:** 1. Vertiefen Sie das Thema *lebenslanges Lernen*, indem Sie einige Äußerungen der TN aus den vorherigen Übungen aufgreifen, und fragen Sie, ob die TN wissen, wo man so etwas lernen kann. Fragen Sie auch, ob vielleicht schon mal jemand eine Fortbildung gemacht hat. Schreiben Sie einige Bildungseinrichtungen in Ihrer Stadt wie zum Beispiel die VHS / Caritas / Familienbildungsstätten / Tanzschulen ans Whiteboard. 2. Fragen Sie: „Welchen Kurs würden Sie gern besuchen?" Sammeln Sie im Plenum und schreiben Sie die Wünsche und Ideen der TN ans Whiteboard. Bilden Sie Lerngruppen nach Interesse, indem Sie die TN aufstehen und ihren Namen hinter einen Kurs schreiben lassen, der sie interessieren würde. → **Gruppenbildung** Fragen Sie noch einmal: „Wo kann man das lernen? Recherchieren Sie im Internet und schauen Sie im Kursprogramm nach." Verteilen Sie Kursprogramme der ortsansässigen VHS oder anderer Bildungseinrichtungen sowie Plakate, auf denen die TN ihre Ergebnisse festhalten können. 3. Die TN recherchieren in den Gruppen. Gehen Sie herum und geben Sie Hilfestellung. 4. Präsentation im PL: Jede Gruppe bestimmt eine Sprecherin / einen Sprecher zur Präsentation der Rechercheergebnisse. **Extra-Film:** In dem Film erzählen verschiedene Menschen von ihren Kursen bei der VHS Neuberg. Der Film eignet sich, um das Thema *lebenslanges Lernen* zu vertiefen. → **L15: Extra-Film** **Vor dem Hörverstehen** 1. **Aufgabe 1** Fragen Sie: „Wo arbeitet Martin Vollemann? Welchen Beruf hat er? Was denken Sie?" und zeigen Sie den Film bis 00:36 ohne Ton. Die TN raten. Notieren Sie einige Vermutungen am Whiteboard und zeigen Sie den Abschnitt anschließend mit Ton. *Lösung: Der Mann arbeitet bei der VHS Neuberg. Was genau er macht, wird nicht gesagt. Vielleicht ist er Kursleiter / Lehrer / Leiter der VHS.*

Wie geht das? / Hoa
Unterrichtspläne

Miteinander! Deutsch für Alltag und Beruf A1.2
Lektion 15

	Hör- / Sehverstehen 2. **Aufgabe 2** Lassen Sie die Arbeitsanweisung vorlesen und geben Sie den TN eine halbe Minute Zeit, um die Optionen zu lesen. Zeigen Sie den Film vollständig. 3. Die TN bearbeiten die Aufgabe. Gehen Sie herum und schauen Sie, wie gut die TN folgen können. Zeigen Sie den Film ggf. noch einmal mit Pausen zwischen den einzelnen Protagonisten. 4. Lösungskontrolle im PL. *Lösung: Deutschkurs, Gymnastik-Kurs, Social Media Management, Politik-Kurs, IT-Kurs* 5. **Aufgabe 3** Sagen Sie: „Ordnen Sie jedem Bild einen Satz zu." Geben Sie den TN 5 Minuten Zeit, die Aufgabe zu bearbeiten und in PA zu vergleichen. Zeigen Sie den Film anschließend noch einmal. 6. Lösungskontrolle in PA, dann im PL. *Lösung: 1 C, 2 B, 3 A, 4 D, 5 F, 6 E* 7. **Aufgabe 4** Die TN schreiben eigene Kursangebote und präsentieren sie in Kleingruppen. Fragen Sie im PL noch einmal nach, bei wem die TN gern einen Kurs machen würden, und lassen Sie so aus den Gruppen berichten.

Miteinander wiederholen

STATION	HINWEISE
1	1. Lassen Sie den Beispieldialog von zwei TN vorlesen. Sagen Sie dann: „Schlagen Sie bitte die Karte vorne im Buch auf." und zeigen Sie diese. → 🖥 **Orientierung** 2. Stellen Sie den TN ein weiteres Rätsel und verwenden Sie dabei die Redemittel aus dem Beispieldialog. Sagen Sie: „Ich suche eine Stadt. Sie ist im Norden / Osten / Westen von Deutschland. Usw. …" Die TN raten. 3. Lesen Sie anschließend die Arbeitsanweisung vor und betonen Sie, dass zuerst jede / jeder drei Rätsel schreibt und erst dann das Ratespiel beginnt. Gehen Sie während des Stationenlernens öfter an diese Station und achten Sie darauf, dass die TN sich zunächst schriftlich vorbereiten und nicht nur mündlich improvisieren.
2	**Material:** Ball 1. Lesen Sie die Arbeitsanweisung vor und lassen Sie den Beispieldialog von drei TN vorlesen. → 🖥 **Orientierung** Schreiben Sie anschließend *Ich würde gern …* ans Whiteboard und bitten Sie die TN, den Satz schriftlich zu vervollständigen. 2. Werfen Sie einer / einem TN den Ball zu und beginnen Sie wie im Beispieldialog. Warten Sie die Reaktion der / des TN ab. Sollte dieser nicht wissen, was zu sagen ist, verweisen Sie nochmals auf den Beispieldialog. Machen Sie das Spiel mit 5–6 TN als Kettenübung, bis alle verstanden haben, was zu tun ist. → ⬛ **Kettenübung** Sagen Sie abschließend noch einmal: „Notieren Sie drei Ideen, sprechen Sie dann in der Gruppe." 3. Während des Stationenlernens: Achten Sie auch bei dieser Station darauf, dass die TN sich die Vorbereitungszeit zum Notieren nehmen, bevor sie mit der Reaktionsübung mit dem Ball beginnen.
3	1. Lesen Sie die Arbeitsanweisung vor und zeigen Sie auf das Lautsprechersymbol. → 🖥 **Orientierung** Lassen Sie die TN sich ggf. gegenseitig noch einmal zeigen, wie man Audiodateien herunterlädt und abspielt. 2. Fragen Sie: „Welches Bild passt in welche Lücke?" und lassen Sie das Beispiel vorlesen. Lösen Sie anschließend mit den TN gemeinsam die zweite Lücke. → 🖥 **Orientierung** Sagen Sie: „Füllen Sie erst die Lücken aus, hören Sie dann das Lied und kontrollieren Sie. Hören Sie das Lied zum Schluss noch einmal und singen Sie mit." 3. Während des Stationenlernens: Achten Sie darauf, dass an der Station immer mindestens eine / ein TN ist, die / der die Audiodatei auf ihrem / seinem Handy abspielen kann. Ermuntern Sie die TN auch zum Singen. Singen Sie ggf. am Ende des Stationenlernens noch einmal mit dem gesamten Kurs. *Lösung: 1 A, D, F, B, E 2 A, D, F, B, E*

Glückwunsch! / Pekka

Miteinander! Deutsch für Alltag und Beruf A1.2

Unterrichtspläne

Lektion 16

Einstiegsseite

Kommunikation Auskunft über Gewohnheiten geben
Wortfeld Gastgeschenke
Grammatik –

AUFGABE		HINWEISE
1	a	→ 🖥 **Einstiegsfotos** 1. Die TN sehen das Bild an. Fragen Sie: „Was hält Pekka in der Hand?" Vergrößern Sie das Bild, wenn möglich, in der interaktiven Version des KB. Die TN stellen Vermutungen an. Lösen Sie auf, indem Sie sagen: „Pekka hat eine Einladung bekommen." Und verweisen Sie auf den Text. Sagen Sie: „Das ist die Einladung." → 🖥 **Orientierung** 2. Lassen Sie die Arbeitsanweisung vorlesen. Schreiben Sie die Frageworte *wer* und *wann* ans Whiteboard und ordnen Sie ihnen eine Markierungsform zu: wer → 〰️ wann → ――― 3. Lösungskontrolle in PA, dann im PL. **Digitalgestützter Unterricht:** Nutzen Sie zur Lösungskontrolle die interaktive Version des KB und markieren Sie die Fragewörter *wer und wann* in der Arbeitsanweisung wie am Whiteboard. Markieren Sie die Antworten im Text korrespondierend. → 🖥 **Lektürebegleitendes Visualisieren** *Lösung: Micha und Alex machen eine Party. Sie ist am Sonntag, den 28. September, ab 15 Uhr.*
	b	1. Lassen Sie die Arbeitsanweisung vorlesen und sammeln Sie mit den TN am Whiteboard Wörter, die das jeweilige Icon beschreiben. Zeichnen Sie die Icons 1 bis 4 ans Whiteboard und schreiben Sie auf Zuruf die Worte, die den TN einfallen, dazu. Bei 1 könnten die Worte zum Beispiel *Smiley, lustig* oder *Spaß* lauten. 2. Die TN bearbeiten die Aufgabe. Gehen Sie herum und geben Sie Hilfestellung. Schreiben Sie zwischendurch Wortschatzfragen und Erklärungen ans Whiteboard. 3. Lösungskontrolle in PA, dann im PL.→ 🖥 **Lösungskontrolle** Lassen Sie die TN die drei Lösungsworte noch einmal gegenseitig erklären. *Lösung: 4 (feiern), 3 (Buffet), 2 (Bar)* > **Ergänzung:** Verteilen Sie Kärtchen an die TN und sagen Sie: „Sie geben eine Party. Zeichnen Sie drei Emojis zu Ihrer Party." Sobald alle TN die Emojis gezeichnet haben, gehen sie in Kleingruppen → ▣ **Gruppenbildung** zusammen und erzählen sich gegenseitig, was es auf ihrer Party gibt. In Gruppen mit überwiegend lerngewohnten TN können Sie anschließend die Aufgabe stellen, eine Einladung zur Party zu schreiben, in der die zuvor gezeichneten Emojis verwendet werden sollen. Geben Sie ein Zeitlimit und bieten Sie an, die Texte einzusammeln und zu korrigieren.
2	a	1. Lassen Sie die Arbeitsanweisung vorlesen und schreiben Sie die zwei Leitfragen *Wer ist Alex?* und *Was wissen Sie?* ergänzend ans Whiteboard. Sagen Sie: „Erinnern Sie sich? Wir haben über Pekka und Alex in Lektion 6 und in Lektion 13 gesprochen." 2. Die TN sprechen in PA und erinnern sich bzw. stellen Vermutungen an. 3. Kursgespräch über Alex. *Lösung: Alex ist ein Freund von Pekka. Pekka und Alex waren in Lektion 6 im Restaurant LECKER und haben zusammen gegessen. Alex isst kein Fleisch, er isst nur vegan. In Lektion 13 hatte Alex einen Unfall mit dem Fahrrad. Er musste ins Krankenhaus. In diesem Krankenhaus arbeitet Luna. Pekka hat Alex abgeholt. Später hat Luna ein Foto in der Zeitung gefunden. Auf dem Foto machen Alex und Pekka Tai-Chi.*
	b	1. Lassen Sie die Arbeitsanweisung vorlesen und geben Sie den TN eine halbe Minute Zeit, um die Aussagen 1–3 zu lesen. Machen Sie auch auf die Bilderklärung zu *Geschenk* aufmerksam. → 🖥 **Orientierung** 2. Spielen Sie die Audiodatei zweimal vor. Die TN bearbeiten die Aufgabe.

Glückwunsch! / Pekka
Unterrichtspläne

Miteinander! Deutsch für Alltag und Beruf A1.2
Lektion 16

	3. Lösungskontrolle in PA, dann im PL. → 🖥 **Lösungskontrolle** *Lösung: 1, 3* **Digitalgestützter Unterricht:** Nutzen Sie zur Festigung des Wortschatzes die interaktiven Wortschatzkärtchen zum Thema *Party* auf der Übersichtsseite für den Lernwortschatz (KB S. 91).
3	1. Schreiben Sie *Gastgeschenke* ans Whiteboard und zeichnen Sie davon ausgehend Linien (Mindmap). Fragen Sie die TN, was *Gastgeschenke* bedeuten könnte, und halten Sie eine oder mehrere Erklärungen am Whiteboard fest. Zum Beispiel: *Gastgeschenk = ein Geschenk, bringt man zu einer Party mit.* 2. Lesen Sie gemeinsam mit den TN die Beispiele für Gastgeschenke und klären Sie Wortschatzfragen, verweisen Sie auch auf die Bilderklärungen zu *Nüsse* und *Wein*. **Digitalgestützter Unterricht:** Nutzen Sie zur Festigung des Wortschatzes die interaktiven Wortschatzkärtchen zu *Essen und Trinken* auf der Übersichtsseite für den Lernwortschatz (KB S. 91). 3. Lassen Sie das Beispiel aus der Sprechblase vorlesen. **Digitalgestützter Unterricht:** Fragen Sie: „Was bringen die Personen (nicht) gern mit?" Zeigen Sie anschließend den Beispielfilm, um den TN drei Beispiele für die Umsetzung der Aufgabe zu geben. Fragen Sie dann: „Was bringen Sie gern mit?" Zeigen Sie auf die vorgezeichnete Mindmap am Whiteboard und sagen Sie: „Sammeln Sie Ideen und sprechen Sie zu zweit oder zu dritt." → 🔲 **Gruppenbildung: Wahlgruppen** 4. Die TN sprechen in Murmelgruppen und zeichnen eine Mindmap. Gehen Sie herum und achten Sie darauf, dass die TN ihre Ideen gemeinsam notieren. 5. Kursgespräch: Lassen Sie die TN aus ihren Gruppen berichten und ergänzen Sie die Mindmap am Whiteboard. Ermutigen Sie die jeweiligen Gruppensprecherinnen und -sprecher, auch über die Gastgeschenke der anderen zu berichten. (Mediation) **Ergänzung:** Regen Sie ein Gespräch über besondere Geschenke zur Einweihung eines Hauses oder einer Wohnung an. Erklären Sie, dass es zum Beispiel in Deutschland Tradition ist / war, zur Einweihungsfeier Salz und Brot mitzubringen. Fragen Sie: „Schenkt man in Ihrem Herkunftsland etwas Besonderes, wenn das Haus neu ist?" (interkulturelles Lernen)

A: Danke für die Einladung!

Kommunikation auf eine Einladung reagieren, gratulieren, ein Kompliment machen, Auskunft über eine Person geben
Wortfelder Feste und Einladungen
Grammatik Konjunktion *denn*, Possessivartikel im Nominativ und Akkusativ *sein* und *ihr*

AUFGABE	HINWEISE
A1 a	→ 🖥 **Einstiegsfotos** 1. Die TN sehen das Bild an. Sagen Sie: „Das ist Pekka." und fragen Sie: „Was macht Pekka? Wie fühlt er sich?" Die TN versuchen, das Bild zu deuten und Pekkas Gefühle zu beschreiben. Mögliche Antworten: „Pekka liest die Antworten auf Alex' Einladung auf dem Handy. Er sieht glücklich aus." 2. Lesen Sie die Arbeitsanweisung vor und verweisen Sie auf die Nachrichten. Vergrößern Sie diese nach Möglichkeit in der interaktiven Version des KB. Zeigen Sie auf Nachricht A und fragen Sie: „Wer schreibt?" Antwort: „Tim." Fragen Sie dann weiter: „Kommt Tim zur Party?" Sagen Sie dann: „Lesen Sie und kreuzen Sie an." Verweisen Sie auf die leeren Kästchen an den Nachrichten. → 🖥 **Orientierung** 3. Die TN bearbeiten die Aufgabe. Gehen Sie herum und geben Sie Hilfestellung. Notieren Sie Wortschatzfragen zwischendurch am Whiteboard. **Tipp:** Klären Sie Wortschatzfragen in Einzelarbeitsphasen direkt mit den TN. Bitten Sie diese anschließend in der Plenumsphase noch einmal, das Wort für alle zu erklären. Sollten Sie die Erfahrung machen, dass einige TN das nicht mögen, können Sie allgemeiner fragen, wer das Wort für alle erklären möchte. 4. Lösungskontrolle in PA, dann im PL. → 🖥 **Lösungskontrolle** *Lösung: B (Pekka), C (Zofia)*

	b	1. Lassen Sie die Arbeitsanweisung vorlesen. **Tipp:** In Kursen mit überwiegend lernungewohnten TN können Sie Satz 1 auch gemeinsam machen. Lassen Sie den Satz suchen und im PL vorlesen. Schreiben Sie ihn ans Whiteboard und unterstreichen Sie *denn* oder heben Sie ihn in der interaktiven Version des KB hervor und markieren Sie *denn* hier. Alternativ können Sie auch an dieser Stelle bereits den Grammatik-Clip zeigen. 2. Die TN bearbeiten die Aufgabe. Gehen Sie herum und geben Sie Hilfestellung. 3 Lösungskontrolle in PA, dann im PL. → 🖥 **Lösungskontrolle** *Lösung: 1 denn 2 denn* **Digitalgestützter Unterricht:** Spielen Sie den Grammatik-Clip vor, um die Sätze aus b noch einmal visuell gestützt zu hören. Der Clip eignet sich, um die Verbindung zweier Hauptsätze mit dem Konnektor *denn* zu systematisieren. → 🖥 **Tipps für Clips**
A2	a	1. Schreiben Sie *Ich komme gern, denn …* ans Whiteboard und lassen Sie anschließend die Arbeitsanweisung und die zwei Sätze in 1 von einer / einem TN vorlesen. Deuten Sie noch einmal auf den Satz am Whiteboard und fragen Sie: „Wie geht der Satz weiter?" Warten Sie, bis die TN Ihnen die Antwort sagen, und schreiben Sie den Satz dann wie in der Musterlösung zu Ende. → 🖥 **Orientierung** Gestalten Sie ein Tafelbild und erarbeiten Sie bei Bedarf auch den zweiten Satz gemeinsam mit den TN im PL. > Ich liebe Partys. → Ich komme gern. > > Ich komme gern, <u>denn</u> ich liebe Partys. 2. Die TN bearbeiten die Aufgabe. Gehen Sie herum und geben Sie Hilfestellung. 3. Lösungskontrolle in PA, dann im PL. *Binnendifferenzierung: Bitten Sie lerngewohntere TN, die Sätze ans Whiteboard zu schreiben. Geben Sie den lerngewohnten TN genügend Zeit, die Sätze richtig abzuschreiben.* *Lösung: 2 Ich kann leider nur kurz kommen, denn mein Hund ist krank. 3 Ich komme erst um 18 Uhr, denn ich habe am Sonntag Besuch. 4 Ich kann leider nicht kommen, denn ich muss am Sonntag arbeiten. 5 Ich komme sehr gern, denn ich möchte die neue Wohnung sehen. 6 Ich kann vielleicht nicht kommen, denn ich ziehe am Wochenende um.*
	b	1. Lesen Sie die Arbeitsanweisung vor und verweisen Sie noch einmal auf die Sätze in a. Zeigen Sie die Beispielnachricht nach Möglichkeit in der interaktiven Version und lassen Sie diese vorlesen. *Binnendifferenzierung: In Kursen mit überwiegend lernungewohnten TN empfiehlt es sich, die Redemittel in der Beispielnachricht zu unterstreichen und am Whiteboard zu sammeln. Mit lerngewohnteren TN können Sie zu den Kategorien Gratulation, Dank, Gruß, … variable Ausdrucksmöglichkeiten sammeln.* 2. Geben Sie die Arbeitsanweisung noch einmal, indem Sie sagen: „Wählen Sie einen Satz aus a und schreiben Sie eine Nachricht. Schreiben Sie die Nachricht im Handy oder auf Papier. Ihre Partnerin / Ihr Partner bekommt die Nachricht und gibt Ihnen Feedback." 3. Die TN bearbeiten die Aufgabe. Gehen Sie herum und geben Sie Hilfestellung. 4. Plenumsgespräch: Fragen Sie: „Welche Nachricht fanden Sie besonders gut?" und lassen Sie einige TN die Nachrichten ihrer Partnerin oder ihres Partners vorlesen. Korrigieren Sie einige Nachrichten beispielhaft am Whiteboard. Achten Sie darauf, dass niemand seine eigene Nachricht vorliest. Es geht darum, die Arbeit der Partnerin, des Partners zu würdigen. **Tipp:** Sollte bei den TN der Wunsch aufkommen, eine Korrektur der Nachrichten zu bekommen, geben Sie noch einmal Zeit, die Nachrichten auf Papier zu schreiben bzw. zu korrigieren und sammeln Sie sie anschließend ein.

Glückwunsch! / Pekka
Unterrichtspläne

Miteinander! Deutsch für Alltag und Beruf A1.2
Lektion 16

A3	a	1. Schreiben Sie *Auf der Party* ans Whiteboard und zeichnen Sie einige leere Sprechblasen drum herum. Lenken Sie die Aufmerksamkeit der TN auf die drei Bilder → **Orientierung**, fragen Sie: „Was sagt man auf einer Party? Was sind die Themen?" und bitten Sie die TN, in PA einen Satz oder ein Thema für ein Partygespräch zu formulieren. Sammeln Sie anschließend im PL. Mögliche Vorschläge der TN könnten z. B. sein: „Wie heißt du? Bist du eine Freundin / ein Freund von …? Themen: *das Essen, die Wohnung, die Gäste, das Wetter, …"* 2. Lesen Sie die Arbeitsanweisung vor und spielen Sie die Audiodatei einmal vor. Die TN bearbeiten die Aufgabe. 3. Lösungskontrolle in PA, dann im PL. → **Lösungskontrolle** **Ergänzung:** Ermuntern Sie die TN, das Gehörte mit ihren Vorschlägen am Whiteboard zu vergleichen. Spielen Sie die Audiodatei bei Interesse noch einmal vor. *Lösung:* **A**2 **B**1 **C**3
	b	1. Lassen Sie die Arbeitsanweisung vorlesen und verweisen Sie die TN auf den Grammatikkasten zu *sein(e) / ihr(e)*. Geben Sie aber noch keine Erklärungen zur Grammatik. Schreiben Sie die unvollständigen Sätze 1 und 2 ans Whiteboard oder zeigen Sie sie vergrößert in der interaktiven Version des KB. 2. Spielen Sie die Audiodatei vor. Die TN bearbeiten die Aufgabe. 3. Lösungskontrolle in PA, dann im PL. → **Lösungskontrolle** 4. Systematisieren Sie die Ergebnisse, indem Sie auf den Grammatikkasten verweisen. → **Orientierung** Gestalten Sie ein Tafelbild: Pekka → er Pekkas Hemd → sein Hemd (das) / Pekkas Kamera → sein<u>e</u> Kamera (di<u>e</u>) Zofia → sie Zofias Hemd → ihr Hemd (das) / Zofias Kamera → ihr<u>e</u> Kamera (di<u>e</u>) *Lösung:* **1** Ihre **2** Sein
	c	1. Lesen Sie die Arbeitsanweisung vor und schreiben Sie die Beispiele für Pekka und Zofia ans Whiteboard. Suchen Sie gemeinsam mit den TN mündlich für jede Person noch mindestens ein weiteres Kleidungsstück. Teilen Sie den Kurs anschließend in Dreiergruppen ein. → **Gruppenbildung** 2. Die TN bearbeiten die Aufgabe. Gehen Sie herum und geben Sie Hilfestellung. 3. Lösungskontrolle: Bitten Sie zwei TN aus verschiedenen Gruppen ans Whiteboard, die jeweils für Pekka und Zofia die Liste der Gegenstände vervollständigen. Die anderen TN kontrollieren und ergänzen. Ermuntern Sie die TN auch, die Artikel zu den Kleidungsstücken und Gegenständen zu ergänzen. *Mütze* ist noch nicht bekannt. Schreiben Sie das Wort mit Artikel an die Tafel oder das Whiteboard und zeigen Sie auf Pekkas Mütze. *Lösung: Pekka: die Mütze, die Hose, die Turnschuhe; Zofia: das Hemd, die Jeans, der Rucksack, die Kamera*
	d	1. Vergrößern Sie den Grammatikkasten nach Möglichkeit in der interaktiven Version des KB und gehen Sie die Tabellen in chorischem Sprechen mit den TN einmal durch. → **Aussprachetraining** 2. Fragen Sie: „Wie finden Sie Pekkas und Zofias Sachen?" und lassen Sie die Beispiele in den Sprechblasen vorlesen. Gestalten Sie ein Tafelbild, um die Veränderung des Artikels in der maskulinen Form im Akkusativ noch einmal zu systematisieren: Ich finde den Rucksack schön. Ich finde Pekkas Rucksack schön. Ich finde seinen Rucksack schön.

Glückwunsch! / Pekka
Unterrichtspläne

Miteinander! Deutsch für Alltag und Beruf A1.2
Lektion 16

		Bleiben Sie in der Plenumsform und geben Sie den TN eine Minute Zeit, zu Pekka und zu Zofia jeweils ein Statement vorzubereiten. Moderieren Sie anschließend die Fragen und Antworten. Immer eine TN / ein TN stellt die Frage und eine andere / ein anderer TN antwortet. Korrigieren Sie an dieser Stelle direkt, da es um das erste Einüben der Struktur geht. **Tipp:** In Kursen mit überwiegend lernungewohnten TN kann es hilfreich sein, dass die TN ihre zwei Sätze schriftlich vorformulieren. **Digitalgestützter Unterricht:** Spielen Sie den Grammatik-Clip vor, um die Possessivartikel im Nominativ und Akkusativ in Form von Fragen und Antworten noch einmal visuell unterstützt zu hören. Der Clip eignet sich auch, um den TN eine Idee von der Sprechaufgabe zu geben. → 🖵 **Tipps für Clips**
A4	a	1. Gehen Sie gemeinsam mit den TN auf die S. 104 und fragen Sie: „Welche Person in *Miteinander!* mögen Sie besonders gern? Was wissen Sie über sie / ihn?" Regen Sie die TN dazu an, im Kursbuch zu blättern, und zeigen Sie, wenn möglich, noch einmal die Seiten der *Willkommen!*-Lektion (KB, S. 11 / 12) mit den Personen in der interaktiven Version des KB. 2. Lassen Sie die Namen, das Beispiel und die Redemittel vorlesen und vergrößern Sie diese, wenn möglich, in der interaktiven Version des KB. Raten Sie im Plenum, um welche Person es sich im Beispiel handeln könnte. Antwort: „Thien." Formulieren Sie anschließend gemeinsam mit den TN die beiden in Spiegelstrichen angegebenen Informationen zu Thien aus (Er ist / Ich finde ihn lustig. Er mag seine Oma). Sagen Sie dann: „Schreiben Sie drei Sätze zu einer Person. Warum mögen Sie die Person? Schreiben Sie aber nicht den Namen." 3. Die TN bearbeiten die Aufgabe. Gehen Sie herum und geben Sie Hilfestellung. Achten Sie darauf, dass die TN einige der Redemittel verwenden.
	b	1. Lesen Sie die Arbeitsanweisung vor und lassen Sie den Beispieldialog von zwei TN vorlesen. Geben Sie den TN noch einmal 2–3 Minuten Zeit, um die Vorstellung ihrer Lieblingsperson zu üben. Sagen Sie: „Sprechen Sie möglichst frei. Bitte nicht vorlesen." 2. Präsentation: Die TN stellen ihre Lieblingsperson im Plenum oder in Gruppen von 4–5 TN vor. → ■ **Gruppenbildung** Die anderen TN raten, welche Person gemeint ist. **Ergänzung:** Geben Sie den Zuhörenden die Aufgabe, bei der Verwendung eines der Redemittel auf den Tisch zu klopfen. Auf diese Weise lenken Sie noch einmal die Aufmerksamkeit auf die Redemittel, honorieren deren Verwendung und erreichen eine höhere Konzentration bei den Zuhörenden.

B: Das sieht ja alles toll aus!

Kommunikation Auskunft über eine Person geben, ein Kompliment machen, Essen / Trinken anbieten, Absprachen treffen
Wortfeld Essen und Trinken
Grammatik –

AUFGABE		HINWEISE
B1	a	→ 🖵 **Einstiegsfotos** 1. Die TN sehen das Bild an. → 🖵 **Orientierung** Fragen Sie: „Was gibt es zu essen und zu trinken?" und lassen Sie die Beispiele aus den Sprechblasen vorlesen. Schreiben Sie währenddessen einige Strukturen ans Whiteboard wie: *Es gibt … / … sehe ich auch. / Ist das …?* Sagen Sie: „Sehen Sie das Bild an und sprechen Sie im Kurs." 2. Die TN bearbeiten die Aufgabe in Murmelgruppen. → ■ **Gruppenbildung** 3. Lösungskontrolle im PL. Schreiben Sie an der Tafel mit.
	b	1. Lassen Sie die Arbeitsanweisung vorlesen und geben Sie den TN anschließend eine Minute Zeit, um die Optionen zu lesen. Verweisen Sie auch auf die Bilderklärung für *Glas*. 2. Spielen Sie die Audiodatei zweimal vor. Die TN bearbeiten die Aufgabe. 3. Lösungskontrolle in PA, dann im PL. → 🖵 **Lösungskontrolle** *Lösung: 2b 3d 4a*

Glückwunsch! / Pekka
Unterrichtspläne

Miteinander! Deutsch für Alltag und Beruf A1.2
Lektion 16

	c	1. Zeigen Sie den Redemittelkasten, wenn möglich, in der interaktiven Version des KB. → 🖥 **Orientierung** Lassen Sie zwei TN den Musterdialog bis zu den Stellen vorlesen, wo man etwas ergänzen muss. Warten Sie ab, ob die / der TN den Satz schon selbstständig ergänzt. Falls nicht, sagen Sie an das Plenum gewendet: „Lesen Sie die Sätze in b noch einmal. Was müssen wir hier ergänzen?" Notieren Sie die erste Lösung am Whiteboard oder in der interaktiven Version des KB. Sagen Sie dann: „Ergänzen Sie weiter." 2. Die TN bearbeiten die Aufgabe. Gehen Sie herum und geben Sie Hilfestellung. 3. Lösungskontrolle in PA, dann im PL. → 🖥 **Lösungskontrolle** 4. Machen Sie TN, die schnell mit der Aufgabe fertig sind, auf die *Schon fertig?*-Aufgabe aufmerksam. *Lösung: Möchtest du auch etwas …?; Ja, gern., Möchtest du ein Glas …?; Ich trinke lieber …; Wie schmeckt (dir) der / das / die …?; Der / Das / Die schmeckt super / …!* **Digitalgestützter Unterricht:** Spielen Sie den Kommunikations-Clip vor, um mit den TN die Redemittel zu festigen. Zu jeder in dem Clip gestellten Frage werden zwei optionale Antworten angeboten, von denen nur eine richtig ist. Es bietet sich daher an, das Sehen des Clips interaktiv zu gestalten. Stoppen Sie den Clip, sobald beide Antworten dastehen und lassen Sie die TN sagen, welche Antwort die richtige ist, bevor Sie die Lösung zeigen. → 🖥 **Tipps für Clips**
B2	a	**Material:** Kärtchen 1. Gehen Sie gemeinsam mit den TN auf die S. 105 und lenken Sie die Aufmerksamkeit auf die Optionen für Essen und Getränke (möglichst durch Vergrößern in der interaktiven Version des KB). Sagen Sie: „Sie arbeiten in Gruppen. Wählen Sie Essen und Getränke, schreiben oder malen Sie Kärtchen und bauen Sie mit ihnen ein Buffet an Ihrem Tisch auf." Teilen Sie anschließend den Kurs in drei Gruppen ein. Es ist hier sinnvoll, die Gruppeneinteilung nach Sitzordnung vorzunehmen, sodass die TN ihre Tische schnell zu insgesamt drei Buffettischen umbauen können. Geben Sie ein Zeitlimit von 10 Minuten für den Aufbau der Buffets. > **Ergänzung:** Nutzen Sie die Kopiervorlage → 📄 **L16: Am Buffet**, indem Sie diese dreimal kopieren und ausschneiden. Auf diese Weise haben die TN bereits einen Grundstock an Essen und Getränken sowie eine Vorlage, um eigene Lebensmittel und Getränke zu zeichnen und zu beschriften. Geben Sie die Aufgabe, dass jede Gruppe mindestens fünf weitere Kärtchen zeichnen soll, und ermutigen Sie die TN, auch Essen und Getränke zu nehmen, die hier zwar nicht zur Auswahl stehen, die sie zu Hause aber häufig konsumieren. (interkulturelles Lernen) 2. Die TN bearbeiten die Aufgabe. Gehen Sie herum und geben Sie Hilfestellung. Schreiben Sie zwischendurch neuen Wortschatz zu *Essen und Trinken* mit kurzen Erklärungen ans Whiteboard.
	b	1. Gehen Sie zurück in die Plenumsform und lenken Sie die Aufmerksamkeit der TN noch einmal auf das Kursbuch. Lassen Sie den Beispieldialog vorlesen und schreiben Sie einige Strukturen am Whiteboard mit oder zeigen Sie den Redemittelkasten in vergrößerter Form in der interaktiven Version des KB. Sagen Sie dann: „Zwei Personen aus jeder Gruppe bleiben an ihrem Buffet." und machen Sie dies gleichzeitig mit einer Gruppe vor, indem Sie die TN einer Gruppe bis auf zwei TN von ihrem Tisch wegholen. Sagen Sie zu diesen TN: „Gehen Sie zu den anderen Buffets und spielen Sie Gespräche. Tauschen Sie dann mit …" (Nennen Sie hier die Namen der TN, die noch am Tisch stehen) Wenden Sie sich den anderen beiden Tischen zu und sagen Sie: „Sie machen das genauso." 2. Die TN gehen herum und führen Gespräche. Hören Sie in die Gespräche hinein und notieren Sie Fehler der TN, um sie in der anschließenden Plenumsphase gemeinsam zu besprechen. Notieren Sie zwischendurch auch gelungene Dialogfetzen am Whiteboard und loben Sie die TN für ihre Kreativität. 3. Auswertungsphase im PL.
	c	1. Notieren Sie am Whiteboard *Buffet 1 / 2 / 3* wie im Beispiel und fragen Sie: „Welches Buffet finden Sie am besten?" Lassen Sie die Beispiele in den Sprechblasen vorlesen und führen Sie dann ein lehrerzentriertes Klassengespräch. Notieren Sie währenddessen die Präferenzen der TN am Whiteboard. Sagen Sie am Ende unabhängig davon, wie die Statistik ausgefallen ist, dass alle gute Arbeit geleistet haben, und animieren Sie den Kurs dazu, sich gegenseitig Applaus zu geben. 2. Nutzen Sie Ihre Notizen aus b, um abschließend noch einmal auf ein paar Missverständnisse / Fehler einzugehen, die Ihnen während der Gruppenarbeitsphase aufgefallen sind.

Glückwunsch! / Pekka
Unterrichtspläne

Miteinander! Deutsch für Alltag und Beruf A1.2
Lektion 16

B3	a	1. Schreiben Sie *Bleib doch noch!* ans Whiteboard und fragen Sie: „In welcher Situation sagt man das?" Die TN versuchen, eine Antwort zu finden. Unterstützen Sie, indem Sie die Aufmerksamkeit auf das Foto mit Pekka und Zofia lenken. → **Orientierung** Mögliche Antwort: „*Bleib doch noch!* bedeutet: Man möchte nicht, dass der Besuch geht." 2. Lesen Sie die Arbeitsanweisung vor und geben Sie den TN eine halbe Minute Zeit, um die Optionen zu lesen. Erklären Sie die Bedeutung von *pünktlich* anhand eines Beispiels, indem Sie sagen: „Mein Yoga-Kurs beginnt um 18:00 Uhr. Ich komme um 17:55 Uhr / 18:00 Uhr / 18:05 Uhr. Bei welcher Uhrzeit bin ich pünktlich?" Klären Sie anschließend weitere Wortschatzfragen der TN. 3. Spielen Sie die Audiodatei zweimal vor. Die TN bearbeiten die Aufgabe. 4. Lösungskontrolle in PA, dann im PL. → **Lösungskontrolle** *Lösung: 2 an verschiedenen Orten. 3 bei einem Security-Dienst. 4 geht mit Pekka.*
	b	1. Lassen Sie die Arbeitsanweisung vorlesen und klären Sie noch einmal kurz die Bedeutung von *sortieren*, indem Sie die Musterlösung vorlesen und fragen: „Was kommt dann? Notieren Sie 2, 3, 4, 5." 2. Die TN bearbeiten die Aufgabe. Spielen Sie die Audiodatei vor, sobald die TN Ihnen signalisieren, dass sie fertig sind. 3. Lösungskontrolle in PA, dann im PL. → **Lösungskontrolle** *Lösung: 2 Wow! Dann reden wir jetzt schon zwei Stunden! 3 Tja, aber jetzt muss ich leider los. 4 Was? Du musst schon gehen? Ach, bleib doch noch! 5 Nein, das geht leider nicht! (…) Ich muss heute noch arbeiten.* 4. Lenken Sie die Aufmerksamkeit der TN auf den Kasten rechts, um die Verwendung von *schon* und *noch* zu semantisieren. **Ergänzung:** Geben Sie den TN die Aufgabe, den Dialog noch einmal zu lesen und dabei *schon* und *noch* zu markieren. Anschließend lesen die TN den Dialog in PA. Ermutigen Sie die TN, ein wenig theatralisch zu lesen, und bitten Sie anschließend zwei freiwillige TN, im PL den Dialog nochmals möglichst stark betont zu lesen.
B4	a	**Material:** Kärtchen 1. Bereiten Sie Kärtchen wie im Beispiel vor und halten Sie diese zur Veranschaulichung hoch, während Sie die Arbeitsanweisung vorlesen. Lassen Sie anschließend die Optionen für die Aufgaben vorlesen und sagen Sie noch einmal: „Das sind Aufgaben." Sammeln Sie dann mit den TN noch mehr Ideen für Aufgaben am Whiteboard. Erklären Sie, dass bei der Auswahlaufgabe auf S. 118 ein Variationsdialog vorgegeben ist. Stellen Sie es den TN frei, trotzdem Kärtchen zu schreiben und die Aufgaben am Whiteboard ebenfalls zu verwenden. Die TN entscheiden, auf welcher Seite sie arbeiten wollen. Teilen Sie anschließend die Paare danach ein, welcher Aufgabentyp gewählt wurde. → **Gruppenbildung** 2. Die TN beschriften zu zweit fünf Kärtchen mit Aufgaben. Jedes Paar beschriftet zusätzlich ein Kärtchen mit einem grünen Häkchen und eines mit einem roten Kreuz.
	b	1. Lenken Sie die Aufmerksamkeit der TN noch einmal zurück ins Buch und lesen Sie die Arbeitsanweisung vor. Lassen Sie den Beispieldialog von einem Paar vorlesen und bitten Sie anschließend dasselbe Paar, ihre Kärtchen aufzuteilen und den ersten Dialog wie im Beispiel zu improvisieren. → **Orientierung** Schreiben Sie währenddessen einige Redemittel ans Whiteboard und vergrößern Sie, wenn möglich, den Beispieldialog in der interaktiven Version des KB. 2. Die TN bearbeiten die Aufgabe. Gehen Sie herum und geben Sie Hilfestellung. Achten Sie darauf, dass die Paare ihre Rollen tauschen. Schreiben Sie zwischendurch gelungene Formulierungen am Whiteboard mit. 3. Präsentation im PL: Lassen Sie einige Paare auf freiwilliger Basis einen Dialog zu ihrer „Lieblingsaufgabe" präsentieren. Notieren Sie Fehler und besprechen Sie diese nach dem Ende der Präsentationsphase.

Glückwunsch! / Pekka
Unterrichtspläne

Miteinander! Deutsch für Alltag und Beruf A1.2
Lektion 16

C: PEKKA Spezial

Kommunikation eine Meinung äußern, sich (für Zuspätkommen) entschuldigen
Wortfeld Pünktlichkeit
Grammatik –

AUFGABE		HINWEISE
C1	a	1. Lassen Sie die Arbeitsanweisung und die Aussagen 1 bis 3 vorlesen. Fragen Sie die TN bei jeder Aussage, worauf Sie beim Lesen achten wollen, und lassen Sie den jeweiligen Satzteil oder das Wort markieren. Markieren Sie parallel auch in der interaktiven Version des KB. → **Lektürebegleitendes Visualisieren** 2. Die TN bearbeiten die Aufgabe. Gehen Sie herum und geben Sie Hilfestellung. Schreiben Sie Worterklärungen zwischendurch ans Whiteboard. 3. Lösungskontrolle in PA, dann im PL. → **Lösungskontrolle** *Lösung: 1, 2*
	b	1. Lassen Sie die Arbeitsanweisung vorlesen und zeigen Sie die Blogbeiträge vergrößert in der interaktiven Version des KB. → **Orientierung** 2. Die TN bearbeiten die Aufgabe. 3. Lösungskontrolle in PA, dann im PL. → **Lösungskontrolle** *Lösung: 1b 2a*
	c	1. Lassen Sie die Arbeitsanweisung und die Aussagen vorlesen. Fragen Sie die TN bei jeder Aussage, worauf Sie beim Lesen achten wollen, und lassen Sie den jeweiligen Satzteil oder das Wort markieren. Markieren Sie parallel auch in der interaktiven Version des KB. → **Lektürebegleitendes Visualisieren** 2. Die TN bearbeiten die Aufgabe. Gehen Sie herum und geben Sie Hilfestellung. 3. Lösungskontrolle in PA, dann im PL. Lassen Sie sich von den TN die mit der Aussage korrespondierende Textstelle nennen und markieren Sie diese nach Möglichkeit in der interaktiven Version des KB. → **Lösungskontrolle** *Lösung: 1 Pekka_M 2 Pekka_M 3 Schmittke69*
C2	a	1. Lassen Sie die Arbeitsanweisung und die Aussagen zu den Ampelfarben vorlesen. Zeigen Sie anschließend am Beispiel *im Kino*, was zu tun ist. Fragen Sie eine / einen TN: „Darf man im Kino zu spät kommen? Was denken Sie?" Umkreisen Sie entsprechend der Antwort der / des TN, wenn möglich, in der interaktiven Version des KB. → **Orientierung** Sagen Sie dann: „Umkreisen Sie je eine Farbe. Das machen Sie allein." 2. Die TN umkreisen die Farben. Gehen Sie herum und achten Sie darauf, dass die TN erst miteinander sprechen, wenn sie das Umkreisen in EA erledigt haben. Sollten die TN sich nicht von allein in Dreiergruppen zusammenfinden, gehen Sie an dieser Stelle noch einmal ins Plenum und lassen Sie die Beispiele in den Sprechblasen vorlesen. Teilen Sie dann den Kurs in Dreiergruppen ein. → **Gruppenbildung** 3. Die TN sprechen miteinander. Gehen Sie herum und notieren Sie Fehler für eine anschließende Besprechung im PL. Notieren Sie auch gelungene Formulierungen am Whiteboard. 4. Führen Sie ein lehrerzentriertes Gespräch, indem Sie je eine / einen TN einer Dreiergruppe ansprechen und sie / ihn die Meinungen der beiden anderen Gruppenmitglieder zu *Pünktlichkeit* referieren lassen. (Mediation) 5. Machen Sie Gruppen, die schnell mit der Aufgabe fertig sind, auf die *Schon fertig?*-Aufgabe aufmerksam. **Variante:** Alternativ zur Ergebnissicherung im PL können Sie auch je zwei Dreiergruppen zusammengehen lassen. Von diesen sechs TN berichten dann immer zwei aus unterschiedlichen Gruppen von den Vorstellungen zur Pünktlichkeit ihrer Partnerinnen und Partner. (Mediation)

	b	**Ergänzung:** Nutzen Sie zur Vorbereitung auf die Schreibübung die Kopiervorlage → **L16: Diktat**.

1. Lesen Sie die Arbeitsanweisung vor und erklären Sie, dass auf der S. 118 die Schreibaufgabe in zwei Schritten angeleitet wird, wobei es zu den Fragen zwei Optionen zur Auswahl gibt, und erst in Schritt zwei geschrieben wird. Zeigen Sie dies, wenn möglich, kurz in der interaktiven Version des KB. → **Orientierung**

2. Bevor die TN sich entscheiden, auf welcher Seite sie arbeiten wollen, ist es sinnvoll, hier die Fragen und das dazugehörige Textbeispiel zu lesen. Vergrößern Sie hierzu den Text, wenn möglich, in der interaktiven Version des KB und markieren Sie die Textstellen, die mit den Fragen korrespondieren.

Digitalgestützter Unterricht: Spielen Sie den Kommunikations-Clip vor, um zu drei verschiedenen Situationen Statements visuell gestützt zu hören. Zu jedem Statement wird wiederum eine ablehnende und eine zustimmende Reaktion gezeigt. Wenn Sie das Ansehen des Clips interaktiv gestalten wollen, stoppen Sie nach jedem Statement und lassen Sie die TN reagieren. → **Tipps für Clips**

3. Die TN entscheiden, auf welcher Seite sie arbeiten wollen und bearbeiten die Aufgabe. Gehen Sie herum und geben Sie Hilfestellung.

4. Präsentation im PL: Lassen Sie freiwillige TN im PL vorlesen und geben Sie den Zuhörenden die Aufgabe, auf den Tisch zu klopfen, wenn eines der Redemittel verwendet wird.
Geben Sie den TN am Ende jeder Präsentation eine Kurzkorrektur und bieten Sie allen an, ihre Texte abzugeben. Korrigieren bzw. kommentieren Sie diese bis zur nächsten Stunde. |
| | C3 | 1. Schreiben Sie „Entschuldigung, ich komme zu spät" ans Whiteboard und fragen Sie die TN, was eine gute Entschuldigung fürs Zuspätkommen sein könnte. Schreiben Sie die Ideen der TN am Whiteboard mit.

Digitalgestützter Unterricht: Spielen Sie zur Einstimmung den Kommunikations-Clip vor. Den TN wird hier ein Chat-Verlauf zwischen Niko und Lena gezeigt, in dem Niko sich für seine Verspätung entschuldigt und Lena verständnisvoll reagiert. → **Tipps für Clips**

2. Lesen Sie die Arbeitsanweisung vor und lassen Sie das Beispiel von einer / einem TN vorlesen. Zeigen Sie es, wenn möglich, vergrößert in der interaktiven Version des KB. Lenken Sie die Aufmerksamkeit der TN auf die Redemittel und lassen Sie auch diese einmal vorlesen. → **Orientierung**

Tipp: In Kursen mit überwiegend lernungewohnten TN ist es sinnvoll, hier ein Memotraining, zum Beispiel Körpermemo → **Memospiele** einzubauen. Alternativ können Sie die Redemittel auch phonetisch durch Brummen oder Klatschen üben. → **Aussprachetraining**

Extra-Film: In dem Film wird Pekka von einer Freundin (Daniela) gefragt, ob er zu einer Karnevalsfeier mitkommen möchte. Er hat kein Kostüm und beschreibt im Folgenden, wie er sein Kostüm bastelt. Er gibt sich viel Mühe, aber Daniela gefällt das Kostüm nicht. Der Film eignet sich, um Gegenstände und ihre Beschaffenheit zu wiederholen und Meinungen zum Verhalten von Freunden zu äußern. → **L16: Extra-Film**

Vor dem Hör- / Sehverstehen

1. Verteilen Sie das Arbeitsblatt *Extra-Film*. Lenken Sie die Aufmerksamkeit der TN auf die Bilder in **Aufgabe 1** und lassen Sie sie in PA Vermutungen darüber anstellen, wie Pekka sich fühlt und was er sagen könnte. Sammeln Sie die Vorschläge anschließend in einem kurzen Plenumsgespräch.

Hör- / Sehverstehen

Aufgabe 2: Zeigen Sie den Film in Abschnitten.

2. Abschnitt I: Anfang bis 01:07: Lassen Sie zur Orientierung die Arbeitsanweisung vorlesen und geben Sie den TN eine halbe Minute Zeit, um die Optionen zu lesen. Klären Sie das Wort *Karnevalskostüm* anhand der Bilderklärung.

3. Spielen Sie den Film bis 01:07 vor. Die TN bearbeiten die Aufgabe. Spielen Sie den Abschnitt ggf. zweimal vor. |

4. Lösungskontrolle in PA, dann im PL.

Lösung Abschnitt I: 1 falsch 2 richtig 3 falsch 4 falsch

5. Abschnitt II: 01:08 bis 02:20: Lassen Sie die Arbeitsanweisung vorlesen und geben Sie den TN kurz Zeit, die Optionen zu lesen. Spielen Sie den Abschnitt anschließend zweimal vor. Die TN bearbeiten die Aufgabe.

Lösung Abschnitt II: CDs, Gummiband, Helm, Jacke, Klebeband, Kleiderbügel, Skibrille, Papier

6. Abschnitt III: 02:20 bis Ende: Lassen Sie die Fragen 1–3 vorlesen und spielen Sie den Abschnitt ein- bis zweimal vor. Verweisen Sie anschließend auf den Kasten mit den Redemitteln zur Meinungsäußerung. Die TN sprechen in Gruppen. Gehen Sie herum und hören Sie in die Gruppen hinein. Schreiben Sie einige Statements ans Whiteboard.

7. Moderieren Sie nach der Gruppenarbeitsphase ein kurzes Plenumsgespräch, indem Sie zunächst die Reaktion von Daniela klären und anschließend zu Frage zwei und drei einige Statements und Reaktionen von den TN formulieren lassen und abschließend eine Daumenabfrage → **Feedback** machen.

Nach dem Hör- / Sehverstehen

8. **Aufgabe 3**: Die TN berichten in Kleingruppen darüber, ob sie schon einmal ein Karnevalskostüm getragen haben, wie es aussah und aus welchem Material es war. Ermuntern Sie die TN auch, kleine Zeichnungen von ihrem Kostüm anzufertigen oder Fotos zu zeigen.

Miteinander wiederholen

STATION	HINWEISE
1	**Material:** Kärtchen 1. Dies ist ein relativ komplexes Spiel, das Sie im Plenum anleiten sollten. Anschließend können Sie den Kurs in vier Gruppen einteilen, von denen je zwei zusammenarbeiten und zwischen denen Sie hin und her wechseln können, um Hilfestellung zu geben. Lesen Sie die Arbeitsanweisung vor und erklären Sie *heimlich*, indem Sie ein Kärtchen nehmen und verdeckend die Hand davorhalten oder ein Flüstern mit TN andeuten. 2. Lenken Sie die Aufmerksamkeit auf das Beispielkärtchen und zeigen Sie es nach Möglichkeit vergrößert in der interaktiven Version des KB. → **Orientierung** Schreiben Sie anschließend ein ähnliches Kärtchen ans Whiteboard, indem Sie eine / einen TN auswählen, ohne den Namen zu nennen. Schreiben Sie die Ihnen bekannten Informationen zu der / dem TN ans Whiteboard. Teilen Sie bereits hier den Kurs in Gruppen ein und geben Sie jeder Gruppe je ein Kärtchen zum Beschriften. Sagen Sie noch einmal: „Wählen Sie heimlich eine Person aus Ihrer Gruppe. Schreiben Sie den Namen nicht und notieren Sie Informationen wie im Beispiel." Lassen Sie die Gruppen anschließend die Kärtchen tauschen. 3. Lassen Sie vier TN den Beispieldialog vorlesen und sagen Sie: „Besprechen Sie sich eine Minute in dieser Weise." Die TN besprechen sich. Achten Sie auf die Verwendung der Redemittel. 4. Holen Sie den Kurs wieder ins Plenum zurück und lassen Sie die Beispiele in den Sprechblasen vorlesen. Vergrößern Sie diese nach Möglichkeit auch in der interaktiven Version des KB. → **Orientierung** 5. Teilen Sie den Kurs in vier oder eine andere gerade Zahl von Kleingruppen ein. → **Gruppenbildung** Immer zwei Gruppen spielen gemeinsam und erraten die Person auf ihren Kärtchen. Gehen Sie herum und geben Sie Hilfestellung. Regen Sie mehrere Spielrunden an. **Tipp:** Vermeiden Sie es, zur Verdeutlichung von *heimlich* den Finger an den Mund zu legen und einen Laut wie „pscht" zu machen. Das kann von manchen erwachsenen Lernenden als beleidigend empfunden werden.

Glückwunsch! / Pekka
Unterrichtspläne

Miteinander! Deutsch für Alltag und Beruf A1.2
Lektion 16

2	**Material:** Kärtchen 1. Wie auch bei Station 1 bietet es sich hier an, die Übung im Plenum anzuleiten und sie nicht im eigentlichen Sinne als Station anzubieten. Lesen Sie die Arbeitsanweisung vor und zeigen Sie die Beispielkärtchen, wenn möglich, in der interaktiven Version des KB oder schreiben Sie sie ans Whiteboard. → **Orientierung** Halten Sie wie in der Illustration im KB eine Anzahl Finger (1, 4 oder 5) hoch und schauen Sie erwartungsvoll in die Runde. Animieren Sie die TN in dieser Weise, im Chor zu sprechen und sagen Sie zur Erklärung: „Ich bin jetzt Dirigent(in)." → **Aussprachetraining: Chorisches Sprechen** Die TN sprechen je nach hochgehaltener Zahl die Beispielsätze 1, 4 oder 5 aus dem Buch. Bitten Sie die TN, den gesprochenen Satz so oft zu wiederholen, bis Sie eine andere Zahl nennen. 2. Verweisen Sie auf die Redemittel auf S. 90 und sagen Sie: „Schreiben Sie fünf Kärtchen und bestimmen Sie eine Dirigentin / einen Dirigenten." Jede / Jeder spricht den eigenen Satz und wiederholt ihn so lange, bis die Dirigentin / der Dirigent eine andere Zahl zeigt. Die TN sollen Spaß an der Kakophonie haben. → **Gruppenbildung** 3. Die TN spielen in den Gruppen. Gehen Sie herum und geben Sie Hilfestellung. Ermuntern Sie die TN zu möglichst häufigem Wiederholen ihrer Sätze. **Tipp:** Sollte eine Gruppe signalisieren, dass sie fertig ist, können Sie anregen, die Kärtchen untereinander zu tauschen, sodass nun die TN die Sätze ihrer Partnerinnen und Partner sprechen.
3	**Material:** 3 Plakate 1. Lesen Sie die Arbeitsanweisung und die Fragen vor und vergrößern Sie den Ausschnitt mit den Fragen nach Möglichkeit in der interaktiven Version des KB. Sagen Sie: „Machen Sie in den Gruppen Notizen zu den Fragen." Es bietet sich an, die für Station zwei eingeteilten Gruppen beizubehalten. 2. Die TN machen Notizen. Gehen Sie herum und geben Sie Hilfestellung. Bereiten Sie drei Plakate vor und hängen Sie sie auf. 3. Gestaltung der Plakate: Bitten Sie die Gruppen, eine Person pro Frage/Plakat zu bestimmen, die die Gruppenergebnisse auf dem jeweiligen Plakat einträgt. Gehen Sie am Ende dieser Arbeitsphase wieder zurück in die Plenumsform und lesen Sie für alle laut die Ergebnisse vor. Stellen Sie Fragen und geben Sie den TN Gelegenheit, Fragen zu stellen und Reaktionen zu zeigen, indem Sie per Daumenabfrage → **Feedback** zwischendurch ein Stimmungsbild zu einem Statement sichtbar machen.

Lernfortschrittstest

	HINWEISE
	Nach Abschluss der Lektion können die Lernenden den Lernfortschrittstest 8 im Arbeitsbuch, Seite 188 bis 191, durchführen (im Unterricht oder zu Hause).

Miteinander! Deutsch für Alltag und Beruf A1.2
Methodenglossar

Aussprachetraining

Das Aussprachetraining (siehe dazu auch die Übungen im Arbeitsbuch) sollte über den Fokus auf den Einzellaut hinausgehen und die suprasegmentale Ebene, d.h. die Worte und Sätze als Ganzes einbeziehen. Dabei geht ein gezieltes Aussprachetraining im Optimalfall auf die individuellen Bedürfnisse der einzelnen Lernenden ein – dies kann im Rahmen dieser Kurzhandreichung jedoch nicht dargestellt werden.

In Kombination mit dem Training von grammatischen Phänomenen gibt es je nach Länge und grammatischer Struktur des Satzes zwei einfache Trainingsmöglichkeiten.

<u>Chorisches Sprechen</u>: Eine Zeit lang war das chorische Sprechen verpönt, weil es als Drill galt und mit reinem Frontalunterricht verbunden wurde. Für das Aussprachetraining und die Verinnerlichung grammatischer Strukturen hat es aber durchaus seine Berechtigung. So kann das chorische Aufsagen von Verbkonjugationen zu einer verbesserten Aussprache und einem besseren Bewusstsein für die Verbendungen beitragen. Darüber hinaus kann das chorische Sprechen Hemmungen bei schüchternen TN abbauen. Zudem ist erwiesen, dass gleichzeitiges Hören und Sprechen die Aussprache verbessert, ohne dass eine für die TN öfter unangenehme Einzelkorrektur notwendig ist.

<u>Aufbauendes Sprechen</u>: Beim aufbauenden Sprechen wird der Satz zunächst reduziert und dann wieder zu seiner vollen Länge aufgebaut. Da sich die Lernenden nur begrenzt viele Wörter auf einmal merken können, gilt als Faustregel, dass für das Training nur Sätze oder Sinneinheiten von 9–12 Silben zu wählen sind. Sprechen Sie vor und lassen Sie die TN wiederholen.

Beispiel 1:
    Kommst du morgen früh mit dem Bus?
    Kommst du?
    Kommst du morgen?
    Kommst du morgen früh?
    Kommst du morgen früh mit dem Bus?

Beispiel 2 (geeignet für das Einüben der Satzklammer – Modalverben, trennbare Verben, Perfekt):
    Ich kann leider morgen nicht für Sie einkaufen.
    Ich kann einkaufen.
    Ich kann nicht einkaufen.
    Ich kann morgen nicht einkaufen.
    Ich kann morgen nicht für Sie einkaufen.
    Ich kann leider morgen nicht für Sie einkaufen.

<u>Back-Chaining</u>: Das aufbauende Sprechen vom Ende eines Satzes her ist für das Aussprachetraining besonders geeignet. Dabei sollten allerdings Satzintonation und Bedeutung der Äußerung erhalten bleiben. Achtung! Hauptsatz-Nebensatzstrukturen eignen sich hier weniger, weil Intonation und Bedeutung nicht gleich bleiben. Hier ein gut funktionierendes Beispiel mit zwei Hauptsätzen:
    Die Hose gefällt mir sehr gut, aber sie ist mir zu teuer.
    zu teuer.
    sie ist mir zu teuer.
    , aber sie ist mir zu teuer.
    sehr gut, aber sie ist mir zu teuer.
    Sie gefällt mir sehr gut, aber sie ist mir zu teuer.
    Die Hose gefällt mir sehr gut, aber sie ist mir zu teuer.

<u>Wortakzent</u>

– Brummen: Gerade bei Dialogübungen ist es hilfreich, den TN auch die Bedeutung der Stimmlage zu vermitteln und spontane Reaktionen einzuüben. Hierzu eignen sich Brummübungen. Wählen Sie aus einem Dialogmuster kürzere Ausrufe oder Fragen wie: „Super!", „Was soll das?", „Gut gemacht!", „Wie bitte?" Beim Brummen geht es darum, dass die TN sich auf das Intonationsmuster und die Akzentsetzung konzentrieren können. Brummen Sie den TN beispielsweise einige Ausrufe vor und fragen Sie sie, ob sie eine positive oder negative Kommunikationsabsicht heraushören. Brummübungen lassen sich auch als Ratespiel zu zweit umsetzen, indem die TN bei einer Auswahl von Sätzen raten sollen, welcher Satz gebrummt wurde.

Miteinander! Deutsch für Alltag und Beruf A1.2
Methodenglossar

- Klatschen: Üben Sie zwischendurch auch den Wortakzent durch Klatschen. Unbetonte Silben werden dabei leise auf dem Handballen geklatscht und betonte Silben mit der vollen Handfläche. Bei trennbaren Verben ist ein Einüben des Wortakzents auch deshalb sinnvoll, da eine falsche Betonung der Vorsilbe eine Sinnverschiebung bewirken kann.
- Stampfen: Ähnlich wie das Klatschen von Wort- oder Satzakzenten dient das Stampfen dazu, die Rhythmusübung mit Bewegung zu verbinden. Dazu können Sie sich beispielsweise im Kreis aufstellen und Wort- oder Satzakzente gemeinsam sprechen und stampfen oder alle einzeln im Kurs umhergehen lassen und dabei rhythmisch sprechen und gehen.

Eine wichtige Komponente des Aussprachetrainings und eine gute Möglichkeit für die Aneignung eines neuen phonetischen Systems ist das Singen von Liedern oder das Sprechen von Zungenbrechern. Beides dient außerdem dem Energieaufbau und der Auflockerung des Unterrichts. Nutzen Sie ggf. das Internet / YouTube zur Unterstützung.

Tipp: Lassen Sie sich auch Zungenbrecher in den Herkunftssprachen der TN aufsagen.

Energieaufbauübungen

Obstsalat: Bilden Sie mit den TN einen Stuhlkreis. Sie selbst stehen und haben keinen Stuhl. Es gibt also einen Platz zu wenig. Lassen Sie die ersten drei TN jeweils eine Sorte Obst sagen, z. B. *Apfel, Birne, Banane*. Ordnen Sie jedem / jeder TN eine der drei Obstsorten zu. Sagen Sie dann z. B. „Äpfel" und ergänzen Sie: „Bitte aufstehen." Unterstützen Sie Ihre Aufforderung mit einer Geste. Sagen Sie dann: „Bitte suchen Sie sich einen neuen Platz." Das heißt, alle TN, die Äpfel sind, müssen aufstehen und sich einen neuen Platz suchen. Sie suchen sich ebenfalls einen Platz, sodass ein/e TN übrig bleibt. Diese/r TN sagt eine neue Obstsorte und sucht sich einen Platz, sobald die TN mit dieser Sorte aufgestanden sind usw. Wenn jemand „Obstsalat" sagt, müssen alle TN aufstehen und sich einen neuen Platz suchen. Dieses Spiel können Sie mit allen möglichen Wortfeldern durchführen.
Links – rechts: Bitten Sie die TN in einen Kreis in der Mitte des Kursraums. Alle stehen. Sehen Sie die / den TN neben sich auffordernd an und bedeuten Sie ihr / ihm, auf Ihre Füße zu achten. Stampfen Sie mit Ihrem linken und dann mit dem rechten Fuß auf und sagen Sie dabei „links, rechts". Zeigen Sie auf den linken Fuß der / des TN neben Ihnen und sagen Sie „links". Der TN soll nur einmal den linken Fuß heben und wieder aufstellen. Will sie / er weitermachen, machen Sie mit der Hand ein Stoppzeichen und stampfen wiederum mit ihrem rechten Fuß auf. Sagen Sie „rechts" und „fertig". Lassen Sie die / den TN neben sich neu beginnen und wiederum mit der / dem TN neben sich interagieren. TN1 stampft also links und rechts, dann TN2 mit links und der TN1 wiederum mit rechts. Dann beginnt TN2 von Neuem. Gehen Sie herum und sprechen Sie immer abwechselnd „links, rechts", während Sie auf die Füße der TN deuten. Ermutigen Sie die TN auch, während sie mit den Füßen stampfen, selbst „links, rechts" zu sagen.
Nüsse weitergeben: Bringen Sie einen Sack Walnüsse mit in den Unterricht und verteilen Sie an jede / jeden zweite/n TN jeweils zwei Nüsse. Die TN stellen sich im Kreis auf. Die TN mit den Nüssen sollen nun ihre Hände kreuzen und die Nüsse in die aufgehaltenen Hände der jeweiligen TN neben sich geben. Als Nächstes kreuzen wiederum diejenigen mit den Nüssen die Hände und geben die Nüsse in die aufgehaltenen Hände der TN neben sich.

Feedback

Smileys: Verteilen Sie (am besten laminierte) Kärtchen mit Smileys. Jede / Jeder TN erhält einen lächelnden, einen neutralen und einen unzufriedenen Smiley. Sie lesen die zu bewertenden Themen oder Fertigkeiten vor, zum Beispiel *Ich kann sagen, wie ich heiße und wo ich wohne*. Die TN halten dann alle gleichzeitig das aus ihrer Sicht zutreffende Kärtchen hoch. So können Sie sich einen schnellen Überblick über die Selbsteinschätzung der TN verschaffen. Um diese Feedback-Methode einzuführen, können Sie anfangs einfach am Ende einer Übung fragen, ob die Übung gut geklappt hat, und sehen, welche Smileys die TN hochhalten.
Daumenabfrage: Ein wenig zeitsparender als Smileys und ohne zusätzliches Material einsetzbar ist die Daumenabfrage. Daumen hoch bedeutet *gut*; Daumen waagerecht bedeutet *geht so*; Daumen runter bedeutet *nicht gut*. Bei der Daumenabfrage machen oft nicht alle mit und Sie müssen einzelne TN motivieren, Ihnen ein Feedback zu geben, bis sie sich an diese Form der Abfrage gewöhnt haben.

Miteinander! Deutsch für Alltag und Beruf A1.2
Methodenglossar

Punkteabfrage: Mit der Punkteabfrage können Sie Meinungs- und Stimmungsbilder erheben. Schreiben Sie dafür eine Frage / mehrere Fragen oder z. B. eine Themenauswahl an ein Flip-Chart und verteilen Sie an die TN Klebepunkte. Dabei können Sie den TN entweder nur je einen Klebepunkt geben und diese z. B. auf eine Achse von *sehr wenig* bis *sehr viel* oder *nicht wichtig* bis *sehr wichtig* etc. verteilen lassen. Oder Sie verteilen drei Klebepunkte, die die TN z. B. bei einer Liste von Themen je nach subjektiver Einschätzung der Wichtigkeit hinter die einzelnen Themen von Interesse kleben. Sie können auch mit Klebepunkten in unterschiedlichen Farben arbeiten. Legen Sie dazu am Whiteboard die Bedeutung der jeweiligen Farbe fest.

Galerierundgang

Der Galerierundgang dient dazu, Arbeitsergebnisse aus Einzel-, Partner- oder Gruppenarbeit der gesamten Lerngruppe zugänglich zu machen. Produkte wie Texte, Plakate, Kurszeitungen werden im Klassenraum aufgehängt. Die TN gehen alleine, zu zweit oder in Gruppen zu den Aushängen. Je nach Zielsetzung betrachten / lesen sie die Werke, sprechen darüber oder bewerten diese z. B. nach Interesse mit Klebepunkten. Manchmal hilft es, dabei leise Musik laufen zu lassen, um eine entspannte Atmosphäre zu schaffen. Die TN lassen sich dann eher auf die Ergebnisse der anderen ein.

Gruppenbildung

Tipp: Stellen Sie vor der Gruppenbildung immer die Aufgabe, die anschließend in den Gruppen bearbeitet werden soll.

Grundsätzlich können Sie auf drei Arten Gruppen bilden:
Einteilung durch die Kursleitung: Sie entscheiden, wie sich die Gruppen zusammenfinden sollen. Sprechen Sie die TN mit Namen an und zeigen Sie mit klaren Gesten, wer zusammenarbeiten soll. Vorteil: Sie können z. B. steuern, dass lerngewohnte und lernungewohnte TN zusammen in eine Gruppe kommen.
Zufallsgruppen: Vorteil: Es ergeben sich immer wieder neue Lernkonstellationen. Die Zusammensetzung der Gruppen erfolgt z. B. durch
- Abzählen: Die TN zählen der Reihe nach immer wieder 1–4, alle mit Ziffer 1 gehen in eine Gruppe etc.
- Losverfahren: Die TN ziehen Kärtchen / Knöpfe / Bonbons aus einem Säckchen. Die mit den gleichen Farben / Formen … gehen in eine Gruppe.
- Zerschnittene Bilder: Jede/r TN bekommt den Teil eines zerschnittenen Bildes (quasi ein Puzzleteil). Die TN gehen im Raum umher und suchen die anderen Bildteile. Jedes zusammengesetzte Bild ergibt eine Gruppe.

Wahlgruppen: Die TN wählen, mit wem sie in einer Gruppe sein wollen. Eine einfache und schnelle Variante sind die „Murmelgruppen", d. h. die TN wenden sich nach links oder rechts und sprechen mit ein bis zwei anderen TN. Die Wahl der Gruppe kann sich aber auch je nach Interesse, Thema, Herkunftssprache, Sympathie … vollziehen (Lernerautonomie). Um thematisch ausgerichtete Gruppen zu bilden, sollten Sie die zur Auswahl stehenden Themen am Whiteboard sammeln. Die TN stehen auf und schreiben ihren Namen zu dem Thema, das sie interessiert.

Kettenübung

Kettenübungen können dazu eingesetzt werden, um sich mit dem neuen Sprachmaterial vertraut zu machen. Dabei geht es dann darum, die TN dazu zu bewegen, die Wörter / Ausdrücke / Wendungen erstmals in den Mund zu nehmen.
Durchführung: Beginnen Sie, indem Sie die Frage und die Antwort mehrmals vorsprechen. Verdeutlichen Sie durch Ihre Körpersprache, dass es sich um einen Dialog handelt. Für den Anfang können Sie den Minidialog auch an das Whiteboard schreiben. Später sollten Sie die Sätze wieder zudecken oder wegwischen, damit die TN sprechen und nicht lesen. Sprechen Sie nun die / den erste/n TN an und lassen Sie sie / ihn antworten oder wiederholen.
Beispiel:
- ◆ Was machst du gern?
- ○ Ich lese gern. Und du? Was machst du gern?
- ▲ Ich gehe gern spazieren. Und …?

Miteinander! Deutsch für Alltag und Beruf A1.2
Methodenglossar

Lassen Sie die / den TN nun die Sitznachbarin / den Sitznachbarn fragen. Diese Person antwortet und fragt wiederum die nächste Person.

Wenn Sie die Kettenübung im Kurs als Methode gerade erst einführen oder einen Kurs mit lernungewohnten TN haben, ist es sinnvoll, den Dialog mit mehreren TN durchzuspielen, bevor Sie die Kettenübung machen lassen.

Ihre Rolle: Die Kettenübung ist eine Form des stark gesteuerten Übens und bedarf einer konzentrierten Arbeitsatmosphäre. Wichtig ist, dass Sie als KL diese Konzentration ebenfalls ausstrahlen und sich in Ihrer gesamten Körpersprache der / dem gerade sprechenden TN zuwenden. Machen Sie deutlich, dass Sie diese Aufmerksamkeit auch von allen anderen TN im Kurs erwarten. Fehler sollten in dieser Phase korrigiert werden. Achten Sie aber darauf, dass Sie die Grenzen schüchterner TN nicht überschreiten und dass alle TN eine solidarische Arbeitshaltung einnehmen.

Kugellager: siehe *Uhrwerk*

Kursspaziergang

Kursspaziergänge aktivieren die TN und sorgen für ein kooperatives Lernklima. Außerdem lösen sich die TN vom Buch. Sie können flexibel zur Wiederholung oder für freiere Anwendungen des Lernstoffs genutzt werden. Die TN gehen im Kursraum umher. Wenn sich zwei TN begegnen, sprechen sie miteinander, je nach Aufgabenstellung z. B. anhand eines Musterdialogs (Whiteboard, kann mit der Zeit gelöscht werden), eines Fragebogens oder anhand von Rollen- oder Lernkärtchen. Bei einem Kursspaziergang sollte echte Kommunikation angeregt werden.

Tipp: Es ist möglich, dass sich ein Kurs überwiegend aus TN zusammensetzt, denen Unterrichtsmethoden fremd sind, die ein Aufstehen vom Platz erfordern. Diese TN sind den Fokus auf die Lehrperson gewohnt und müssen kooperativeres und selbstständigeres Lernen erst einüben. Musik ist eine Möglichkeit, die TN zum Verlassen ihrer angestammten Plätze zu bewegen. Lassen Sie Musik – möglichst Instrumentalmusik – einfach nebenbei leise laufen. Oder nutzen Sie Musik als Signal für Bewegung im Kurs und einen Stopp der Musik als Signal für die Durchführung einer kommunikativen Aktivität (z. B. Dialog sprechen).

Ihre Rolle: Sie können außer- oder innerhalb des Geschehens stehen. Wenn Sie den Beobachtungsposten wählen, können Sie besser überwachen, dass alle tatsächlich Deutsch sprechen und ein stetiger Wechsel der Kärtchen und Lernpartnerinnen / -partner stattfindet. Sie stehen außerdem für eventuelle Fragen der TN zur Verfügung. Es macht aber den TN Spaß, wenn auch Sie als Übungspartnerin / -partner zur Verfügung stehen und die Aufgaben mit den TN durchspielen. Insbesondere bei Kärtchen mit Sprechanlässen ist diese Rolle sinnvoll, weil die TN versuchen werden, Sie nachzuahmen.

Lebende Sätze

Lebende Sätze sind eine gute Möglichkeit, Satzstrukturen für die TN nicht nur sichtbar, sondern auch körperlich erfahrbar zu machen. Die Grundidee ist, dass die TN Kärtchen erhalten, auf dem ein Satzteil steht. Die TN stellen sich im Raum zu einem Satz auf, während andere TN den Satzbau überprüfen.

Vorbereitung und Durchführung: Wählen Sie Beispielsätze, in denen das zu übende grammatikalische Phänomen vorkommt, und schreiben Sie jeden Satzteil auf ein Kärtchen. Dabei können modale oder temporale Angaben als Gesamtheit auf ein Kärtchen geschrieben werden. Zum Beispiel:

| Ich | arbeite | am Mittwoch. | Am Mittwoch | arbeite | ich | von 13 bis 19 Uhr. |

Fragen Sie immer auch nach Varianten in der Satzstellung.

Einsatzmöglichkeiten: Besonders geeignet ist diese Methode zur Bewusstmachung der Stellung des Verbs im Satz (z. B. Aussagesatz, W-Frage und Ja-/Nein-Frage). Später auch für das Üben der Satzklammer bei Modalverben, im Perfekt und der Verwendung des *würde*-Konjunktivs sowie zum Training der Stellung des Verbs in Haupt- und Nebensatzkonstruktionen.

Miteinander! Deutsch für Alltag und Beruf A1.2
Methodenglossar

Memospiele

Das Training der Gedächtnisleistung ist für den Lernprozess entscheidend – und kann durch spielerische Aktivitäten erfolgen.

<u>Kim-Spiele:</u> Diese Übungen zur Wahrnehmung und Merkfähigkeit lassen sich im Unterricht schnell und gleichsam nebenher einsetzen. Wichtig ist nur, dass mit Realien gespielt wird. Sammeln Sie beispielsweise Arbeitsmaterialien der TN auf einem Tisch und nennen Sie die Namen und Artikel. Decken Sie die Gegenstände danach mit einem Tuch ab. Die TN sagen noch einmal, welche Gegenstände vorher sichtbar waren. Nicht immer lässt sich der Tisch mit Materialien aus dem Kurs bestücken. Bringen Sie je nach Lektionswortschatz auch Dinge mit wie beispielsweise Verpackungen von Lebensmitteln oder Obst und Gemüse.

Kim-Spiele lassen sich auch in Gruppen durchführen. Die TN wählen selbst, welche Gegenstände sie verwenden wollen. Der Vorteil von Kim-Spielen in kleineren Gruppen ist, dass nicht nur der Sehsinn, sondern auch der Hör- und Tastsinn angesprochen werden kann, wenn Sie den TN die Aufgabe geben, die Gegenstände durch Tasten oder Hören zu erkennen. Beim Tasten können die Gegenstände unter einem Tuch sein, aber auch bei verbundenen Augen in die Hand gegeben werden. Beim Hören können Sie beispielsweise mit einem Bleistift auf die Gegenstände klopfen lassen.

<u>Memo-Spiele:</u> Für diese Erinnerungsspiele auf der Basis von Wort- und/oder Bildkarten benötigen Sie einen Satz beschrifteter / bebilderter Karten, aus dem sich jeweils Paare bilden lassen. Mit Memo-Spielen lassen sich sowohl Wortschatz als auch Strukturen einüben. Memo-Spiele dienen nicht nur der Wiederholung, sondern bieten auch die Möglichkeit, eine Struktur oder einen Zusammenhang spielerisch zu erarbeiten.

<u>Körpermemo:</u> Bei diesem Gedächtnisspiel wird allgemein gesprochen ein intellektueller Inhalt mit einer Geste oder Bewegung verbunden und auf diese Weise die Vernetzung und Verankerung des zu lernenden Inhalts unterstützt. Beim Körpermemo ermutigen Sie die TN, Wörter oder Chunks mit bestimmten Gesten zu verknüpfen. Entwickeln Sie gemeinsam mit den TN kleine Handspiele beispielsweise für die Personalpronomen oder Präpositionen, indem Sie sie mit einer Handbewegung verknüpfen. Machen Sie für die erste Handbewegung selbst einen Vorschlag (z. B. die rechte Hand auf die linke Hand legen für *auf*) und fragen Sie bei der nächsten Präposition oder beim nächsten Personalpronomen etc. die TN, welche Handbewegung sie vorschlagen möchten bzw. sagen Sie das Wort und warten Sie auf eine Reaktion aus dem Plenum.

Eine Erweiterung dieser Technik stellt das Einüben von Redemitteln durch die TN dar. Hierbei ist es besonders wichtig, dass die TN das jeweilige Redemittel mit einer eigenen Geste belegen, die die Bedeutung des Redemittels transportiert bzw. unterstreicht. Bei dieser Übung finden Sie relativ schnell heraus, ob die TN die Bedeutung eines Satzes oder Chunks verstanden haben oder etwas völlig anderes damit verbinden.

Paarbildung

Siehe auch *Gruppenbildung*. Das Bilden von Zufallspaaren erfolgt z. B. durch

<u>Memo-Spiel-Karten:</u> Die TN finden sich nach den zusammengehörigen Motiven oder Wort-Bild-Kombinationen zusammen.

<u>Zerschnittene Komposita-Kärtchen:</u> Jede/r TN bekommt ein Nomenkärtchen und sucht eine Person mit dazu passendem Nomen, sodass sich ein Kompositum ergibt.

| Salat | Schüssel | Tomaten | Soße |

Manchmal sind mehrere Kombinationen möglich. Lassen Sie die TN probieren. Wenn am Ende zwei übrig bleiben, deren Kärtchen nicht zusammenpassen, fordern Sie sie auf, noch einmal mit den anderen gemeinsam eine neue Lösung zu finden.

<u>Wollfäden:</u> Schneiden Sie etwa 1,50 m lange Wollfäden zurecht – Anzahl in Höhe der Hälfte der TN. Ballen Sie die Wollfäden zusammen, sodass nur die Enden aus ihrer geballten Hand herausschauen. Bitten Sie die TN, in die Raummitte zu kommen und je eines der losen Enden zwischen zwei Finger zu nehmen. Wenn jede/r TN ein Ende in der Hand hält, lassen Sie los. Das durch den Wollfaden verbundene Paar gehört zusammen.

<u>Alphabetisch:</u> Die TN stellen sich alphabetisch nach Anfangsbuchstaben der Vor- oder Nachnamen auf. Alternative: Jede/r TN bekommt ein Kärtchen mit einem Wort aus dem bereits gelernten Lernwortschatz. Die TN stellen sich nach der alphabetischen Reihenfolge der Wörter auf, ohne einander die Kärtchen zu zeigen, also nur auf der Basis von Sprechen und Hören. Dann zeigen alle ihre Kärtchen und kontrollieren die Position in der Reihe. Die Person, die neben einem steht, ist die Partnerin / der Partner.

Miteinander! Deutsch für Alltag und Beruf A1.2
Methodenglossar

Satzpuzzle

Durch das Herstellen von Satzpuzzles können Sie den Satzbau üben – siehe auch *Lebende Sätze*.
Vorbereitung: Wählen Sie passende Sätze und schreiben Sie jeden Satzteil auf ein Kärtchen (siehe: *Lebende Sätze*).
Durchführung: Die Kärtchen eines Satzes werden gemischt. Je zwei TN bekommen einen Kärtchensatz und legen die Kärtchen in eine / mehrere passende Reihenfolge/n. Die möglichen Satzvariationen werden auf ein Blatt Papier notiert.
Binnendifferenzierung: Lerngewohnte TN erstellen die Satzpuzzles in PA selbst und tauschen die Kärtchen dann mit einem anderen Paar.
Varianten: Sie können mehrere Sätze vom selben Format (beispielsweise *weil*-Sätze) herstellen, indem Sie pro Satz jeweils eine Papierfarbe wählen, um die Kärtchen leicht separieren zu können. Es ist aber auch möglich, dass ein Kartensatz einer Farbe bis zu fünf Sätze enthält. Dann sind verschiedene Lösungskombinationen möglich. Bei dieser Variante ist es nötig, dass Sie als KL zu den Tischen der TN gehen und die Richtigkeit der gelegten Sätze überprüfen. Schreiben Sie anschließend gemeinsam einige Beispiellösungen ans Whiteboard. Hierbei können die TN entdecken, welche Variablen es gibt und welche Elemente fest / relativ fest gefügt sind.

Tipp: Halten Sie zu den Sätzen ein Lösungsblatt bereit, um den TN die Möglichkeit zur Selbstkontrolle zu geben.

Smartphone

Da es sich bei den Lernenden in Integrationskursen um Erwachsene handelt, empfiehlt es sich nicht, die Smartphones einzusammeln oder die Nutzung ganz zu untersagen. Besprechen Sie aber mit den TN die Regeln für die Benutzung von Smartphones während der Unterrichtszeit und gehen Sie davon aus, dass es wichtige Gründe gibt, wenn die TN während des Unterrichts ans Telefon gehen. Bitten Sie sie dann, ihr Gespräch außerhalb des Kursraums zu führen und leise den Raum zu verlassen.
Wenn alle TN ein Smartphone haben und der Einsatz im Unterricht erlaubt ist, können Sie es für vielfältige Aufgaben nutzen – aber die Tastatur muss auf Deutsch eingestellt sein!
Diktat: Über die Smartphone-Funktion *Texterkennung* können die TN Wörter / Sätze auf Deutsch sagen und ausprobieren, ob das Smartphone sie versteht.
Autokorrektur: Die TN können die richtige Schreibung von Wörtern prüfen.
Chat: Die TN schicken sich gegenseitig Sprach- oder Textnachrichten. Letzteres ist auch ohne Smartphone-Einsatz möglich: Jeder TN beginnt einen Gruppenchat auf Papier. Die Papiere werden aufgehängt. Die TN gehen im Raum umher und notieren Antworten / andere Beiträge.
Foto und Film: Die TN nehmen zu Hause / im Kurs Fotos / Filme auf. Diese können z. B. als Aufgaben an andere TN verschickt werden (*Wie heißt das auf Deutsch?*) oder als Sprechanlass dienen.
Recherche: Das Smartphone wird für Rechercheaufgaben genutzt (Bild zu unbekanntem Wort suchen, Übersetzung suchen, Informationen recherchieren).

Sonnenaufgang

Dieses Ratespiel eignet sich zur Einführung neuer Wörter oder zur Wiederholung bekannter Wörter. Gewonnen hat die Gruppe, die das gesuchte Wort zuerst erraten hat.
Durchführung: Teilen Sie die TN in zwei konkurrierende Gruppen ein. Zeichnen Sie dann entsprechend der Anzahl der Buchstaben des gesuchten Wortes horizontale Linien ans Whiteboard. Die Gruppen geben Ihnen je abwechselnd einen Buchstaben vor. Enthält das Wort den Buchstaben, notieren Sie ihn auf die richtige Linie. Falls nicht, notieren Sie den Buchstaben an den Rand und zeichnen den Anfang einer Sonne (erster Schritt: ein Kreis). Bei jedem weiteren falsch geratenen Buchstaben zeichnen Sie einen weiteren Strahl der Sonne. Sobald die Sonne zwölf Strahlen hat, haben Sie gewonnen und lösen das Wort auf.

Miteinander! Deutsch für Alltag und Beruf A1.2
Methodenglossar

Speed-Dating

Ebenso wie in der Methode *Uhrwerk* geht es hier darum, den Sprachfluss zu fördern und einen Wechsel der Gesprächspartnerinnen und -partner herbeizuführen. Die Zeit pro Partnerin / Partner sollte etwas großzügiger bemessen sein als bei *Uhrwerk* – und die Aufgabe kommunikativ ausgerichtet sein.

Durchführung: Die TN stehen oder sitzen einander in zwei Reihen gegenüber und sprechen über ein vorgegebenes Thema, beispielsweise *Hobbys*. Geben Sie für die Kurzgespräche eine Zeit zwischen 1–2 Minuten vor. Nach Ablauf der Zeit geben Sie ein Zeichen, und die TN einer Reihe gehen einen Platz weiter und sprechen mit ihrem neuen Gegenüber. Dabei muss die hinterste Person nach vorne kommen, um den frei gewordenen Platz einzunehmen.

Tipp: Verwenden Sie einen Gong oder eine Gong-App, um die Unterbrechung der Gespräche nach Ablauf der Zeit weniger harsch zu gestalten. Die Gespräche können dann idealerweise mit dem Verklingen des Gongs langsam enden.

Standbild

Das Standbild ist im DaZ-Unterricht eine eingefrorene Konstellation einer Gesprächssituation. Mit dieser Technik können Sie in Situationen einführen und / oder das Vorwissen der TN aktivieren.

Durchführung: Eine Gruppe von TN spielt eine Situation nach, nimmt beispielsweise angeregt durch das Einstiegsfoto einer Lektion die Positionen der Akteure auf dem Foto ein. Jeder / Jedem darstellenden TN wird eine / ein weitere/r TN zur Seite gestellt, die / der für die darstellende Person spricht. Es ist auch möglich, dass sich nacheinander verschiedene TN hinter die darstellende Person stellen, eine Hand auf deren Schulter legen (wenn die TN Körperkontakt erlauben) und unterschiedliche Dinge sagen.

Auf diese Weise kann das situative Improvisieren geübt werden und die TN lernen, ihre sprachlichen Mittel gemäß einer Situation einzusetzen und zu variieren.

Stationenlernen

Das Stationenlernen ist eine Methode zum binnendifferenzierten Lernen, weil es den TN die Möglichkeit gibt, ihren Lernprozess selbst zu steuern.

Durchführung: Besprechen Sie die Aufgabenstellungen aller Stationen im Plenum, bevor die TN an die Stationen gehen. Richten Sie die Stationen ein, indem Sie die TN bitten, außer ihrem Schreibmaterial alles von den Tischen zu räumen. Bauen Sie dann die Lernstationen in Form von Tischgruppen im Kursraum auf. Bei großen Gruppen empfiehlt es sich, ggf. jeweils zwei Tischgruppen für eine Station vorzubereiten (im KB werden in der Regel drei Stationen angeboten). Bereiten Sie großformatige Kärtchen mit den Arbeitsaufträgen je Station vor. Vergrößern Sie dafür die Seite im KB am Kopierer und laminieren Sie die Aufgaben-Karten für die Stationen. Bereiten Sie ggf. Lösungsbögen vor, die Sie an einer Stelle im Kursraum bereitlegen und die die TN einsehen können, sobald sie eine Aufgabe bearbeitet haben. So stärken Sie die Autonomie der Lernenden.

Zeit: Prinzipiell sollen die TN selbstständig entscheiden, wie lange sie an einer Station verweilen. Aber auch die Einteilung der Lernzeit ist ein Lernziel. Unterstützen Sie ggf. mit einem Timer und geben Sie ein Zeitlimit für das Stationenlernen insgesamt vor.

Uhrwerk

Wie beim *Speed-Dating* geht es bei dieser Methode darum, den Sprachfluss zu fördern und in regelmäßigen Abständen einen Partnerwechsel herbeizuführen. Im Gegensatz zum *Speed-Dating* wird diese Methode immer im Stehen durchgeführt – und der Wechsel erfolgt schneller.

Durchführung: Die TN stellen sich in einem inneren und einem äußeren Kreis gegenüber auf und sprechen über ein vorgegebenes Thema miteinander. Nach Ablauf einer zuvor vereinbarten Zeit (1–2 Minuten) geben Sie ein Zeichen, und der äußere Kreis dreht sich nach links und der innere Kreis nach rechts.

Miteinander! Deutsch für Alltag und Beruf A1.2
Methodenglossar

Wimmeln

Wimmeln ist im Vergleich zum *Kursspaziergang* eine stärker gesteuerte Übungsform. Sie dient der Festigung und Wiederholung von Lerninhalten und ist vorkommunikativ.

<u>Durchführung</u>: Wimmelübungen werden idealerweise mit gut gestalteten Kärtchen durchgeführt. Die Kärtchen sollten auf ihrer Rückseite Lösungen haben und so die Möglichkeit zur Selbstkontrolle bieten. Bei offenen Fragen oder kleinen Rollenkarten ist es hilfreich, mit den TN eine oder mehrere Musterlösungen am Whiteboard zu erarbeiten, bevor sie mit dem Wimmeln beginnen. Es geht darum, möglichst viele Karten mit wechselnden Lernpartnerinnen / Lernpartnern zu bearbeiten.

Beispiel: Angenommen, Sie möchten eine Wortschatzübung machen, dann stellen Sie 22 Kärtchen her, auf deren Vorderseite ein Bild und auf deren Rückseite das Nomen mit Artikelwort steht. Geben Sie jeder / jedem TN eine Karte. Danach finden die TN sich zu Lernpaaren zusammen und zeigen sich gegenseitig ihre Karten. Jede / Jeder nennt Nomen und Artikel zu dem Bild auf der Karte des Gegenübers. Danach werden die Karten getauscht und das Paar geht auseinander, um sich eine neue Lernpartnerin / einen neuen Lernpartner zu suchen.

Tipp: Bei der Einführung der Übungsform empfiehlt es sich, nur jeder / jedem zweiten TN ein Kärtchen zu geben. Diejenigen mit leeren Händen erhalten den Auftrag, sich die Kärtchen durch Bearbeitung der Aufgabe zu holen. Sobald das Wandern der Kärtchen gut umgesetzt wird, können Sie allen TN ein Kärtchen geben, sodass dann nach dem Bearbeiten der jeweiligen Aufgabe getauscht wird.

<u>Ihre Rolle</u>: siehe *Kursspaziergang*.

Wortquiz

Diese Methode ist zur Wiederholung des Lernwortschatzes geeignet und dient der Steigerung der Erinnerungs- und Sprechfähigkeit. Auf höheren Niveaustufen kann das Spiel auch nach der Lektüre eines komplexeren Textes gespielt werden. Ansonsten eignet es sich als Wiederholungsübung am Ende einer Lektion oder als Überprüfung einer Wortschatzhausaufgabe.

Es gibt verschiedene Möglichkeiten der Durchführung:

1. Geben Sie den TN einige Minuten Zeit, um sich je drei Lernwörter auszuwählen und sich zu überlegen, wie sie das Wort auf Deutsch erklären / umschreiben / definieren wollen. Anschließend erklären Sie oder ein/e Freiwillige/r das erste Wort. Wichtig! Die Wörter dürfen <u>nicht</u> genannt werden, sondern müssen umschrieben werden. Alle anderen raten. Wer richtig geraten hat, darf das nächste Wort erklären.

2. Bilden Sie Gruppen und lassen Sie pro Gruppe drei Wörter vorbereiten. Anschließend spielen die Gruppen gegeneinander. Verteilen Sie zwei Punkte für ein geratenes und einen Punkt für ein gut erklärtes Wort. Auf diese Weise können auch dann Punkte gesammelt werden, wenn das Wort nicht geraten, aber gut erklärt wurde. Arbeiten Sie hier mit Stoppuhr.

3. Die TN wählen drei Wörter aus einer oder mehreren Lektionen und schreiben sie auf Kärtchen. Sammeln Sie die Kärtchen ein, mischen Sie sie und verteilen Sie sie neu an die TN. Die TN erklären / umschreiben / definieren die Wörter in PA, GA oder im PL. Achten Sie darauf, dass die Wörter nicht vorgelesen, sondern umschrieben oder definiert werden. Wer das Wort errät, bekommt das Kärtchen. Gewonnen hat, wer am Ende die meisten Kärtchen gesammelt hat. Da es bei dieser Variante keine Vorbereitungszeit gibt, ist sie eher für Kurse mit geübteren TN geeignet.

<u>Ihre Rolle</u>: Sie sind der / die Quizmaster/in. Geben Sie den Umfang der Lektionen vor, aus denen die Wörter gewählt werden dürfen. Geben Sie bei Bedarf auch ein Zeitlimit vor und achten Sie auf Fairness. Legen Sie die Regeln fest. Ist beispielsweise Pantomime erlaubt? Oder Zeichnen?

Miteinander! Deutsch für Alltag und Beruf A1.2
Tipps für den digitalgestützten Unterricht

Unterrichtsmodelle

Auch im „klassischen" Unterrichtsmodell (100 % **Präsenzunterricht**), bei dem KL und alle TN physisch im gleichen Raum anwesend sind, lassen sich mithilfe entsprechender Hard- und Software digitale Möglichkeiten nutzen, z. B. ein interaktives Whiteboard und der Einsatz der interaktiven Version des Lehrwerks.
Darüber hinaus sind auch grundsätzlich andere Unterrichtsmodelle möglich, z. B.:

- **Hybridunterricht**: KL und eine Gruppe TN sind physisch im gleichen Raum anwesend, einzelne TN nehmen per Videoschaltung teil – als Gruppe in einem anderen Raum oder einzeln am Rechner sitzend.
- **Online-Unterricht / virtueller Unterricht**: KL und TN sitzen alle individuell am eigenen Rechner.

Minimalanforderung für diese Unterrichtsmodelle ist der Einsatz eines einfachen Videokonferenzsystems – am besten mit der Funktion *Bildschirm teilen*. So können Sie ein Fenster / eine Datei oder bei Bedarf nebeneinander auch zwei Fenster mit den Online-Lernenden teilen. Je mehr Möglichkeiten eines modernen *virtuellen Klassenzimmers* genutzt werden können (z. B. Gruppenräume („Breakout Rooms"), Avatare, „quick-reactions", Handheben, Umfragen, Kommunikationstools (Forum, Chat), kollaborative Schreibtools …), desto vielfältigere Unterrichtsaktivitäten sind im digitalen Raum möglich.

Anpassung von Kursaktivitäten in unterschiedlichen Unterrichtsmodellen

Die im Lehrwerk beschriebenen Aktivitäten lassen sich oft auch im Hybrid- / Onlineunterricht umsetzen, müssen allerdings etwas angepasst werden. Beispiel: *Dialoge erarbeiten und spielen (Lektion Start, 3a/b, S. 12)*:
Präsenzkurs: 1. Die TN spielen den Dialog zu zweit. 2. Die TN erstellen zu drei der sieben Themen Notizen und ein Foto. 3. Die TN machen einen Kursspaziergang, auf dem sie das Foto zeigen und von ihrer Partnerin / ihrem Partner erzählen.
Hybridunterricht: 1. Die TN im realen Kursraum bilden Paare; organisieren Sie für je zwei virtuell zugeschaltete TN einen Gruppenraum (Breakout Room). Die TN spielen den Dialog zu zweit und erstellen zu drei der sieben Themen Notizen und ein Foto. Die TN kontrollieren am Tisch / halten die Notizen in die Kamera und kontrollieren gegenseitig. 2. Wieder im hybriden Plenum: Rufen Sie eine/n TN im Präsenzraum und einen online zugeschalteten TN auf – diese beiden TN sprechen miteinander. Die Themen werden auf einer Online-Liste (kollaboratives Schreibtool im virtuellen Klassenzimmer oder extern, z. B. Padlet) notiert (Alternativ: Es entstehen zunächst zwei Notizen: eine physische im Kursraum und eine online im virtuellen Raum). Dann sind die nächsten beiden TN an der Reihe. Der Kursspaziergang kann auch in diesem Unterrichtsmodell nicht parallel erfolgen, sondern nur sequenziell. Alternativ: Sie stellen Mikrofon und Lautsprecher im Kursraum auf, und die TN arbeiten zunächst in zwei Gruppen, eine physisch präsent, die andere online.
Online-Unterricht: 1. Organisieren Sie für jeweils zwei TN einen Gruppenraum (Breakout Room), die TN spielen den Dialog zu zweit und erstellen zu drei der sieben Themen Notizen und ein Foto. Die TN halten die Notizen in die Kamera und kontrollieren gegenseitig. 2. Wieder im Online-Plenum: Rufen Sie mündlich zwei TN auf – diese beiden TN sprechen miteinander. Die Themen werden auf einer Online-Notiz (kollaboratives Schreibtool im virtuellen Klassenzimmer oder extern, z. B. Padlet) notiert. Dann sind die nächsten beiden TN an der Reihe. Auch in diesem Unterrichtsmodell kann der Kursspaziergang nicht parallel erfolgen, sondern nur sequenziell.

Einstiegsfotos

Um das Interesse der TN zu wecken und Emotionen und Situationen auch ohne Sprache zu kommunizieren, bietet *Miteinander!* sowohl als Einstieg in die Lektionen als auch in die Lerneinheiten an vielen Stellen Einstiegsbilder. Es empfiehlt sich, die Aufmerksamkeit der TN auf die Bilder zu lenken, bevor Sie mit einer Aufgabe beginnen. Öffnen Sie daher die interaktive Version des Lehrwerks auf der entsprechenden Seite und platzieren Sie das Bild mithilfe der Vergrößerungsfunktion möglichst prominent auf dem Bildschirm / der Leinwand.
Heben Sie mit der Markierfunktion bestimmte Dinge hervor oder decken Sie zunächst unwichtige Bereiche ab. Schreiben Sie dann mit der Stiftfunktion beispielsweise die Namen zu den jeweiligen Protagonisten / Protagonistinnen.

Miteinander! Deutsch für Alltag und Beruf A1.2
Tipps für den digitalgestützten Unterricht

Energieaufbauübungen

Nach einer gewissen Zeit wird die Konzentration in jedem Unterrichtsmodell nachlassen. Daher ist es wichtig, bei längeren Unterrichtseinheiten unbedingt auch Energieaufbauübungen einzubauen. Für Hybrid- oder Online-Unterricht ist dies besonders wichtig, da das „Starren auf den Bildschirm" ermüdend wirkt. Bei der Aktivierung sollten Sie primär auf Aktivitäten zurückgreifen, die man sitzend oder stehend am Platz durchführen kann. Zum einen sind zwischendurch klassische kleine Gymnastikübungen sinnvoll (Stichwortsuche im Internet: „Bürogymnastik"), zum anderen lassen sich auch Sprachübungen mit Bewegungen im Sitzen verbinden. So können Sie z. B. übertriebene Gesten für *ja* ↔ *nein* vereinbaren (z. B. *Daumen hoch* ↔ *Daumen runter* oder *Faust machen, Arme nach vorne strecken und bei waagrechten Oberarmen die Unterarme senkrecht nach oben stellen* ↔ *Faust machen, Arme nach vorne strecken und bei waagrechten Oberarmen die Unterarme vor dem Gesicht kreuzen*). Animieren Sie die TN so zu kleinen Bewegungen.
So können Sie z. B. nachdem ein Redemittel wie *Er / Sie kommt aus ...* eingeführt und geübt wurde, einen Satz über eine/n TN sagen wie: „Malik kommt aus Polen." Die TN reagieren mit der entsprechenden Geste (*ja* für *stimmt* ↔ *nein* für *stimmt nicht*). Dann sagt ein TN einen ähnlichen Satz usw. Auch im Bereich Grammatik / Wortschatz kann man mit Bewegungen am Platz trainieren: Gesten für die Pronomen; Gesten für die Artikel; Pantomime / Zeigen, das heißt, die TN zeigen das pantomimisch im Kurs / in die Kamera). Oder Sie vereinbaren z. B. Gesten für *Essen* und *Trinken*. Ein TN nennt ein Wort aus dem Wortfeld, die anderen zeigen durch Gesten die passende Kategorie an.

Interaktive Version

In allen Unterrichtsmodellen kann man sowohl mit dem klassischen Buch als auch mit der interaktiven Version arbeiten. Die interaktive Version kann dabei rein zum Präsentieren der Inhalte verwendet werden, was nicht zuletzt für das Abspielen von Mediadateien (Audios, Clips, Filme) praktisch ist (Hinweis: Testen Sie im Vorfeld, ob / wie das Videokonferenzsystem eine Übertragung von Audiodateien vom Computerlautsprecher aus zulässt). Zusätzlich lassen sich durch die integrierten Werkzeuge aber auch Texte / Elemente hervorheben, kommentieren, mit eigenen Texten ergänzen oder abdecken. Und: Viele Übungen sind interaktiviert und können anstelle von / parallel zu / nach der Bearbeitung von Aufgaben im Buch / in der interaktiven Version der TN am Präsentationsbildschirm für alle TN bearbeitet werden. Digitale Kompetenz bedeutet auch, dass Ihre TN die technischen Möglichkeiten beherrschen. So können Sie nach der Einführung der bestimmten Artikel in einer höheren Lektion <u>nach</u> der inhaltlichen Bearbeitung eines Textes (!) zum Beispiel die TN bitten, die Nomen im Text mit der entsprechenden Genusfarbe zu markieren. Oder Sie lassen TN Kommentare zu einem Bild in die interaktive Version schreiben. Es gibt viele Möglichkeiten.
Siehe auch www.hueber.de/digitale-lehrwerke und www.hueber.de/interaktiv

Lektürebegleitendes Visualisieren

Insbesondere beim Lesen von Aufgabenstellungen kann es hilfreich sein, während des lauten Lesens in der interaktiven Version Wörter / Textpassagen mit dem Werkzeug *Textmarker* hervorzuheben. So lassen sich komplexere Aufgabenstellungen z. B. durch das Markieren der Verben sehr schnell auf das Wesentliche reduzieren. Auch beim Erarbeiten von längeren Texten ist es sinnvoll, den Fokus auf für das Leseverstehen wichtige Textpassagen zu legen oder Wörter, die die TN nicht verstehen, für alle sichtbar zu markieren und zu semantisieren. Nutzen Sie zur Worterklärung das Werkzeug *Text einfügen*.

Lösungskontrolle

Auch die Lösungskontrolle von Aufgaben im Kursbuch oder Hausaufgaben im Arbeitsbuch lässt sich mit der interaktiven Version sehr praktisch umsetzen: Nutzen Sie das Werkzeug *Text einfügen*, um begleitend zur Lösungspräsentation durch die TN die richtigen Formen in die Tabelle oder die Angaben in den Lückentext etc. einzutragen, bzw. das Werkzeug *Textmarker*. Zur Lösungskontrolle können Sie die Seite des Lehrwerks in der interaktiven Version über ein interaktives Whiteboard, Beamer bzw. die Funktion *Bildschirm teilen* zeigen.

Miteinander! Deutsch für Alltag und Beruf A1.2
Tipps für den digitalgestützten Unterricht

Orientierung

Es kommt vor, dass die TN „den Wald vor lauter Bäumen nicht sehen", das heißt, dass sie sich auf einer Seite oder innerhalb einer Aufgabe nicht orientieren können. Dies kann z.B. die „Kästen" in *Miteinander!* betreffen, die Hinweise zur Grammatik oder zu anderen Besonderheiten geben oder eine Sammlung an Redemitteln bieten und zur Systematisierung eingesetzt oder einfach dafür genutzt werden, ein Phänomen kurz zu erklären. Für die TN kann es schwierig sein, diese Stellen am Rand der Aufgaben zu finden. Mithilfe der interaktiven Version können Sie die Aufmerksamkeit der TN leicht auf bestimmte Aspekte lenken. Nutzen Sie hierzu den Marker oder zeichnen Sie einen roten Pfeil zu der entsprechenden Stelle oder umranden Sie den Bereich, auf den sich die TN konzentrieren sollen.

Außerdem können Sie in der interaktiven Version auch das Werkzeug *Abdecken* nutzen, um die Aufmerksamkeit der TN zu fokussieren. Beispielsweise können Sie die Personen auf einem Einstiegsbild abdecken und erst Stück für Stück aufdecken oder bei der Kontrolle von Lösungen immer nur den Teil offen legen, um den es gerade geht. Insbesondere lernungewohnte TN haben manchmal eine schlechtere Orientierung in Texten und Büchern. Mithilfe des Werkzeugs *Abdecken* können sie die Stelle, um die es gerade geht, leichter finden.

Tabellen

Der Umgang mit Tabellen ist für lernungewohnte TN nicht selbstverständlich. Insbesondere Spaltenüberschriften können eine Herausforderung sein. Hier bietet die interaktive Version eine praktische Möglichkeit, den Zugang für alle TN gleichzeitig sichtbar zu erleichtern: Mit den Werkzeugen *Textmarker* oder *Stift* können Sie, während Sie die Tabelle erklären, die Aufmerksamkeit der TN lenken.

Insbesondere bei Konjugationstabellen bietet es sich an, die Endungen noch einmal hervorzuheben, während Sie die Tabelle im Chor lesen / sprechen lassen.

Tipps für Clips

In *Miteinander!* gibt es unterschiedliche Arten von Bewegtbildern, die flexibel einsetzbar sind. So können diese Clips / Filme sowohl im Unterricht (synchron für alle TN) als auch von den einzelnen TN individuell und asynchron genutzt werden. Innerhalb einer Lernsequenz können die Clips / Filme sowohl zur Präsentation von Inhalten als auch zur Visualisierung, Vertiefung oder Nachbereitung eingesetzt werden. TN, die an einem Kurstag nicht anwesend waren, können sich z.B. die Clips zu Grammatik / Wortschatz zu Hause ansehen und sich so wieder dem Wissensstand der anderen in der Gruppe annähern.

Clips zu Grammatik

Beispiel: Lektion 9, S. 13, 2a Das Zeichen bei der Grammatiktabelle verweist auf das Vorhandensein eines Animationsfilms zu diesem Grammatikthema. In dem Film wird die Formenbildung visualisiert, verknüpft mit dem Hören der Formen (Mehrkanaligkeit). Die Lernenden können zunächst die Aufgabe im Buch machen (Tabelle ergänzen), die Lösung kontrollieren und zur Bewusstmachung / Einprägung den Film ansehen. Alternativ kann der Film auch zur Lösungskontrolle eingesetzt werden. Denkbar ist aber auch die umgekehrte Vorgehensweise: Zunächst wird der Film gezeigt. Dann ergänzen die TN wie im Buch vorgesehen mithilfe des situativen Kontextes die Tabelle – oder sie ergänzen mithilfe des Clips die Tabelle und unterstreichen dann die entsprechenden Formen, wie hier in den Sprechblasen von 2a. Der Film kann auch aktivierend eingesetzt werden, z.B. zum Hör-Seh-Verstehen und Nachsprechen.

Regen Sie an, dass die TN sich den Film zu Hause erneut ansehen (so oft sie möchten) – generell zum Einprägen oder z.B. als Vorbereitung auf Arbeitsbuchübungen, hier 1–4, oder als Mittel, um die eigene Lösung der Arbeitsbuchübungen noch einmal kritisch zu hinterfragen, bevor sie mithilfe des Lösungsschlüssels kontrollieren etc.

Clips zu Redemitteln / Kommunikation

Beispiel: Lektion 11, S. 37, Aufgabe B5 Das Zeichen führt zu einem Animationsfilm. In diesen Filmen werden die Redemittel präsentiert und teilweise auch aktiv geübt (Audiotraining). Dieser Clip lässt sich nach den Aktivitäten im Kurs einsetzen oder als Vorbereitung auf eine Aufgabe (hier B5). Er lässt sich für individuelles Training wie auch für *chorisches Sprechen* in der Gruppe einsetzen. Ebenso können die Lernenden mit dem Clip zu Hause trainieren.

Miteinander! Deutsch für Alltag und Beruf A1.2
Tipps für den digitalgestützten Unterricht

Phonetiktutor
Beispiel: Arbeitsbuch, Lektion 10, S. 131, 11a Bei einer Ausspracheübung im Arbeitsbuch weist das Zeichen auf einen Aussprachefilm hin. Das im Arbeitsbuch behandelte Phänomen wird – unterstützt durch Vorbilder, Gesten, Hilfsmittel – präsentiert, visualisiert und geübt. Die Filme lassen sich sowohl individuell von den TN als auch synchron für alle TN im Kurs einsetzen. Dabei empfiehlt sich oft ein zweimaliges Ansehen – einmal rezeptiv und einmal aktivierend mit Nachsprechen. Die Filme können kombiniert zur Vorbereitung der entsprechenden Arbeitsbuchübungen wie auch als Nachbereitung eingesetzt werden. Und damit können die entsprechenden Aussprachephänomene auch an anderer Stelle im Kurs noch einmal aufgegriffen und geübt werden.

Beispielfilme
Beispiel: Lektion 10, S. 23, rechts unten Das Standbild aus dem Film, versehen mit „Beispiel", führt zu einem „Real-students-Film". Hier zeigen echte Deutsch-Lernende exemplarisch, wie sie eine Fragestellung / Aufgabenstellung beantwortet haben. Damit dienen sie den TN im Kurs als Vorbilder und Sprachmodelle für die Lösung einer Aufgabe. Diese Filme lassen sich vor oder nach der Bearbeitung einer Aufgabe einsetzen. Die TN können damit auch Aufgaben zu Hause vor- bzw. nachbereiten.

Extra-Filme
Den Abschluss jeder Lektion bildet auf der Doppelseite C rechts unten ein Film, der meist auf einer Protagonistin / einem Protagonisten der Lektion basiert. Beispiel: Lektion 11, S. 39, rechts unten Zu jedem dieser Filme gibt es auch eine Kopiervorlage, sodass der Film im Unterricht auch didaktisiert eingesetzt werden kann.

Schnelltest
Kopiervorlage

Miteinander! Deutsch für Alltag und Beruf A1.2
Lektion 09

1 Ordnen Sie zu. .... WÖRTER

Flughafen   ~~Park~~   See   Stadt   Technikmarkt   traurig   Zentrum   zufrieden

◆ Am Samstagmorgen bin ich im Park (1) gejoggt.
○ Im _____ (2) habe ich ein neues Handy gekauft.
▲ Gestern bin ich im _____ (3) geschwommen. Danach war ich
   sehr _____ (4).
▢ Ahmet ist zuerst ins _____ (5) gefahren und hat dann einen Fahrgast zum
   _____ (6) gebracht.
✦ Neuberg ist eine kleine _____ (7).
● Mein Fahrrad ist letzte Woche kaputt gegangen. Da war ich _____ (8).

___/7

2 Perfekt mit *haben* oder *sein*? Schreiben Sie wie im Beispiel. .... GRAMMATIK

1 sparen hat gespart
2 joggen _____
3 arbeiten _____
4 denken _____

5 fahren _____
6 sprechen _____
7 fliegen _____
8 gehen _____

___/7

3 Was passt? Kreuzen Sie an. .... KOMMUNIKATION

1 ◆ Bist du schon einmal geflogen?
   ○ a ☒ Ja, nach Paris.
      b ☐ Nein, privat.

2 ◆ Waren Sie lange hier?
   ○ a ☐ Nein, nur ein paar Tage.
      b ☐ Nur mit meiner Frau.

3 ◆ Wo warst du gestern?
   ○ a ☐ Im Zentrum.
      b ☐ Zum Flughafen.

4 ◆ Mein Bruder ist 1993 geboren.
   ○ a ☐ Echt? Dann ist er schon erwachsen.
      b ☐ Darüber möchte ich nicht sprechen.

5 ◆ Entschuldige bitte.
   ○ a ☐ Interessant.
      b ☐ Schon gut.

6 ◆ Mit wem bist du nach Deutschland gekommen?
   ○ a ☐ Das ist aber traurig.
      b ☐ Nur mit meiner Schwester.

7 ◆ Hattest du gestern frei?
   ○ a ☐ Ich war beruflich hier.
      b ☐ Ja, ich war am See.

8 ◆ Neuberg ist meine Lieblingsstadt.
   ○ a ☐ zum Flughafen
      b ☐ Wirklich?

___/7
___/21

Name: _____   ☹ 0–10   😐 11–16   🙂 17–21

Das habe ich noch gelernt: _____

Feedback und Tipps: _____

Schnelltest
Kopiervorlage

Miteinander! Deutsch für Alltag und Beruf A1.2
Lektion 10

1 Was passt? Ordnen Sie zu. .... WÖRTER

aussteigen   ~~der Bus~~   zu Fuß   geradeaus   die Haltestelle   links   rechts   umsteigen

1 der Bus   2 _____   3 _____   4 _____

5 _____   6 _____   7 _____   8 _____

___/7

2 Was passt? Umkreisen Sie und ergänzen Sie. .... GRAMMATIK

1 Ich habe/**bin** am Sonntag früh _aufgestanden_ (aufstehen).
2 Meine Mutter ist/hat mit die/der Bahn aus Hamburg _____ (kommen).
3 Vom Bahnhof haben/sind wir zu Fuß _____ (gehen).
4 Am Abend haben/sind wir mit meinem Bruder _____ (telefonieren).

___/7

3 Was passt? Sortieren Sie. .... KOMMUNIKATION

☐ ○ Ja, es gibt einen Kiosk.
☐ ◆ Danke schön.
☐ ○ Ja, das ist nicht weit. Das ist ganz einfach.
☐ ○ Dann die zweite Straße nach rechts.
☐ ◆ Kann ich zu Fuß gehen?
☐ ○ Da sehen Sie schon den Kiosk.
☐ ○ Sie gehen zuerst 200 Meter geradeaus.
[1] ◆ Entschuldigung, gibt es hier in der Nähe einen Kiosk?

___/7
___/21

Name: _____   ☹ 0–10   😐 11–16   🙂 17–21

Das habe ich noch gelernt: _____

Feedback und Tipps: _____

Schnelltest — **Miteinander! Deutsch für Alltag und Beruf A1.2**
Kopiervorlage — Lektion 11

1 Wie heißen die Möbel / Zimmer? Schreiben Sie die Nomen mit Artikel zu den Bildern. — WÖRTER

1 das Bett   2 _____   3 _____   4 _____

5 _____   6 _____   7 _____   8 _____

___ / 7

2 Ergänzen Sie: Der Ball ist … — GRAMMATIK

1 neben dem Sofa.
2 _____ Tisch.
3 _____ Stuhl.
4 _____ Regal.
5 _____ Möbeln.
6 _____ Bett.
7 _____ Schrank.
8 _____ Badewanne.

___ / 7

3 Was passt? Kreuzen Sie an. — KOMMUNIKATION

1 ◆ Hat deine Wohnung einen Keller?
  ○ a ☐ Der ist dunkel.
    b ☒ Nein, ich habe gar keinen Keller.

2 ◆ Die Wohnung hat einen Balkon.
  ○ a ☐ Gibt es auch einen Garten?
    b ☐ Naja, so schmutzig ist es nicht.

3 ◆ Mir gefällt das Sofa. Und dir?
  ○ a ☐ Die gefallen mir nicht.
    b ☐ Mir gefällt es auch.

4 ◆ Wie findest du die Küche?
  ○ a ☐ Die ist sehr modern.
    b ☐ Es hat keine Möbel.

5 ◆ Gibt es in deiner Wohnung eine Spülmaschine?
  ○ a ☐ Ja, aber sie ist kaputt.
    b ☐ Ja, stimmt.

6 ◆ Ich finde das Zimmer klein und schmutzig.
  ○ a ☐ Mir gefällt es auch nicht.
    b ☐ Stimmt. Und sauber ist es auch.

7 ◆ Die Wohnung ist im vierten Stock.
  ○ a ☐ Gibt es einen Aufzug?
    b ☐ Nein, sie gefällt mir nicht.

8 ◆ Der Schrank kostet 150 Euro.
  ○ a ☐ Nein, ich habe keinen Schrank.
    b ☐ Wie hoch ist er?

___ / 7

Name: _____   ☹ 0–10   😐 11–16   ☺ 17–21   ___ / 21

Das habe ich noch gelernt: _____

Feedback und Tipps: _____

Schnelltest
Kopiervorlage

Miteinander! Deutsch für Alltag und Beruf A1.2
Lektion 12

1 Ordnen Sie zu. Schreiben Sie das richtige Wort unter das passende Bild. WÖRTER

~~ausdrucken~~   ausfüllen   baden   Freunde besuchen   grillen   unterschreiben   wandern   zahlen

1 (aus)drucken   2 _____   3 _____   4 _____

5 _____   6 _____   7 _____   8 _____

___ / 7

2 Ergänzen Sie in der richtigen Form: *dürfen – müssen*. GRAMMATIK

1 ◆ _Darf_ ich das letzte Stück Kuchen noch essen?
   ○ Nein, _____ du nicht. Das möchte ich essen.
2 ◆ Entschuldigung. Was _____ ich hier machen?
   ○ Sie _____ die beiden Formulare unterschreiben.
3 ◆ Entschuldigung. _____ wir hier fotografieren?
   ○ Nein, hier _____ ihr nicht fotografieren. Aber dort drüben. Da _____ man fotografieren.

___ / 6

3 Verbinden Sie. KOMMUNIKATION

1 ◆ Was muss ich da machen?   a ○ Nein, ich stehe früh auf.
2 ◆ Entschuldigung! Kann ich Sie etwas fragen?   b ○ Sie müssen nur …
3 ◆ Schläfst du gern bis Mittag?   c ○ Nein, das ist hier nicht erlaubt.
4 ◆ Entschuldigung, darf man hier parken?   d ○ Du kannst doch ein Bild malen.
5 ◆ Mir ist langweilig!   e ○ Aber gern.

___ / 8
___ / 21

Name: _____   ☹ 0–10   😐 11–16   🙂 17–21

Das habe ich noch gelernt: _____

Feedback und Tipps: _____

Schnelltest
Kopiervorlage

Miteinander! Deutsch für Alltag und Beruf A1.2
Lektion 13

1 Wie heißen die Körperteile? Schreiben Sie das richtige Körperteil mit Artikel zu den Bildern. WÖRTER

1 das Bein   2 _____   3 _____   4 _____

5 _____   6 _____   7 _____   8 _____

__ / 7

2 Schreiben Sie Aufforderungen im Imperativ. GRAMMATIK

1 Du passt auf. Pass auf!
2 Du trägst einen Helm. _____
3 Du bist vorsichtig. _____
4 Sie bewegen die Arme. _____
5 Sie tragen die Salbe auf. _____
6 Sie fahren langsam. _____
7 Ihr habt keine Angst. _____
8 Ihr geht zur Schule. _____

__ / 7

3 Wer sagt was? Ergänzen Sie: Radfahrer = R, Fußgänger = F. KOMMUNIKATION

1 ___ Bleiben Sie ruhig. Ich rufe 112 an.
2 ___ Das ist nett. Vielen Dank!
3 _F_ Ist alles in Ordnung?
4 ___ Ja, mein Arm tut weh!
5 ___ Nein. Ich hatte einen Unfall.
6 ___ Sie müssen zum Arzt gehen.
7 ___ Haben Sie Schmerzen?
8 ___ Das geht nicht. Ich kann nicht aufstehen.

Radfahrer   Fußgänger

__ / 7

__ / 21

Name: _____   ☹ 0–10   😐 11–16   ☺ 17–21

Das habe ich noch gelernt: _____

Feedback und Tipps: _____

Schnelltest — Kopiervorlage

Miteinander! Deutsch für Alltag und Beruf A1.2 — Lektion 14

1 Wie heißen die Kleidungsstücke? Schreiben Sie die Nomen mit Artikel zu den Bildern. — WÖRTER

1. das Hemd
2. _____
3. _____
4. _____
5. _____
6. _____
7. _____
8. _____

___ / 7

2 Was passt? Ergänzen Sie. — GRAMMATIK

am besten   am liebsten   am meisten   besser   gern   ~~Gut~~   lieber   mehr

1. ◆ Wie gefällt dir die Hose?
   ○ Gut (+). Aber diese hier gefällt mir noch _____ (++). Sie kostet etwas _____ (++).
   ◆ Wirklich? Ich weiß nicht. Aber schau mal hier. Diese Hose passt super. Die gefällt mir _____ (+++).
   ○ Stimmt. Die ist sehr schön, aber sie kostet auch _____ (+++).
2. ◆ Du kochst nicht _____ (+), oder?
   ○ Nein. Ich kaufe _____ (++) ein Brötchen beim Bäcker. Und _____ (+++) gehe ich ins Restaurant.

___ / 7

3 Ordnen Sie zu. — KOMMUNIKATION

~~Wie kann ich Ihnen helfen?~~   Aber danke!   Auf Wiedersehen.   Das kriegen wir hin.
Das ist leider der Preis.   Können Sie ihn reparieren?   Oh, das ist mir zu teuer.   Und wie viel kostet das?

◆ Guten Tag. Wie kann ich Ihnen helfen? (1)
○ Mein Mantel ist kaputt. _____ (2)
◆ Ja. _____ (3)
○ Gut. _____ (4)
◆ Das kostet ungefähr 35 Euro.
○ _____ (5)
◆ Tut mir leid. _____ (6)
○ Okay, schade. _____ (7) Auf Wiedersehen.
◆ Gern. _____ (8)

___ / 7

Name: _____   ☹ 0–10   😐 11–16   ☺ 17–21   ___ / 21

Das habe ich noch gelernt: _____

Feedback und Tipps: _____

Schnelltest
Kopiervorlage

Miteinander! Deutsch für Alltag und Beruf A1.2
Lektion 15

1 Bilden Sie Wörter und ordnen Sie zu. Ergänzen Sie die Artikel, wo nötig. — WÖRTER

and | chern | Flug | Ge | Küs | ~~laden~~ | ld | lieren | instal | päck | ~~runter~~ | spei | Str | te | Wa | zeug

1 runterladen   2 _____   3 _____   4 _____

5 _____   6 _____   7 _____   8 _____

__ /7

2 Was ist richtig? Umkreisen Sie. — GRAMMATIK

1 Im Sommer fahren wir oft **am** ans Meer. Ich liege am liebsten **an den** am Strand und schwimme **(im)** in das Meer.
2 Aber **in den** in die Bergen ist es auch schön.
3 Im Herbst möchte ich Urlaub **in einer** in eine Stadt **in** nach Italien machen. Ich würde gern **im** ins Museum gehen oder **in einem** in ein Restaurant Pizza essen.

__ /7

3 Ergänzen Sie. — KOMMUNIKATION

~~Wie geht das?~~   einmal   Ich kann leider nicht kochen.   Ich würde gern Tai-Chi lernen.
Würdest du lieber im Meer oder im Schwimmbad schwimmen?   Wohin möchtest du gern mal fahren?
Wo warst du noch nie?   Versprochen?

1 ◆ Wie geht das?
   ○ Das ist ganz einfach. Du musst nur die App herunterladen.

2 ◆ Wir machen das bald.
   ○ _____

3 ◆ _____
   ○ Ich würde lieber im Meer schwimmen.

4 ◆ Was würden Sie gern in diesem Kurs lernen?
   ○ _____

5 ◆ Warum findest du den Kurs „Küche international" interessant?
   ○ _____

6 ◆ _____
   ○ Ich war noch nie in Paris.

7 ◆ _____
   ○ In die Berge. Am liebsten in die Schweiz.

8 ◆ Warst du da schon mal?
   ○ Ja, _____.

__ /7

☹ 0–10   😐 11–16   ☺ 17–21   __ /21

Name: _____

Das habe ich noch gelernt: _____

Feedback und Tipps: _____

Schnelltest
Kopiervorlage

Miteinander! Deutsch für Alltag und Beruf A1.2
Lektion 16

1 Wie heißen die Wörter? Schreiben Sie die Nomen mit Artikel zu den Bildern. — WÖRTER

1 die Bar
2 _____
3 _____
4 _____

5 _____
6 _____
7 _____
8 _____

___ /7

2 Was passt? Umkreisen Sie. — GRAMMATIK

Zofia über Pekka

1 Pekka kocht gut. Ich finde ihre sein (seine) Suppe sehr gut. Aber ihre ihren seine Kleidung ist nicht immer so toll. Ich finde ihre sein seinen Hemd wirklich komisch. Ihr Seinen Seine Hose und ihren seine seinen Schuhe sind aber cool.

Pekka über Zofia

2 Ihre Ihren Seinen Fotos sind so toll! Ich finde ihr ihre seine Kamera sehr gut und ihren seinen sein Rucksack dazu finde ich sehr praktisch.

___ /7

3 Was passt? Kreuzen Sie an. — KOMMUNIKATION

1 ◆ Was möchtest du trinken?
   ○ a ☐ Das sieht toll aus.
     b ☒ Ich nehme ein Wasser.

2 ◆ Wie schmeckt der Brotsalat?
   ○ a ☐ Der schmeckt super.
     b ☐ Gern.

3 ◆ Tut mir leid. Der Bus war zu spät.
   ○ a ☐ Da habe ich Zeit.
     b ☐ Wann kommst du denn?

4 ◆ Wie findest du Pekkas Kleidung?
   ○ a ☐ Das finde ich sehr wichtig.
     b ☐ Seine Hose ist toll.

5 ◆ Möchtest du auch ein Glas Limonade?
   ○ a ☐ Nein danke, ich trinke lieber Tee.
     b ☐ Danke, ich habe keinen Hunger.

6 ◆ Möchtest du auch Pommes frites?
   ○ a ☐ Ja gern.
     b ☐ Ja bitte, ich nehme auch eine.

7 ◆ Das Buffet sieht toll aus, oder?
   ○ a ☐ Danke für die Einladung.
     b ☐ Ja, stimmt.

8 ◆ Schon vier Uhr und wir sind nicht fertig.
   ○ a ☐ Ich komme gern.
     b ☐ Was müssen wir noch machen?

___ /7

Name: _____   ☹ 0–10   😐 11–16   🙂 17–21   ___ /21

Das habe ich noch gelernt: _____
_____

Feedback und Tipps: _____
_____

Schnelltests / Lösungen
Kopiervorlage

Miteinander! Deutsch für Alltag und Beruf A1.2
Lektionen 09 bis 16

Lektion 09

1. **2** Technikpark **3** See **4** zufrieden **5** Zentrum **6** Flughafen **7** Stadt **8** traurig
2. **2** ist gejoggt **3** hat gearbeitet **4** hat gedacht **5** ist gefahren **6** hat gesprochen **7** ist geflogen **8** ist gegangen
3. 2a, 3a, 4a, 5b, 6b, 7b, 8b

Lektion 10

1. **2** zu Fuß **3** aussteigen **4** die Haltestelle **5** geradeaus **6** rechts **7** links **8** umsteigen
2. **2** ist, der, gekommen **3** sind, gegangen **4** haben, telefoniert
3. **2** Ja, es gibt einen Kiosk. **3** Kann ich zu Fuß gehen? **4** Ja, das ist nicht weit. Das ist ganz einfach. **5** Sie gehen zuerst 200 Meter geradeaus. **6** Dann die zweite Straße nach rechts. **7** Da sehen Sie schon den Kiosk. **8** Danke schön.

Lektion 11

1. **2** die Lampe **3** der Tisch **4** der Schrank **5** das Sofa **6** das Bad **7** die Küche **8** das Wohnzimmer
2. **2** auf dem **3** unter dem **4** im **5** zwischen den **6** vor dem **7** hinter dem **8** über der
3. 2a, 3b, 4a, 5a, 6a, 7a, 8b

Lektion 12

1. **2** ausfüllen **3** unterschreiben **4** zahlen **5** baden **6** grillen **7** wandern **8** Freunde besuchen
2. **1** darfst **2** muss, müssen **3** Dürfen, dürft, darf
3. 2e, 3a, 4c, 5d

Lektion 13

1. **2** der Fuß **3** der Mund **4** das Auge **5** der Arm **6** die Hand **7** der Hals **8** der Bauch
2. **2** Trag einen Helm! **3** Sei vorsichtig! **4** Bewegen Sie die Arme! **5** Tragen Sie die Salbe auf! **6** Fahren Sie langsam! **7** Habt keine Angst! **8** Geht zur Schule!
3. 1 F 2 R 4 R 5 R 6 F 7 F 8 R

Lektion 14

1. **2** der Anzug **3** das T-Shirt **4** das Kleid **5** der Mantel **6** der Pullover **7** der Rock **8** die Stiefel
2. **1** besser, mehr, am besten, am meisten **2** gern, lieber, am liebsten
3. **2** Können Sie ihn reparieren? **3** Das kriegen wir hin. **4** Und wie viel kostet das? **5** Oh, das ist mir zu teuer. **6** Das ist leider der Preis. **7** Aber danke! **8** Auf Wiedersehen.

Lektion 15

1. **2** installieren **3** speichern **4** das Flugzeug **5** das Gepäck **6** die Küste **7** der Wald **8** der Strand
2. **1** ans, am **2** in den **3** in einer, in, ins, in einem
3. **2** Versprochen? **3** Würdest du lieber im Meer oder im Schwimmbad schwimmen? **4** Ich würde gern Tai-Chi lernen. **5** Ich kann leider nicht kochen. **6** Wo warst du noch nie? **7** Wohin möchtest du gern mal fahren? **8** einmal

Lektion 16

1. **2** das Geschenk **3** das Glas **4** das Buffet **5** die Nuss **6** das Salz **7** die Pommes frites **8** die Limonade
2. **1** seine, sein, Seine, seine **2** Ihre, ihre, ihren
3. 2a 3b 4b 5a 6a 7b 8b

Steckbriefe
Kopiervorlage

Miteinander! Deutsch für Alltag und Beruf A1.2
Lektion START, 2

Ahmet Yavuz

Familie: verheiratet, zwei _____

Beruf: _____

Freunde: keine Information _____

Hobbys: _____

Das weiß ich noch über Ahmet: _____

Zofia Lewandowska

Familie: _____

Beruf: _____

Freunde: _____

Hobbys: _____

Das weiß ich noch über Zofia: _____

Samir Al Sayed

Familie: _____

Beruf: _____

Freunde: _____

Hobbys: _____

Das weiß ich noch über Samir: _____

Maria Gómez

Familie: _____

Beruf: _____

Freunde: _____

Hobbys: _____

Das weiß ich noch über Maria: _____

Steckbriefe
Kopiervorlage

Miteinander! Deutsch für Alltag und Beruf A1.2
Lektion START, 2

Luna Mello

Familie: _____

Beruf: _____

Freunde: _____

Hobbys: _____

Das weiß ich noch über Luna: _____

Amadou Sabaly

Familie: _____

Beruf: _____

Freunde: _____

Hobbys: _____

Das weiß ich noch über Amadou: _____

Hoa Nguyen

Familie: _____

Beruf: _____

Freunde: _____

Hobbys: _____

Das weiß ich noch über Hoa: _____

Pekka Mäkinen

Familie: _____

Beruf: _____

Freunde: _____

Hobbys: _____

Das weiß ich noch über Pekka: _____

Diktat: Ich heiße …
Kopiervorlage

Miteinander! Deutsch für Alltag und Beruf A1.2
Lektion START, 3

Ich heiße Alessia und wohne in Neuberg. / Mein Mann und ich kommen aus Italien. / Wir haben zwei Töchter, / Elena und Anna. / Wir sind noch nicht lange hier in Deutschland, / aber ich arbeite schon als Kellnerin im Stadtcafé. / Ich spreche Italienisch, Deutsch / und ein bisschen Englisch. / Meine Freundinnen und ich / schauen gern zusammen Filme.

✂ --

1 Korrigieren Sie Ihren Text über Alessia.

Ich heiße Alessia und wohne in Neuberg. Mein Mann und ich kommen aus Italien. Wir haben zwei Töchter, Elena und Anna. Wir sind noch nicht lange hier in Deutschland, aber ich arbeite schon als Kellnerin im Stadtcafé. Ich spreche Italienisch, Deutsch und ein bisschen Englisch. Meine Freundinnen und ich schauen gern zusammen Filme.

✂ --

2 Und Sie? Schreiben Sie einen Text über sich.

Aktivitätenbingo Perfekt
Kopiervorlage

Miteinander! Deutsch für Alltag und Beruf A1.2
Lektion 09, B2

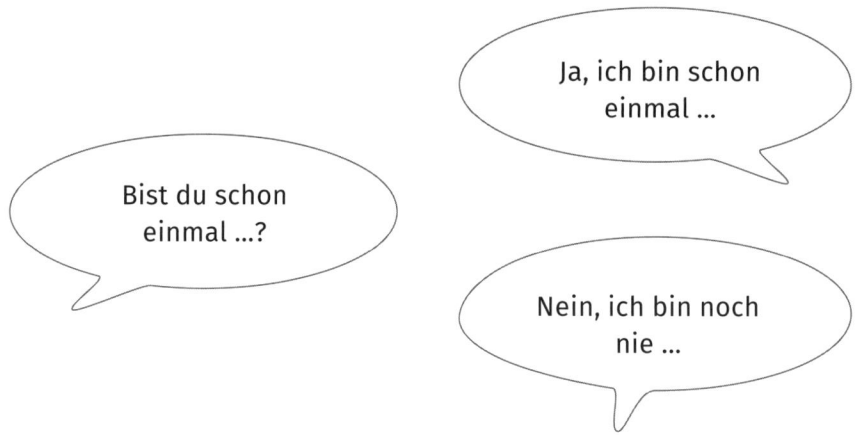

100 km Rad gefahren	in der Nacht spazieren gegangen	ohne Geld einkaufen gegangen	allein geflogen
ohne Führerschein Auto gefahren	im Sommer Schlittschuh gefahren	um 6 Uhr am Morgen nach Hause gekommen	im Bodensee geschwommen
bei der Arbeit eingeschlafen	zu spät zur Arbeit gekommen	Boot gefahren	E-Bike gefahren
ohne Hausaufgaben zum Deutschkurs gegangen	ohne Schlüssel aus dem Haus gegangen	1 km geschwommen	zu spät zur Kita gekommen

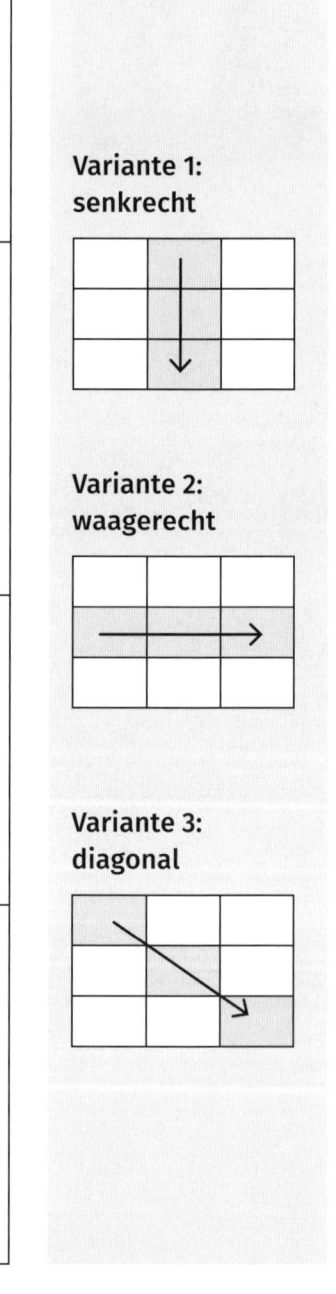

Diktat: Meine Woche
Kopiervorlage

Miteinander! Deutsch für Alltag und Beruf A1.2
Lektion 09, B4

Meine Woche

Maria: Ich war am Dienstag beim Friseur. / Jetzt sind meine Haare rot. / Das war so komisch. / Am Samstag waren mein Mann und ich im Kino. / Der Film war sehr gut. / Danach sind wir in ein Restaurant gegangen / und haben gut gegessen. / Am Sonntag haben wir dann Sport gemacht.

Meine Woche
Maria: Ich war am Dienstag beim Friseur. Jetzt sind meine Haare rot. Das war so komisch. Am Samstag waren mein Mann und ich im Kino. Der Film war sehr gut. Danach sind wir in ein Restaurant gegangen und haben gut gegessen. Am Sonntag haben wir dann Sport gemacht.

Und Sie? Wie sieht Ihre Woche aus?

Extra-Film: Das war 1984
Kopiervorlage

Miteinander! Deutsch für Alltag und Beruf A1.2
Lektion 09, C4

1 **Sehen Sie das Standbild aus 00:08 des Films an. Was denken Sie: Was macht Ahmet? Kreuzen Sie an.**

Ich denke, …

☐ … Ahmet räumt auf.

☐ … Ahmet denkt an früher.

☐ … Ahmet hat eine neue Wohnung.

2 **Sehen Sie den Film ganz an und korrigieren Sie die Sätze.**

a Ahmet hat einen Karton mit Sachen ~~von seinen Kindern~~ gefunden. _von früher_

b Ahmets Vater ist mit 44 Jahren gestorben. _____

c Das grüne Auto war Ahmets Lieblingsspielzeug. _____

d Emin hat ein Bild von Pinar gemalt. Da war er 5 Jahre alt. _____

e Die ~~Schachtel~~ ist ein Geschenk zum 18. Geburtstag von Ahmets Mutter. Das war 1994. _Sanduhr,_ _____

f Emin hat in der Schule eine kleine Schale gemacht. In der Schale ist ein Vogel. _____

3 **Arbeiten Sie zu zweit. Was erinnert Sie an früher? Machen Sie Notizen und erzählen Sie dann. Haben Sie Fotos auf dem Handy?**

_____
_____
_____
_____
_____

Das war 1994 …

Da waren wir im Urlaub …

Das Bild hat meine Tochter / mein Sohn gemalt …

Mit dem Bus zum Museum
Kopiervorlage

Miteinander! Deutsch für Alltag und Beruf A1.2
Lektion 10, A3

 die U-Bahn U2 (2 Stationen)	 die S-Bahn	 das Taxi	 zu Fuß
 der Bus	 das Auto	 die Straßenbahn	 das Fahrrad
 der Flughafen	 der Blumenladen	 der Friseur	 der Kindergarten
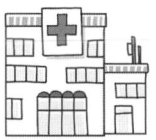 das Krankenhaus	 das Museum	 der Park	 die Schule
 die Universität	 die Bäckerei	 das Café *Steinchen*	
 der Technikmarkt	 der Deutschkurs	 die Haltestelle	

Diktat: Peters Woche
Kopiervorlage

Miteinander! Deutsch für Alltag und Beruf A1.2
Lektion 10, B4

Peters Woche
Am Montag habe ich in der Mittagspause eingekauft. / Und am Abend habe ich gekocht. / Am Dienstag und Donnerstag bin ich / nach der Arbeit schwimmen gegangen. / Am Freitag bin ich früh aufgestanden / und habe Französisch gelernt. / Meine Eltern habe ich am Samstag angerufen. Wir haben lange telefoniert. / Ein paar Sachen habe ich nicht gemacht. / Ich habe die Wohnung nicht aufgeräumt / und ich habe das Bad nicht geputzt.

✂ --

- Montag einkaufen und kochen
- Dienstag / Donnerstag schwimmen gehen
- Freitag: früh aufstehen → Französisch lernen
- Eltern anrufen
- Wohnung aufräumen
- Bad putzen

Peters Woche
Am Montag habe ich in der Mittagspause eingekauft. Und am Abend habe ich gekocht. Am Dienstag und Donnerstag bin ich nach der Arbeit schwimmen gegangen. Am Freitag bin ich früh aufgestanden und habe Französisch gelernt. Meine Eltern habe ich am Samstag angerufen. Wir haben lange telefoniert. Ein paar Sachen habe ich nicht gemacht. Ich habe die Wohnung nicht aufgeräumt und ich habe das Bad nicht geputzt.

✂ --

Und Sie? Was haben Sie gemacht?

_____
_____
_____
_____
_____

Extra-Film: Das ist nicht weit
Kopiervorlage

Miteinander! Deutsch für Alltag und Beruf A1.2
Lektion 10, C4

1 Sehen Sie das Standbild aus 00:06 des Films an. Was denken Sie: Was sagt der Mann?

2 Sehen Sie den Film ganz. Was sucht der Mann? Machen Sie Notizen.

3 Sehen Sie den Film in zwei Abschnitten und füllen Sie die Lücken.

Abschnitt I: 0.00 - 01:02

Mann: Hey! Entschuldigung!?
Zofia: Ja?
Mann: Ich suche das *M&M*. Kennst (a) du das?
Zofia: Das was?
Mann: Das *M&M*, *Musik und mehr*.
Zofia: Ach ja, der Musik-Club!
Mann: Genau! Der ist hier _____ (b). Aber wo?
Zofia: Kein Problem, das ist gar nicht weit. Pass auf: Du gehst hier _____ (c) weiter und die _____ (d) Straße nach _____ (e). Dann wieder geradeaus und die _____ (f) Straße nach _____ (g). Da kommt dann erst eine U-Bahnhaltestelle und ein paar Meter weiter bist du schon beim Club.

Abschnitt II: 01:02 - Ende

Mann: Hey super, vielen Dank! Jetzt habe ich aber leider noch eine Frage.
Zofia: Ja?
Mann: Gibt es in der Nähe auch ein Blumengeschäft?
Zofia: Ja schon, aber dann ist dein Weg ein bisschen anders. Zuerst auch hier _____ (h), aber dann weiter bis zur _____ (i) Straße.
Mann: Aha. Ich gehe also geradeaus bis zur dritten Straße.
Zofia: Ja genau! Und da siehst du dann links Luises _____ (j).
Mann: Ah, prima! Und wie komme ich dann von _____ (k) zum *M&M*?
Zofia: Ganz einfach: Du gehst noch mal geradeaus weiter und die _____ (l) Straße nach rechts. Und dann die zweite Straße _____ (m) nach rechts und schon bist du da!
Mann: Perfekt! Danke!
Zofia: Kein Problem! Viel Glück! Tschüs!
Mann: Tschüs!

4a In der Gruppe: Welche Orte gibt es in der Nähe? Sammeln Sie.

In der Nähe gibt es einen Bäcker / ein Kino / einen Friseur …

4b Wählen Sie einen Ort. Wie kommt man vom Deutschkurs dorthin? Schreiben Sie eine Wegbeschreibung.

Bilddiktat: Meine Küche
Kopiervorlage

Miteinander! Deutsch für Alltag und Beruf A1.2
Lektion 11, A5

Meine Küche

Links an der Wand ist der Herd. / Rechts neben dem Herd steht der Kühlschrank / und links neben dem Herd steht die Spülmaschine. / Der Herd ist also zwischen der Spülmaschine und dem Kühlschrank. / Rechts steht ein Tisch / und hinter dem Tisch sind drei Stühle. / Über dem Tisch hängt ein Kalender. / Unter dem Kalender hängt ein Foto von meinem Kind. / Auf dem Tisch steht eine Lampe / und vor der Lampe ist mein Laptop. / Unter dem Tisch sind Stifte.

Pronomen

Kopiervorlage

◆ Wie gefällt euch das Sofa? ○ ... gefällt ... sehr gut.	◆ Wir findest du den Schrank? ○ ... finde ... ein bisschen alt.	◆ Wie gefällt dir der Stuhl? ○ ... gefällt ... nicht.	◆ Das Zimmer gefällt mir nicht so gut. Und dir? ○ ... gefällt ... (auch nicht).
◆ Uns gefallen die Stühle sehr gut. Und euch? ○ ... gefallen ... auch sehr gut / nicht so gut.	◆ Wie gefällt dir der Stuhl? ○ ... gefällt ... sehr gut.	◆ Wie findet ihr das Bett? ○ ... finden ... hässlich.	◆ Wie findest du den Tisch? ○ ... finde ... schön.
◆ Ich finde das Sofa sehr schön. Und du? ○ ... finde ... nicht. Ich finde ... alt.	◆ Findest du das Zimmer auch dunkel? ○ Nein, ... finde ... hell.	◆ Wie gefällt dir das Zimmer? ○ ... gefällt ... nicht so gut.	◆ Den Tisch finden wir sehr schön. Und ihr? ○ ... finden ... sehr klein.

Pronomen
Kopiervorlage

Lösungen

o Mir gefällt es. / Mir gefällt es auch nicht. ✓	o Der gefällt mir nicht. ✓	o Den finde ich ein bisschen alt. ✓	o Das gefällt uns sehr gut. ✓
o Den finde ich schön. ✓	o Das finden wir hässlich. ✓	o Der gefällt mir sehr gut. ✓	o Uns gefallen sie auch sehr gut. / Uns gefallen sie nicht so gut. ✓
o Wir finden ihn sehr klein. ✓	o Das gefällt mir nicht so gut. ✓	o Nein, ich finde es hell. ✓	o Das finde ich nicht. Ich finde es alt. ✓

Extra-Film: Wo bin ich?
Kopiervorlage

Miteinander! Deutsch für Alltag und Beruf A1.2
Lektion 11, C5

1. Sehen Sie das Standbild bei 00:07 des Films an. Was denken Sie: Was sagt Samir?

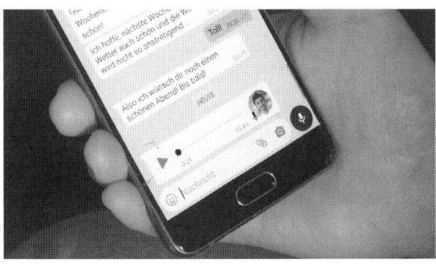

Ich denke, …

Vielleicht sagt er: …

2. Sehen Sie den Film ganz. Was macht Samir?

3. Wo ist Samir? Sehen Sie den Film in Abschnitten. Zeichnen Sie Samir an die richtige Stelle in den Bildern und schreiben Sie Sätze.

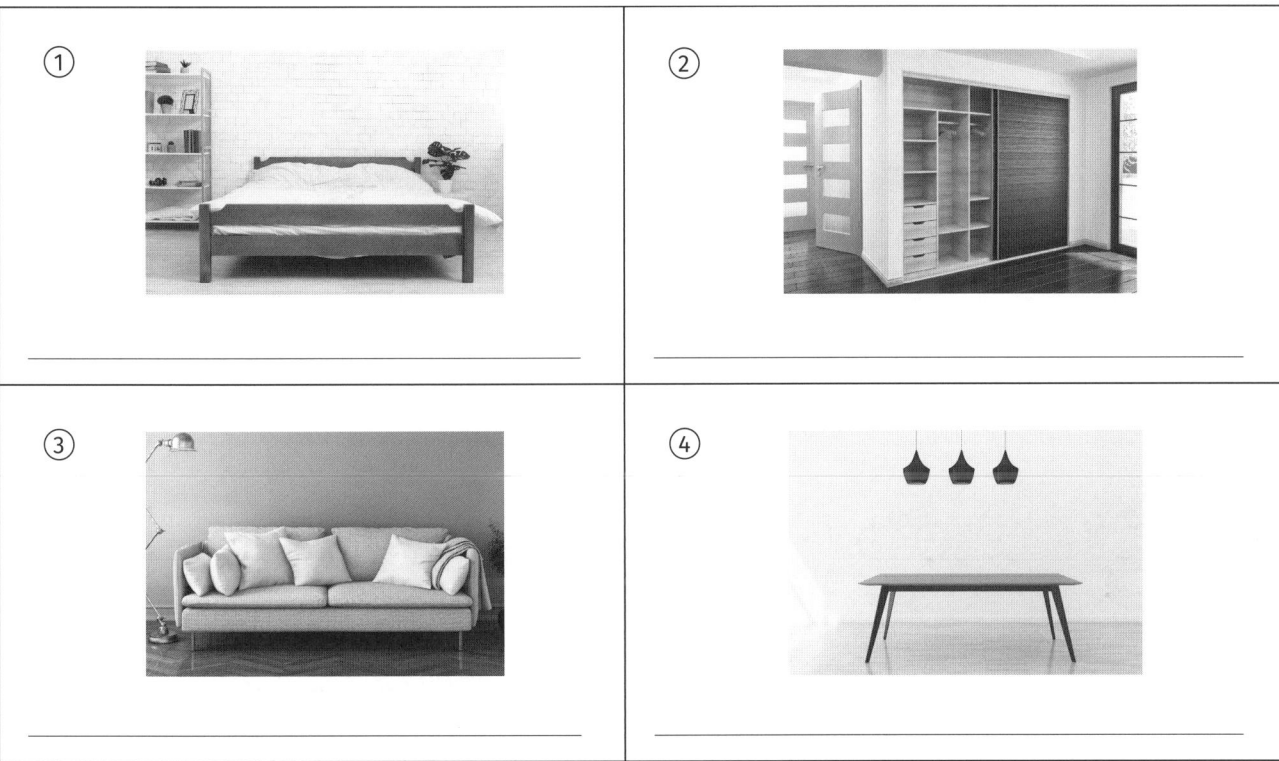

4. In der Gruppe: Eine Person nimmt eine Position im Kursraum ein und fragt: „Wo bin ich?" Die anderen sagen, wo die Person ist.

Wo bin ich?

Du bist hinter der Tür!

Was darf man hier?
Kopiervorlage

Miteinander! Deutsch für Alltag und Beruf A1.2
Lektion 12, A7

Vorderseite: (Bitte auf die Rückseite kleben und die Kärtchen ausschneiden.)

Was darf man hier?
Kopiervorlage

Miteinander! Deutsch für Alltag und Beruf A1.2
Lektion 12, A7

Rückseite:

Hier darf man nicht lachen.	Hier muss man die Tür schließen.	Hier darf man nicht essen. Das ist verboten.	Hier darf man nicht fotografieren. Das ist verboten.	Hier darf man nicht grillen. Das ist verboten.
Hier darf man nicht essen und nicht trinken.	Hier muss man einen Helm tragen.	Hier darf man nicht tanzen.	Hier muss man leise sein.	Hier darf man nicht schlafen.
Hier darf man nicht telefonieren. Hier muss man das Handy ausmachen.	Hier dürfen Rollstuhlfahrer parken.	Hier darf man Rad fahren.	Hier darf man nicht Rad fahren.	Hier darf man nicht schwimmen.

Diktat: Was machen Sie wann?   **Miteinander! Deutsch für Alltag und Beruf A1.2**
Kopiervorlage   Lektion 12, B3

Was machen Sie wann?

1. Wann und wo / kaufen Sie ein?
2. Wann kochen Sie?
3. Wann schreiben Sie Nachrichten / oder E-Mails?
4. Wann telefonieren Sie?
5. Wann sehen Sie fern?
6. Wann arbeiten Sie?
7. Wann räumen Sie auf?
8. Was machen Sie / vor dem Deutschkurs?
9. Was machen Sie / nach dem Deutschkurs?
10. Was machen Sie / in einem Jahr?

Was machen Sie wann?

1. Wann und wo kaufen Sie ein?
2. Wann kochen Sie?
3. Wann schreiben Sie Nachrichten oder E-Mails?
4. Wann telefonieren Sie?
5. Wann sehen Sie fern?
6. Wann arbeiten Sie?
7. Wann räumen Sie auf?
8. Was machen Sie vor dem Deutschkurs?
9. Was machen Sie nach dem Deutschkurs?
10. Was machen Sie in einem Jahr?

Was machen Sie wann?

1. _____
2. _____
3. _____
4. _____
5. _____
6. _____
7. _____
8. _____
9. _____
10. _____

Antworten Sie mit: *vor / nach / von ... bis / in*

1. <u>Ich kaufe vor dem Deutschkurs im Supermarkt ein.</u>
2. _____
3. _____
4. _____
5. _____
6. _____
7. _____
8. _____
9. _____
10. _____

Extra-Film: Verboten? Erlaubt? Miteinander! Deutsch für Alltag und Beruf A1.2
Kopiervorlage   Lektion 12, C5

1 Welches Wort könnte das sein? Raten Sie!

A B C D E F G H I J K L M N O P Q R S T U V W X Y Z

___ ___ ___ ___ ___ ___ ___ ___ ___ ___ ___ ___ ___

2 Wer sagt „Schilderbilder" und warum?

_____

3 Was sagen die Schilder? Was darf man? Was darf man nicht?

 a  b  c  d

 e  f  g

Abschnitt I: 00.58–02:26

a Man darf nicht Rad fahren. _____
b _____
c _____
d _____
e _____

Abschnitt II: 2:26–Ende

f _____
g _____

4 Welche Schilder gibt es in der Nähe? Machen Sie Schilderbilder auf dem Weg zum Kurs.

Ich glaube, hier darf man (nicht) …

Hier muss man …

Problemkärtchen
Kopiervorlage

ich – Kopfschmerzen haben	ich – Schmerzen haben	ich – müde sein	mein Zahn – wehtun
mir – schlecht sein	mein Hals – wehtun	ich – kein Kindergeld bekommen	ich – die Lehrerin / den Lehrer nicht verstehen
ich – zu viel Schokolade gegessen	ich – Hunger haben	mir – langweilig sein	ich – Ruhe brauchen
meine Hand – gebrochen sein	ich – Bauchschmerzen haben	ich – nicht so gut sehen	mein Fuß – wehtun

Dialogkarten
Kopiervorlage

Miteinander! Deutsch für Alltag und Beruf A1.2
Lektion 13, C2

Vorderseite: (Bitte auf die Rückseite kleben und die Kärtchen ausschneiden.)

Störe ich gerade?	Ich habe Husten und Schnupfen.	Besuch mich lieber nicht! Sonst wirst du noch krank!	Ich bin krank und habe nichts im Kühlschrank.
Ich bin gerade nicht bei der Arbeit.	Mein Hals und meine Ohren tun weh.	Ich habe Fieber.	Ich habe schon wieder eine Erkältung. Was hilft denn da?
Ich bin leider krank.	Ich liege im Bett und trinke Tee. Alles ist so langweilig.	Ich bin müde.	Ich habe Kopfschmerzen und Fieber. Ich kann nicht in die Apotheke gehen.

Rückseite:

– Soll ich für dich einkaufen? – Kein Problem. Ich koche für dich. – Bestell doch eine Pizza! ✓	– Okay, dann rufe ich später noch mal an. – Okay, dann gute Besserung. ✓	– Oh, das tut mir leid. – Gute Besserung! ✓	– Nein, kein Problem. – Ja, ein bisschen … ✓
Schlaf viel! Sprich wenig! Trink viel Tee! Halte den Hals warm! Geh spazieren! ✓	– Dann bleib lieber im Bett. – Geh lieber zum Arzt! ✓	– Dann bleib lieber zu Hause! – Geh lieber zum Arzt! ✓	– Wirklich? Was ist los? – Oh! Warum nicht? ✓
– Kein Problem. Das mache ich für dich. Was brauchst du denn? ✓	– Dann schlaf ein bisschen! – Dann bleib lieber im Bett! ✓	– Soll ich dich besuchen? – Sieh ein bisschen fern oder lies ein Buch! ✓	– Das tut mir leid. – Oh! Was hast du? ✓

Diktat: Krankmeldung
Kopiervorlage

Miteinander! Deutsch für Alltag und Beruf A1.2
Lektion 13, C4

Krankmeldung
Sehr geehrte Frau Knoll, /
leider kann ich eine Woche / nicht arbeiten. / Ich bin krank. / Es tut mir sehr leid. / Meine Ärztin hat mich / bis Freitag krankgeschrieben. / Die Arbeitsunfähigkeitsbescheinigung / kommt mit der Post. /
Mit freundlichen Grüßen

An
Von
Betreff Krankmeldung

Sehr geehrte Frau Knoll,

leider kann ich eine Woche nicht arbeiten. Ich bin krank. Es tut mir sehr leid. Meine Ärztin hat mich bis Freitag krankgeschrieben. Die Arbeitsunfähigkeitsbescheinigung kommt mit der Post.

Mit freundlichen Grüßen

Extra-Film: Lunas Gymnastik-Video   Miteinander! Deutsch für Alltag und Beruf A1.2
Kopiervorlage   Lektion 13, C5

1 Lesen Sie Miras Nachricht. Was denken Sie? Was antwortet Luna?

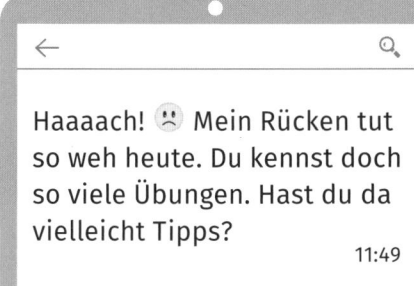

2 Sehen Sie Lunas Gymnastik-Video an und machen Sie mit.

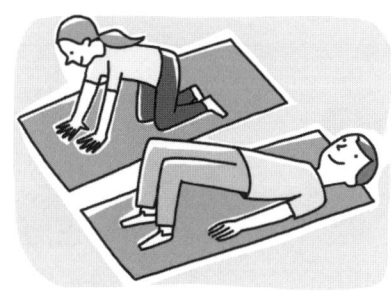

3 Sehen Sie den Film noch einmal und ergänzen Sie.

Arm   Beweg   ~~Beug~~   hinten   Kreise   langsam   links   nach   oben   rechts
Richtung   Schau   Schultern   über   vorn   weiter   wichtig   wieder

Abschnitt I: 00:50–01:19
Übung Nummer eins: _Beug_ (1) deinen Kopf ganz _____ (2) vorn! Siehst du? So! Und jetzt:
Beug deinen Kopf ganz nach _____ (3)! Und wieder nach _____ (4)! Und wieder nach hinten!
Und so _____ (5) …

Abschnitt II: 01:20–02:36
Übung Nummer zwei: Zuerst rechts: _____ (6) den Arm langsam nach _____ (7)! So weit es geht,
ganz nach oben, bis _____ (8) den Kopf. Und jetzt _____ (9): Beweg den Arm _____ (10)
nach oben! … Bis über den Kopf! Und wieder _____ (11). Nach oben, bis über den Kopf! Und jetzt
_____ (12) links! Und so weiter … Jeder _____ (13) noch fünfmal!

Abschnitt III: 02:37–03:25
Und jetzt kommt Übung Nummer drei: Auch hier sind wieder die Arme _____ (14). Und die
Schultern. Deine _____ (15) sind ganz locker. Jetzt mach' mal _____ (16) mit den
Schultern und Armen! _____ (17) mal: Zuerst nach vorn. So! Dann nach hinten. Und jetzt wieder
nach vorn. In jede _____ (18) zehnmal.

4 Schreiben Sie eine eigene Gymnastik-Anleitung für Ihre Partnerin / Ihren Partner. Lesen Sie vor.
Ihre Partnerin / Ihr Partner macht die Übung.

_____
_____
_____

Kleidung
Kopiervorlage

Miteinander! Deutsch für Alltag und Beruf A1.2
Lektion 14, A2

Diktat: Elisas Hitlisten
Kopiervorlage

Elisas Hitlisten

Essen:
Ich esse gern Salat. / Aber Suppe esse ich noch lieber / und am liebsten esse ich / Brötchen mit Marmelade.

Geld:
Für Schuhe gebe ich viel Geld aus, / aber für Bücher gebe ich mehr Geld aus. / Am meisten gebe ich für Konzerte aus.

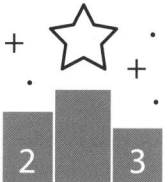
Sport:
Ich kann gut Fußball spielen, / aber ich kann besser tanzen. / Zum Beispiel beim Abiball mit Amadou. / Am besten kann ich / Schach spielen.

Elisas Hitlisten

Essen:
Ich esse gern Salat. Aber Suppe esse ich noch lieber und am liebsten esse ich Brötchen mit Marmelade.

Geld:
Für Schuhe gebe ich viel Geld aus, aber für Bücher gebe ich mehr Geld aus. Am meisten gebe ich für Konzerte aus.

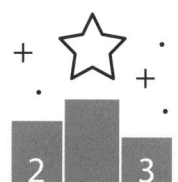
Sport:
Ich kann gut Fußball spielen, aber ich kann besser tanzen. Zum Beispiel beim Abiball mit Amadou. Am besten kann ich Schach spielen.

Extra-Film: Meine Lieblingskleidung Miteinander! Deutsch für Alltag und Beruf A1.2
Kopiervorlage
Lektion 14, C2

1 Zu zweit: Finden Sie Wörter mit *Lieblings*...

2 Sehen Sie den Film bis 00:10. Was macht Amadou mit dem Wäschekorb? Was denken Sie?

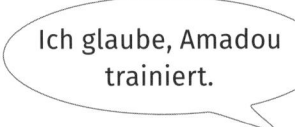
Ich glaube, Amadou trainiert.

Nein, das glaube ich nicht. Er will ...

der Wäschekorb

3 Sehen Sie den Film in Abschnitten und bearbeiten Sie die Aufgaben.

Abschnitt I: 00:10–00:56: Lesen Sie und ergänzen Sie. Sehen Sie den Abschnitt dann noch einmal und vergleichen Sie.

besser   ~~einkaufen~~   Farbe   lieber   schöner   Socken   Wäsche   zu lang

Amadou hat einen Termin, dann muss er einkaufen (1) und danach hat er Fußballtraining.
Aber zuerst muss er noch ganz schnell seine _____ (2) aufhängen.
Diese _____ (3) hat er schon ziemlich lange. Er trägt sie nicht mehr so oft.
Die _____ (4) ist nicht so schön und die Socken sind auch _____ (5), findet Amadou.
Er findet: Socken müssen kurz sein. Die trägt er viel _____ (6). Er findet seine neuen Socken einfach _____ (7) und die Farbe gefällt ihm auch _____ (8).

die Socken

Abschnitt II: 00:57-01:25: Was ist Amadous Problem? Was hat er vergessen? Kennen Sie das? Sprechen Sie im Kurs.

Abschnitt III: 01:26-02:10 Was sagt Amadou über seine Lieblingshose? Korrigieren Sie.

1 Ich mag alle meine Hosen, aber diese hier, die mag ich nicht so gern.
2 Ich hab' sie mal zu kalt gewaschen.
3 Danach war sie ein bisschen zu kurz für mich. Da war ich sehr, sehr traurig. Und? Was hab' ich gemacht?
4 Ich habe drei Wochen nichts gegessen. Und schon hat sie wieder gepasst! Das ist Liebe, oder?!
5 Das hier ist mein Lieblings-T-Shirt. Es passt aber nicht zu dieser Hose.
6 Grau und rot. Diese Kombination finde ich einfach super.

4 Ihre Lieblingskleidung. Zeigen Sie ein Foto und sprechen Sie mit Ihrer Partnerin / Ihrem Partner.

Was gefällt Ihnen an dem Kleidungsstück?
Gefällt Ihnen ein Kleidungsstück nicht? Sagen Sie, warum nicht.
Gefällt Ihnen ein anderes Kleidungsstück besser?

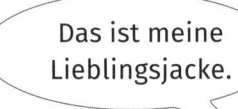
Das ist meine Lieblingsjacke.

Die sieht toll aus. Die Farbe gefällt mir.

Orte
Kopiervorlage

Miteinander! Deutsch für Alltag und Beruf A1.2
Lektion 15, A2

Vorderseite: Bitte auf die Rückseite kleben und die Kärtchen ausschneiden.

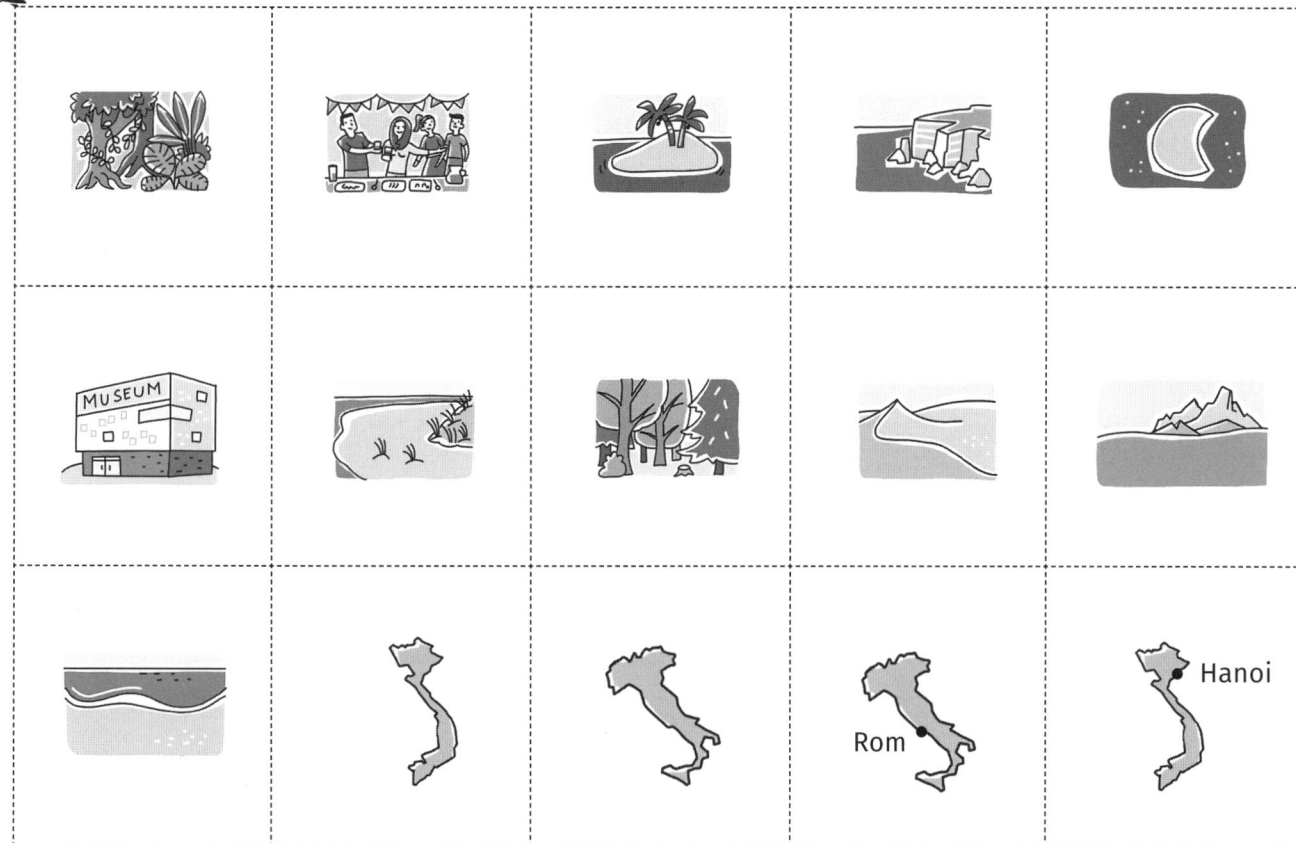

Rückseite:

auf dem Mond	an der Küste	auf einer Insel	auf einem Fest	im Dschungel
auf den Mond	an die Küste	auf eine Insel	auf ein Fest	in den Dschungel
in den Bergen	in der Wüste	im Wald	am Strand	im Museum
in die Berge	in die Wüste	in den Wald	an den Strand	ins Museum
in Hanoi	in Rom	in Italien	in Vietnam	am Meer
nach Hanoi	nach Rom	nach Italien	nach Vietnam	ans Meer

Diktat: Italienischkurs
Kopiervorlage

Miteinander! Deutsch für Alltag und Beruf A1.2
Lektion 15, C2

Italienischkurs

Frau Dehner fährt gern nach Italien / in den Urlaub. / Am liebsten fährt sie ans Meer. / Am Tag liegt sie am Strand und liest Bücher / oder sie geht schwimmen. / Am Abend geht sie oft / in ein Restaurant. / Sie würde ihr Essen / gern auf Italienisch bestellen. / Sie findet den Kurs / „Italienisch für die Reise" interessant.

Italienischkurs

Frau Dehner fährt gern nach Italien in den Urlaub. Am liebsten fährt sie ans Meer. Am Tag liegt sie am Strand und liest Bücher oder sie geht schwimmen. Am Abend geht sie oft in ein Restaurant. Sie würde ihr Essen gern auf Italienisch bestellen. Sie findet den Kurs „Italienisch für die Reise" interessant.

Und Sie? Welchen Kurs würden Sie gern machen? Schreiben Sie 2–3 Sätze.

_____
_____
_____
_____
_____
_____
_____

Extra-Film: Die VHS in Neuberg
Kopiervorlage

Miteinander! Deutsch für Alltag und Beruf A1.2
Lektion 15, C2

1 Sehen Sie den Anfang des Films ohne Ton. Wo arbeitet Martin Vollemann? Welchen Beruf hat er? Was denken Sie?

> Ich denke, der Mann arbeitet bei …

> Er arbeitet als …

2 Sehen Sie den Film. Welche Kurse haben die Menschen gemacht? Kreuzen Sie an.

☐ Italienischkurs ☐ Yogakurs ☐ IT-Kurs
☐ Deutschkurs ☐ Gymnastik-Kurs ☐ Politik-Kurs
☐ Tanzkurs ☐ Social Media Management ☐ Kochkurs

3 Welcher Satz passt zu welchem Bild? Ordnen Sie zu. Sehen Sie den Film dann noch einmal.

1 _____ 2 _____ 3 _____

4 _____ 5 _____ 6 _____

A Das war sehr interessant und es hat alles gut funktioniert. **B** Ich habe schon zwei gemacht.
C Der Kurs war sehr gut und ich habe viel gelernt. **D** Ich habe wirklich nur wenig über Politik gewusst.
E Kostet wenig, macht Freude und bringt Erfolg. **F** Vor Computern habe ich jetzt keine Angst mehr.

4 Welchen Kurs können Sie anbieten? Schreiben Sie eine Ankündigung wie in C1b.
Stellen Sie Ihren Kurs in der Gruppe vor.

Am Buffet
Kopiervorlage

Miteinander! Deutsch für Alltag und Beruf A1.2
Lektion 16, B2

Brot	Currycreme	Kartoffeln	Pommes frites
Reis	Salat	Salz	Suppe
Öl	Bier	Kaffee	Limonade
Apfelsaft	Tee	Wasser	Wein

Diktat: Pünktlichkeit
Kopiervorlage

Pünktlichkeit

Ich finde, / man muss nicht immer pünktlich sein. / Bei einer Party / ist Pünktlichkeit nicht so wichtig / und im Kino auch nicht. / Dort fängt der Film / meistens später an. / Da habe ich dann etwas Zeit / und kaufe mir noch ein Eis. / Es gibt aber natürlich / noch andere Termine. / Ich persönlich denke, / bei der Arbeit / muss man pünktlich sein.

Pünktlichkeit

Ich finde, man muss nicht immer pünktlich sein. Bei einer Party ist Pünktlichkeit nicht so wichtig und im Kino auch nicht. Dort fängt der Film meistens später an. Da habe ich dann etwas Zeit und kaufe mir noch ein Eis. Es gibt aber natürlich auch noch andere Termine. Ich persönlich denke, bei der Arbeit muss man immer pünktlich sein.

Und Sie? Was denken Sie? Ist Pünktlichkeit so wichtig? Schreiben Sie 2–3 Sätze.

Extra-Film: Das Karnevalskostüm

Miteinander! Deutsch für Alltag und Beruf A1.2
Lektion 16, C3

Kopiervorlage

1 Sehen Sie die Bilder aus dem Film an. Wie fühlt Pekka sich? Was könnte er sagen?

 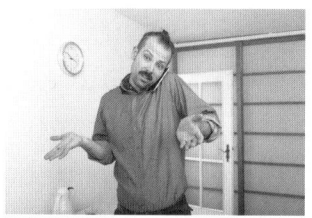

Ich denke, Pekka ist …

Er sagt: …

2 Sehen Sie den Film in Abschnitten.

Abschnitt I: bis 01:07

Richtig oder falsch? Kreuzen Sie an.

	r	f
1 Daniela will mit Pekka in ein Restaurant gehen.	☐	☐
2 Pekka braucht ein Karnevalskostüm.	☐	☐
3 Pekka will ein Kostüm kaufen.	☐	☐
4 Pekka ist sicher: Ein Karnevalskostüm basteln? Das schafft er!	☐	☐

das Karnevalskostüm

Abschnitt II: 01:08–02:20

Was braucht Pekka für sein Karnevalskostüm? Kreuzen Sie an.

☐ Büro ☐ CDs ☐ Farbe ☐ Gummiband ☐ Helm ☐ Hemd ☐ Jacke ☐ Klebeband
☐ Kleid ☐ Kleiderbügel ☐ Skibrille ☐ Socken ☐ Papier

Abschnitt III: 02:20 bis Ende

Sprechen Sie in der Gruppe über die Fragen 1 bis 3.

1 Wie findet Daniela Pekkas Kostüm?
2 Wie finden Sie Daniela?
3 Wie hat Pekka der Abend gefallen?

> Ich sehe das auch / nicht so. /
> Ich weiß nicht.
> Für mich ist … sehr / nicht so wichtig.
> Ich persönlich denke/finde: …
> In meiner Familie / Bei meinen Freunden
> ist das so: …

3 Und Sie? Hatten Sie schon einmal ein Karnevalskostüm? Zeichnen Sie und erzählen Sie in der Gruppe.

Lernfortschrittstest · Arbeitsbuch
Evaluierungsbogen

Miteinander! Deutsch für Alltag und Beruf A1.2
LFT 5 / Lektion 09 und 10

Name: _____

Datum: _____

Kompetenz-bereich	Lernziel	Ergebnis LFT	im Buch
Wörter	Ich kenne Wörter für Orte in der Stadt, Tourismus, Verkehrsmittel, Maßeinheiten und Ausbildung.	___ / 4	KB 09, C KB 10, S. 31
	Ich kenne Wörter, um den Weg mit den öffentlichen Verkehrsmitteln (ÖVN) zu beschreiben.	___ / 9	KB 10, S. 25 und 29
Grammatik	Ich kann das Präteritum von *haben* und *sein* bilden.	___ / 8	KB 09, S. 20
	Ich kann das Perfekt mit *sein* und *haben* der regelmäßigen, unregelmäßigen und trennbaren Verben sowie der Verben auf *-ieren* bilden.	___ / 19	KB 09, S. 20 KB 10, S. 30
	Ich kann W-Fragen, Ja- / Nein-Fragen und Aussagesätze im Perfekt bilden.	___ / 4	KB 09, S. 20
	Ich kann *zu* und *mit* + Artikel richtig verwenden.	___ / 9	KB 10, S. 30
Schreiben	Ich kann eine Nachricht mit einer Wegbeschreibung schreiben.	___ / 6	KB 10, S. 30
Sprechen	Ich kann über Vergangenes berichten.	___ / 4	KB 09, S. 21
Hören	Ich kann eine Wegbeschreibung im ÖNV verstehen.	___ / 1	KB 10, S. 29 / 30
		___ / 4	
Lesen	Ich kann Informationen für Touristen verstehen.	___ / 5	KB 10, S. 23 und 26 AB 10, S. 133

Tipps für das Lernen: _____

_____

_____

_____

_____

Die nächsten Schritte: _____

_____

_____

_____

_____

Lernfortschrittstest · Arbeitsbuch
Evaluierungsbogen

Miteinander! Deutsch für Alltag und Beruf A1.2
LFT 6 / Lektionen 11 und 12

Name: _____

Datum: _____

Kompetenz-bereich	Lernziel	Ergebnis LFT	im Buch
Wörter	Ich kenne Wörter rund um die Themen *Haus* und *Wohnen* und Wörter zum Beschreiben.	__ / 27	KB 11, S. 33, 36 und 41
	Ich kenne Wörter für (Büro-)Tätigkeiten.	__ / 5	KB 12, S. 51
	Ich kenne Wörter für (Freizeit-)Aktivitäten.	__ / 4	KB 12, S. 51
Grammatik	Ich kann *finden* und *gefallen* mit den richtigen Pronomen verwenden.	__ / 7	KB 11, S. 40
	Ich kann die lokalen Präpositionen richtig verwenden.	__ / 8	KB 11, S. 40
	Ich kann *müssen* und *dürfen* richtig verwenden.	__ / 7	KB 12, S. 50
	Ich kann *vor*, *nach*, *in*, *ab* und *bis* richtig verwenden.	__ / 5	KB 12, S. 50
Sprechen	Ich kann telefonisch um eine Auskunft bitten.	__ / 5	KB 12, S. 50
Schreiben	Ich kann eine formelle E-Mail schreiben.	__ / 5	KB 12, S. 51 AB 12, S. 151
Lesen	Ich kann Wohnungsanzeigen verstehen.	__ / 4	KB 11, S. 33 AB 11, S. 138
Hören	Ich kann in einem Telefonat Informationen über eine Wohnung verstehen.	__ / 5	KB 11, S. 40 AB 11, S. 141

Tipps für das Lernen: _____

_____

_____

_____

_____

Die nächsten Schritte: _____

_____

_____

_____

Lernfortschrittstest · Arbeitsbuch
Evaluierungsbogen

Miteinander! Deutsch für Alltag und Beruf A1.2
LFT 7 / Lektionen 13 und 14

Name: _____

Datum: _____

Kompetenz-bereich	Lernziel	Ergebnis LFT	im Buch
Wörter	Ich kenne Wörter für Körperteile.	__ / 10	KB 13, S. 61
	Ich kenne Wörter für Krankheiten, Schmerzen und Medizin.	__ / 7	KB 13, S. 61 AB 13, S. 158 und 161
	Ich kenne Wörter für Kleidung.	__ / 6	KB 14, S. 71
Grammatik	Ich kann Aufforderungen und Tipps mit dem Imperativ formulieren.	__ / 5	KB 13, S. 60 AB 13, S. 160
	Ich kann Tipps mit *sollen* formulieren.	__ / 4	KB 13, S. 60 AB 13, S. 159
	Ich kann *welch-*, *dies-* und die Adjektive *gut*, *gern* und *viel* in der richtigen Form (+, ++, +++) verwenden.	__ / 11	KB 14, S. 70
	Ich kann die Personalpronomen im Akkusativ und die Ordinalzahlen beim Datum richtig bilden.	__ / 9	KB 14, S. 70
Hören	Ich kann ein Gespräch über Meinungen zu Kleidung verstehen.	__ / 7	KB 14, S. 64, 65 und 70
Lesen	Ich kann einen Zeitschriftenartikel zu Tipps gegen Rückenschmerzen verstehen.	__ / 4	AB 14, S. 162
Sprechen	Ich kann nach Reparaturen und Preisen fragen.	__ / 5	KB 14, S. 71
Schreiben	Ich kann mich schriftlich bei der Arbeit krankmelden.	__ / 6	KB 13, S. 61

Tipps für das Lernen: _____

Die nächsten Schritte: _____

Lernfortschrittstest • Arbeitsbuch
Evaluierungsbogen

Miteinander! Deutsch für Alltag und Beruf A1.2
LFT 8 / Lektionen 15 und 16

Name: _____

Datum: _____

Kompetenz-bereich	Lernziel	Ergebnis LFT	im Buch
Wörter	Ich kenne Wörter für den Umgang mit Apps.	___ / 6	KB 15, S. 81
	Ich kenne Wörter für Orte in der Natur, für Essen und Getränke und für Reisen.	___ / 5	KB 15, S. 81 KB 16, S. 91 und 105
	Ich kenne Wörter rund um eine Party.	___ / 4	KB 16, S. 83
Grammatik	Ich kann angeben, wem etwas gehört.	___ / 9	KB 16, S. 90
	Ich kann die lokalen Präpositionen *in*, *an*, *auf* und *nach* richtig verwenden.	___ / 20	KB 15, S. 80
	Ich kann Wünsche und Vorlieben mit „würde" formulieren.	___ / 5	KB 15, S. 80
Lesen	Ich kann eine Einladung verstehen.	___ / 5	KB 16, S. 83 AB 16, S. 187
Schreiben	Ich kann auf eine schriftliche Einladung antworten.	___ / 5	KB 16, A und S. 90 AB 16, S. 187
Hören	Ich kann ein Gespräch über Ausflugsziele verstehen.	___ / 6	KB 15, S. 74 AB 15, S. 175 und 177
Sprechen	Ich kann Essen und Trinken anbieten und ein Kompliment machen.	___ / 5	KB 16, S. 90 und 105

Tipps für das Lernen:
_____
_____
_____
_____

Die nächsten Schritte:
_____
_____
_____
_____